キッシンジャー回想録 中国（上）

キッシンジャー回想録

中国（上）

塚越敏彦／松下文男／
横山 司／岩瀬 彰／中川 潔 訳

岩波書店

ON CHINA

by Henry A. Kissinger

First published 2011 by The Penguin Press,
an imprint of Penguin Group (USA) Inc., New York.

This Japanese edition published 2012
by Iwanami Shoten, Publishers, Tokyo
by arrangement with the Author
c/o The Wylie Agency (UK) Ltd, London
through The Sakai Agency, Inc., Tokyo.

はじめに

リチャード・ニクソン米国大統領が、二〇年以上にわたって米国とハイレベルの接触を持たなかった、アジアの歴史の中心にある国との交流を再開するために、北京に行くという栄誉を私に与えてくれてから、瞬く間に四〇年が経過した。米中国交再開に向けた米国側の動機は、わが国民の前に、ベトナム戦争の苦痛と冷戦の不吉な展望とを乗り越える、平和のビジョンを示すことにあった。中国は、形のうえではソ連の同盟国だったが、モスクワからの脅威に対抗するため巧みに動く余地を模索していた。

この間、私は五〇回以上中国を訪れた。何世紀にもわたる多くの訪問者たちと同様、私も中国の人々と、その忍耐強さ、賢さ、家族の絆、そして彼らの持つ文化を尊敬するようになった。一方で私は、生涯を通じて、主に米国の視点から、どのようにして平和を築くかを考え続けてきた。幸いなことに私は、政府の高官として、メッセージの使者として、そして学者として、同時にこうした二つの思考要素を追求することができた。

本書では、部分的には中国の指導者たちとの会話に基づいて、中国人が戦争と平和の問題、国際秩序の問題をどう考えているのか、また、より現実的でケース・バイ・ケースで動く米国の手法にどう対応するのかを、解き明かそうと努めた。異なる歴史や文化は、時としてまったく別の結論を生み出すことがある。私は常に中国側の見方に賛成していたわけではないし、読者の皆さんもそうだろう。だが、二一世紀の世界で中国がこれほど大きな役割を果たそうとしている以上、中国を理解することは必要だ。

最初の訪中以降、中国は経済大国となり、世界の政治秩序を形成する重要な要素となった。米国は冷戦に勝ち残り、中国と米国の関係は、世界平和とグローバルな幸福を追求するうえで、中心的な役割を果たしている。

八人の米国大統領と四世代にわたる中国の指導者たちは、当初の意見の相違を考えれば驚くほど持続的な手法で、このデリケートな二国間関係を扱ってきた。双方とも、歴史的な経緯や国内体制についての考え方の違いが、本質的には協力的な両国関係を阻害することのないように努めてきた。

両国とも独自の価値観を持っていると信じていたので、この間の経過は複雑だった。米国の特異性はその伝道好きにあって、自らの価値観を世界の隅々にまで広める義務を負っているという考えを持っている。中国の特異性は文化的なもので、決して自らの考えを変えず、自分たちの制度が中国以外で通用するとも主張しない。それでも、中国は中華帝国の伝統の末裔であり、かつては、中国の文化や政治体制にどの程度似ているかという基準で、あらゆる国をさまざまなレベルの朝貢国として格付けしていた。別の言葉で言えば、一種の文化的な普遍性を持っていたと言える。

本書の主眼は、一九四九年に中華人民共和国が建国されて以来の米中指導者の相互交流を描くことにある。政府部内にいた時も、外にいた時も、私は四世代にわたる中国の指導者たちとの会話を記録しており、本書を執筆する際の主要な出典とした。

私の頼みを受け入れてくれた友人知人たちの献身的で有能な助力なしには、本書は執筆できなかった。

シュイラー・シャウテンは欠かせない存在だった。八年前にエール大学のジョン・ガディス教授が、最も優秀な弟子の一人として紹介してくれて以来、私は彼に注目してきた。本書の執筆を始めるに当たり、私は彼に勤務先の法律事務所から二カ月の休暇を取って欲しいと頼んだ。彼はそうしてくれたが、仕事にすっかりのめり込んで一年後の最後まで頑張ってくれた。シュイラーは基礎的な調査の大半を引き受けて、中国語の原典の翻訳だけでなく、時には難解な文章の解釈までやってくれた。原稿を編集、校正する際も極めて根気強かった。彼より優秀な調査助手は見たことがないし、同水準の人材もめったにいないだろう。

私の仕事全般について、一〇年にわたってステファニー・ユンガー＝モートが一緒に働いてくれたのは、実に幸運なことだった。彼女は野球で言えば真の万能選手という立場だった。調査や多少の編集作業もこなしたうえ、出版社との窓口役も務めてくれた。彼女はすべての脚注にも目を通し、清書作業のコーディネートを手伝い、締め切りが近づいている時は、自ら作業に参加することも躊躇しなかった。彼女の魅力と外交手腕は、多大な貢献を一段と際立たせた。

ハリー・エバンスは三〇年前、『ホワイト・ハウス・イヤーズ』［斎藤彌三郎ほか訳『キッシンジャー秘録』全五巻、小学館、一九七九―八〇年」の編集者だった。私との友情に免じて、今回の原稿全部に目を通してくれた。編集面や全体に関わる助言は大量かつ的確だった。

テレサ・アマンテアとジョディー・ウィリアムスは何回も原稿を打ち直してくれたほか、多くの晩と週末を返上して締め切りに間に合わせてくれた。彼女らの陽気さ、効率の良さ、そして鋭い目配りは不可欠なものだった。

元中国駐在米国大使で優れた中国学者であるステープルトン・ロイ、中国との国交樹立当時の同僚で後に中国駐在大使を務めたウィンストン・ロード、そして、私の執筆上のプロデューサーであるディック・ヴィエッツは、いくつかの章を読み通して、洞察に満ちたコメントをくれた。

ペンギンプレスから出版できたのは幸せな経験だった。アン・ゴドフはすぐにやってきてくれて、非常に思慮深く、口を差し挟むこともなく、一緒にいて楽しい人物だった。ブルース・ギフォード、ノイリン・ルーカス、トリー・クローゼは、編集製作段階で手際良く本をまとめあげた。フレッド・チェースは注意深さと効率の良さで原稿を校正してくれた。ローラ・スティックニーは、本書の担当編集者で、私の孫娘と言ってもいいくらい若かったが、著者に臆することなどまったくなかった。彼女は私の政治的な見方に対する自分の疑問をうまく乗り越えたので、私は原稿の余白に書き込まれた、時には辛辣で、常に的を射た彼女のコメントを楽しみにするようになった。彼女は根気強く、鋭敏で、とてもよく助けてくれた。

これらすべての人々にあらためて感謝を表明したい。

引用した政府文書はすべて機密扱いが解除されているものだ。特にウッドロー・ウィルソン国際センターの「冷戦国際歴史プロジェクト」には、所蔵しているロシアと中国の機密解除済み文書の抜粋の使用許可を出してくれたことに感謝したい。カーター文庫は、カーター大統領時代の中国指導者との会談記録の多くを提供してくれた。レーガン文庫も大量の有益な文書を提供してくれた。

言うまでもないが、本書に不十分な点があれば、私の責任である。

過去半世紀、わが妻ナンシーは、著者たち（少なくとも本書の著者）が執筆中に醸し出す孤独な雰囲気のただ中で、精神面や知的な面で常に忠実に助力を与えてくれた。彼女はほとんどの章を読み、数え切れないほどの重要な助言をくれた。

本書を、アネットとオスカーのデラ・レンタ夫妻に捧げたい。本書はプンタ・カーナ［カリブ海のリゾート］にある彼らの家で書き始め、そこで書き終わった。夫妻のもてなしは、わが人生に喜びと深みを加えてくれた友情のごく一面にすぎない。

ニューヨーク、二〇一一年一月

ヘンリー・A・キッシンジャー

目　次

はじめに

地　図

序　章　1

第1章　中国の特異性　5

中国の最盛期／儒教／国際関係の概念――公平か平等か／中国のリアルポリティクスと「孫子の兵法」

第2章　叩頭問題とアヘン戦争　33

マカートニー使節団／二つの世界秩序の衝突――アヘン戦争／耆英の外交――夷狄をなだめる

第3章　優位から没落へ　57

魏源の計略――「以夷制夷」、敵の戦略を学ぶ／権威の喪失――国内の反乱と海外からの侵略による挑戦／没落への対応／日本の挑戦／朝鮮／

義和団事件と新たな戦国時代

第4章　毛沢東の継続革命　93
毛沢東と「大同」／毛沢東と国際関係――空城計、中国的抑止、心理的優位性の追求／継続革命と中国人民

第5章　三極外交と朝鮮戦争　117
アチソンと中国式チトー主義の誘惑／金日成と戦争の勃発／米国の介入――侵略への抵抗／中国の反撃――戦争抑止へのもう一つのアプローチ／米中対決

第6章　中国と両超大国との対立　157
最初の台湾海峡危機／米国との外交的な幕間／毛、フルシチョフと中ソの亀裂／第二次台湾海峡危機

第7章　危機の一〇年　193
大躍進／ヒマラヤ国境紛争と一九六二年の中印戦争／文化大革命／失われた好機はあったのか

第8章　和解への道　217
中国の戦略／米国の戦略／最初の段階――ウスリー川での衝突

第9章　関係の再開——毛沢東、周恩来との最初の出会い　255
周恩来／中国でのニクソン——毛との会談／ニクソンと周恩来の対話／上海コミュニケ／余波

原　注

【下巻目次】

第10章　擬似同盟関係――毛沢東との会話
第11章　毛沢東時代の終焉
第12章　不死身の鄧小平
第13章　「虎の尾を踏む」――第三次ベトナム戦争
第14章　レーガンの登場と正常な関係の到来
第15章　天　安　門
第16章　どのような改革か――鄧小平の南方視察
第17章　新たな和解へのジェットコースター――江沢民時代
第18章　新　世　紀
終章　歴史は繰り返すか――クロウの覚書
解説　米中関係を構築し続ける男
――「密使」から「守護者」への軌跡　松尾文夫
訳者あとがき　塚越敏彦
原　注
索　引

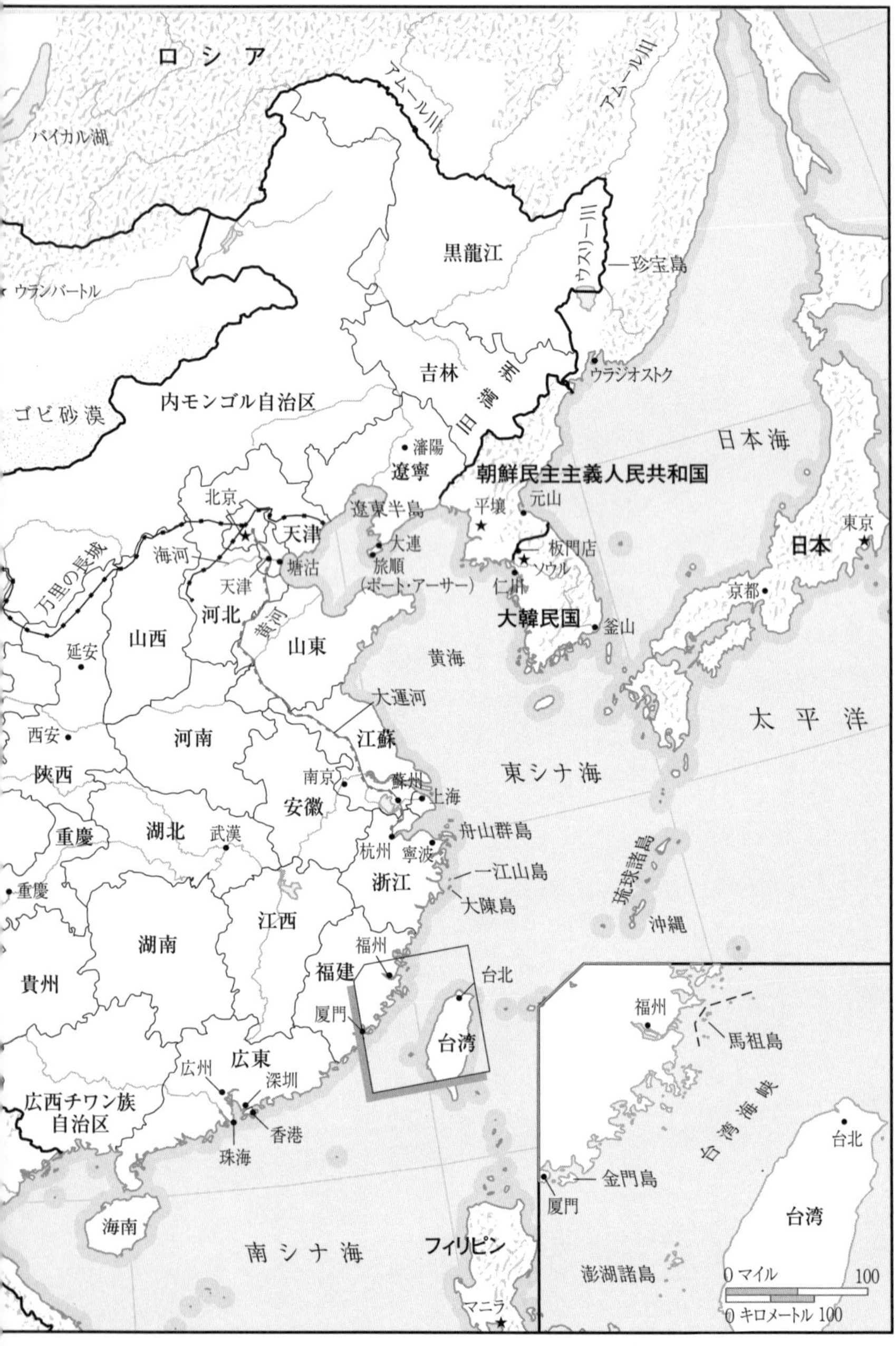
ロシア
バイカル湖
アムール川
アムール川
黒龍江
ウスリー川
珍宝島
ウランバートル
吉林
旧満洲
ウラジオストク
ゴビ砂漠
内モンゴル自治区
日本海
瀋陽
遼寧
朝鮮民主主義人民共和国
北京
遼東半島
平壌
元山
東京
天津
大連
板門店
日本
万里の長城
海河
塘沽
旅順
ソウル
天津
(ポート・アーサー)
仁川
京都
河北
大韓民国
釜山
山西
黄河
延安
山東
黄海
大運河
太平洋
西安
河南
江蘇
陝西
南京
蘇州
東シナ海
上海
安徽
重慶
湖北
武漢
舟山群島
杭州
寧波
琉球諸島
一江山島
重慶
浙江
大陳島
江西
沖縄
湖南
福州
福建
台北
貴州
厦門
台湾
広東
広州
深圳
広西チワン族
自治区
香港
珠海
海南
南シナ海
フィリピン
マニラ
福州
馬祖島
台湾海峡
台北
金門島
厦門
台湾
澎湖諸島
0 マイル 100
0 キロメートル 100

中国と近隣諸国
カザフスタン
バルハシ湖
アルマトイ
ビシケク
キルギス
天山山脈
ウルムチ
モンゴル
カシュガル
新疆ウイグル自治区
タジキスタン
タクラマカン砂漠
アフガニスタン
万里の長城
寧夏回族自治区
パキスタン
イスラマバード
崑崙山脈
ラワルピンディ
ラダック
ジャム・カシミール
青海
黄河
ラホール
甘粛
チベット自治区
ヒマラヤ山脈
ニューデリー
中国
ラサ
ネパール
四川
ティンプー
カトマンドゥ
ブータン
揚子江(長江)
ガンジス川
インド
バングラデシュ
ダッカ
雲南
コルカタ
ミャンマー
ベトナム
ハノイ
ベンガル湾
ラオス
0 マイル 500
0 キロメートル 500
ヴィエンチャン
ヤンゴン
タイ
© 2011 Jeffrey L. Ward

序章

一九六二年一〇月、中国の革命指導者毛沢東は、自分の軍事、政治双方の最高指導者たちを北京に招集した。そこから西へ約三〇〇〇キロ、立ち入りを禁じられ、人もほとんど住んでいないヒマラヤの高原では、中国とインドの軍隊が紛争になっている両国の国境を挟んで膠着状態のにらみあいを続けていた。紛争は、異なる歴史の解釈がもたらしたもので、インドは英国の統治時代に定められた国境を、中国は中華帝国の版図を主張していた。インド側は自らの主張する境界に前哨基地を設け、中国はインドの拠点を包囲していた。交渉で領土を画定しようとする試みは失敗していた。

毛沢東は局面を打開しようと決意した。彼は、自らが破壊しようとしていた中国のはるか昔からの伝統に、この件に限っては立ち戻った。中国とインドは過去に「一回半」戦争をしたことがある、と毛沢東は指導者たちに言った。中国政府は、そのどちらからも、作戦上の教訓を学ぶことができる。最初の戦争は、約一三〇〇年前の唐代(六一八―九〇七年)に、中国が、非正統かつ攻撃的な敵と戦っていたインドの王国を支援するため、軍隊を送った時のことだ。中国の介入後、中印両国は何世紀にもわたり、宗教面、経済面で盛んに交流を続けた。毛沢東が大昔の軍事作戦と呼ぶこの出来事から学ぶべきなのは、中国とインドは宿敵ではないということだった。両国は長く平和に共存できるが、そうするためには、中国は武力を使ってインドを「交渉のテーブルに着かせる」よう「打撃」を与えなければならない。毛沢東の考えでは、残りの「半分の戦争」は、この七〇〇年後にモンゴルの支配者ティムールがデリーに侵攻した時に起きた(モンゴルと中国は当時、同じ国家の一部だったので、これは「半分」中国とインドの戦争だった、と毛は解釈していた)。ティムールは目覚ましい勝利を収めたが、いったんインドを占領すると、そこで捕虜一〇万人以上を虐殺した。だが今では、毛は中国軍の「抑制と規律」に自信を持っていた。(1)

毛沢東の聴衆たち——国際秩序を再構築し、中国の封建的過去を放擲するという意志を打ち出している、革命的「新中国」の共産党指導部——の誰一人として、古代の先例を、現在の中国の戦略的な要請に適用することについて、疑問を持つ者はいなかったようだ。攻撃の準備は、毛沢東が大筋を示した通りに進められ、数週間後に、ほぼ毛沢東の指示通り攻撃が行われた。中国は突如、インド軍の拠点に圧倒的な打撃を与えたうえで、もとの支配地域まで撤退したが、捕獲したインド軍の重火器を返却することまでやってのけた。

他のどの国にも、一〇〇〇年も前の出来事から戦略上の法則を引き出して、重要な国家政策に着手する現代のリーダーはいないだろうし、自分がほのめかしていることの意味を同僚たちが理解していると自信を持って考えるリーダーもいないだろう。だが、中国は特別だ。他のどの国でも、これほど長く続く文明を誇ることはできないし、このように遠い過去や、戦略と政治手腕についての古典的法則に、密接なつながりを持つこともないだろう。

米国を含む他の社会は、自分たちの価値観や制度が普遍的に通用すると考えている。だが中国のように、世界で自分たちが果たすべき役割についての意気盛んな考え方を、かくも長く、多くの歴史的栄枯盛衰を経験しながらも貫き、近隣諸国をそれに従うよう説得した国はどこにもない。紀元前三世紀に統一国家として誕生してから、一九一二年の清朝滅亡まで、中国は驚くほどの長期にわたって、東アジアの国際システムの中心に位置してきた。中国の皇帝は、その他の国の支配者を理論的な臣下とする、宇宙的な政治的階層の頂点にあると考えられ(また、近隣各国からもそう認められ)ていた。中国の言語、文化、そして政治制度は文明の証しであり、地域の敵国や外国からの征服者ですら、さまざまな程度で、それらを自らの正統性の印として(しばしば、中国に取り込まれる第一段階として)採用した。

　破局や、何世紀にもわたる政治的衰退にもかかわらず、伝統的宇宙観は生き延びた。中国が弱く、分裂していた時期でさえ、中国を中心に置くということが、地域の正統性の基準であり続けた。中国内外の野心家たちは、中国を統一したり、征服したりしようと競い合ったが、結局は、中国の首都が宇宙の中心であるという基本的な前提に異議を申し立てることなく、そこから統治した。他の国々では、民族集団や地理的なランドマークに基づいて国名が付けられているが、中国は自らを「中央の王国」または「中心の国」と呼ぶ[2]。中国の二〇世紀の外交や、二一世紀における世界的な役割を理解しようとするなら、単純化しすぎるきらいはあっても、伝統的背景の重要性を基本的に理解することから始めなければならない。

第1章　中国の特異性

社会や国家は、自らを永遠なものと考える傾向がある。それらはまた、自分たちの起源の神話を心に抱き続けるが、中国文明の大きな特徴は、始まりを持たないかのように見えることだ。中国は伝統的な国家としてより、永続的な自然現象のように歴史に現れてきた。多くの中国人が伝説的な創始者として崇めてきた黄帝の物語の中でも、中国はすでに存在していたかのように扱われている。神話の中に黄帝が登場した時には、中国文明は混沌の中にあった。敵対する諸侯はお互いや民衆を苦しめ、弱体化した支配者は秩序を維持できなくなっていた。新しい英雄は、軍勢を集めて国土を平定し、帝王として歓呼のうちに迎えられた[1]。

歴史上、黄帝は国の始祖とされてきたが、建国神話の中では、彼は帝国を再興したのであって、作り上げたわけではない。中国は彼より前から存在していた。中国は、建国ではなく、復興だけを必要とする既存の国として、歴史認識の中に現れる。この中国の歴史上の矛盾は、古代の賢人、孔子についても同様だ。孔子は文化の「創始者」と見なされているのだが、ここでも本人は、自分は何一つ創造しておらず、単に昔の黄金時代には存在していたが、孔子自身の生きた政治的混乱の時代には失われてしまった調和の法則を取り戻そうとしているだけなのだ、と訴え続けた。

中国の起源に関する矛盾について、一九世紀のフランス人宣教師で旅行家でもあったレジス＝エヴァリスト・ユック神父[一八一三—六〇、長く中国に滞在し、チベットまで旅行した]はこう観察している。

中国文明はあまりに古い昔に始まっているので、私たちがその起源を探ろうとしてもむなしいことだ。民衆の間には、原初の国の面影は残っていない。これは中国に関する非常に特徴的な事実だ。ある国の歴史について、普通は、はっきりした出発点を見つけられるものであり、今に残されている古文書や伝承、遺跡などによって、私たちは文明の発展を、その発祥の時点から、発展、前進、そして多くの場合は、それに続く崩壊と滅亡に至るまで、ほぼ一歩一歩、たどることができる。だが、中国人に関しては、それは当てはまらない。彼らは今日に至るまで常に同じ発展段階を生きているかのようであり、古代の資料はこの見方を裏付けているように見える。(2)

紀元前二〇〇〇年から一〇〇〇年の間、商〔殷〕代に、中国の文字が初めて歴史に登場した当時、古代エジプトはその絶頂期にあった。古代ギリシャの偉大な都市国家はまだ登場しておらず、ローマは一〇〇〇年も後のことだった。しかし、商代の筆記システムの直系の子孫は、今日も一〇億人を超える人々に使われている。現代の中国人は孔子の時代に書かれた碑文を理解することができるし、現代の中国の書物や会話も、古代の戦いや宮廷での策謀を引用した、何世紀も語り継がれてきた警句に満ちている。

同時に、中国の歴史の特徴は、内戦、空位期間、そして混乱の時期の多さだ。崩壊するたびに、中国という国は、あたかも不変の自然法則のように、自ら復活してきた。黄帝の先例に基本的に従って、その都度、新たな統一者が登場し、ライバルを服従させ、中国を統一した(時にはその領土を拡大すらした)。何世紀にもわたって(若い頃に、とりつかれたように読みふけったとされる毛沢東も含めた)中国人に愛されてきた、一四世紀の英雄物語、「三国志演義」の有名な書き出しは、この絶え間ないリズムを再現している。「そもそも天下の大勢、分れて久しくなれば必ず合一し、合一久しくなれば必ずまた分れるのが常である」(3)〔訳文は小川環樹、金田純一郎訳『完訳三国志』岩波文庫による〕。不統一の時期は、異常なものと考えられた。すべての新たな王朝は、継続性を確保するために、前の王朝の統治の原則に立ち返った。中国文化の根元的な性格は、周期的に訪れる災厄の圧力による試練を生き延びてきた。

紀元前二二一年の画期的な統一［秦の始皇帝による中国統一を指す］の前には、一〇〇〇年間に及んだ王朝の支配［周王朝を指す］が、封建諸侯が自治から独立に向かい始めたことで、ゆっくりと解体していった。そのピークは、歴史上、戦国時代（紀元前四七五―同二二一年）として知られる二世紀半だ。欧州でこれに対応するのは、多くの国がパワーバランスの枠組みの中で力を競いあった、一六四八年のウエストファリア条約から、第二次世界大戦終結までの空位期だろう。紀元前二二一年の統一後、中国は帝国の理想と統一を維持したが、時には数百年に及ぶサイクルで、分裂してはまた統一する、というパターンがこの後も続いた。

国家が分裂すると、さまざまな連中の間で野蛮な戦さが行われた。毛沢東はかつて、いわゆる三国時代（二二〇―八〇年）に、中国の人口は五〇〇〇万人から一〇〇〇万人に減ったが、二〇世紀の二つの世界大戦で、対立するグループ間で起きた戦争も同じくらい血なまぐさいものだった、と語ったことがある[4]。

その版図が最大だった時には、中華文明の世界は欧州のどの国より大きな、実にほぼ欧州大陸全土と同じサイズの大陸にまたがっていた。中国の言語と文化、そして皇帝の政治的な支配は、シベリアにつながる北方の草原と松林から、南方の熱帯ジャングルや棚田まで、運河や港や漁村のある東部沿岸から、中央アジアの荒涼とした砂漠、ヒマラヤの辺境の氷に覆われた山々まで、すべての知られている地域に広がっていた。この国の広大さと多様性は、中国こそが世界そのものだ、という考え方を高め、皇帝が、「天下」、すなわち「天の下にあるすべて」を統治する、普遍的な影響力を備えた存在であるという思想を支えることになった。

中国の最盛期

数千年にわたる中国文明を通じて、中国は、そのスケールや文化水準で中国と肩を並べられる国や文明との対応を迫られたことはなかった。毛沢東が後に語ったように、インドは中国でもよく知られていたが、長期にわたりいくつもの王国に分かれていた。この二つの文明はシルクロードを通じて、物産や仏教思想を交換したが、日常的な交流をしようにも、これ以外のルートは、ほとんど越えることのできないヒマラヤ山脈とチベット高原でふさがれていた。広大で人を寄せ付けない中央アジアの砂漠は、ペルシャやバビロニアといった中近東の文化だけでなく、ローマ帝国からも中国を遠ざけていた。隊商たちが断続的な旅を行っていたとはいえ、中国社会全体としては、自分たちに比肩できるような規模や文明を持つ社会と接触することはなかった。中国と日本は文化・政治制度の核心部分の多くを共有していたが、双方とも相手の優越性を認める気はなく、時には何世紀も接触しないことが、解決策だった。欧州はさらに遠く、中国人が「西洋」と考えるところにあり、一七九三年に時の皇帝が英国使節団に語ったように、中華文明に接することができず、気の毒にもそれを吸収することができない、というのが「西洋」に対する定義だった。

中国の領土拡大欲は水際で止まった。中国は、早くも宋代（九六〇―一二七九年）には世界の航海技術をリードする存在であり、その船団は征服と探検の時代を中国にもたらすこともできたはずだった[5]。だが、中国は海外に植民地を持たず、海の向こうの国にはあまり関心を示さなかったし、野蛮人を儒教の原理や仏教の美徳に帰依させるために、海の向こうまで行くことに意味があるとも考えなかった。モンゴル人の征服者が宋の船隊と熟練した船長たちを指揮するようになった時、彼らは二回の日本遠征計画を実行し、二回とも悪天候、日本の伝承がいうところの「神風」に押し返された[6]。モンゴルの王朝［元朝」が滅亡すると、技術的には可能だったにもかかわらず、遠征は二度と試みられなかった。それ以来、日本列島を支配したいという意志を明確に示した中国の指導者はいない。

しかし、一四〇五―三三年の明代初頭に、中国は歴史上最も有名で、かつ謎に満ちた海洋遠征を行った。提督の鄭和《ていわ》は、技術的に比類のない「宝船」の船団を、ジャワ、インドからアフリカの角、ホルムズ海峡まで航海させた。鄭和の遠征当時には、欧州の大航海時代はまだ始まっていなかった。中国の艦隊は、船の大きさ、技術水準、そして船の数でも、圧倒的な優位に立っており、（一五〇年も後の）スペイン無敵艦隊すら見劣りするほどだった。

歴史家はいまだに、この艦隊の実際の目的について議論している。鄭和自身、探検の時代にあってはかなり特異な人物だった。子供の頃から宮廷に仕えていた、中国人イスラム教徒の宦官で、歴史上、彼のような先例はなかった。遠征先で停泊するたびに、彼は中国の新皇帝の威光を公に宣言し、出会った領主たちに豪華な贈り物を授けたうえで、領主自らが中国に来るか、使節を派遣するよう求めた。領主や使節たちは中国で、皇帝の優越性を承認する「叩《こう》頭《とう》」の儀式を行うことで、中華世界の中での自らの立場を思い知らされることになる。しかし、鄭和は中国の偉大さを宣言したり、もったいぶった儀式に招待したりするだけで、領土的な野心をまったく示さなかった。彼が持ち帰ったのは贈り物、つまり「朝貢品」だけであり、「天下」の境界を拡大するという精神的報奨以外には、植民地も資源も要求しようとはしなかった。彼が行ったのは、中国の「ソフトパワー」[7]の先駆けとして、中国人商人のために良好な環境を整備したことぐらいだった。

鄭和の遠征は、中国の北方国境で脅威が再燃したことと機を一にして、一四三三年に突然中止された。次代の皇帝は、艦隊の解散と鄭和の航海記録の廃棄を命じ、遠征は二度と行われることはなかった。中国の貿易商らは鄭和がたどった航海ルートをその後も使ったが、中国の航海能力は低下し、後に中国南東部沿岸で海賊が横行した際に、明の皇帝が打ち出したのは、沿岸部の住民を一〇マイル内陸に強制移住させることだった。中国の航海史はかくして、動かない蝶つがいのようなものとなり果て、技術的には優位を保つ能力があったにもかかわらず、西欧がまさに地歩を固め始めた時期に、中国は自発的に海洋遠征の分野から撤退したのだった。

中国の壮大な孤立は、その特異な自己認識をさらに助長した。エリートたちは、中国は特別であり、いくつか存在する文明の中での「偉大な文明」なのではなく、文明そのものである、という考え方に次第に染まっていった。ある英国の通訳官は一八五〇年にこう記した。

教養ある西欧人で、さまざまな素晴らしい特色を持ち、一方では、いくつもの、独自の問題点に苦しんでいる国の状況を考察することに慣れている人なら、よく練られたいくつかの質問をし、ごく限られたデータを与えられれば、これまで知らなかった国の人々の状況について、おおむね正確な概念を得ることができるものだ。だが、これが中国でも通じると思ったら大間違いだ。彼らの外国人排斥と、自国への引きこもり傾向は、彼らからすべての比較の機会を奪い去り、不幸にも思考を制限している。こうして彼らは、身内の支配から自由になることがまったくなく、物事すべてを純粋に中国の慣習に基づいて判断しようとする。(8)

中国も当然ながら、その周縁にある異なった社会、すなわち朝鮮、ベトナム、タイ、ビルマのことはよく知っていた。だが、中国の観念では中国こそが世界の中心、つまり“Middle Kingdom”であり、その他の社会は中心からの隔たりの程度によって評価が決められた。中国人から見れば、中国文化を吸収し、中国の偉大さに敬意を払っている多数の小国の支配者によって、宇宙の自然な秩序が構成されている。中国と周辺住民の境界は、政治的、領土的な境界というより、文化的相違によるものだった。東アジア全域を覆った中国文化の対外的な影響について、米国の政治学者ルシアン・パイ〔一九二一―二〇〇八、中国名は白魯恂。中国出身で幼少時に米国に移住、マサチューセッツ工科大学で長く政治学を教えた〕は、今日になっても、中国は「国民国家のふりをしている文明」だ、という有名な言葉を残した。(9)

こうした伝統中国の世界観に根差した思い上がりは、近代になっても残っていた。一八六三年に至っても、中国の皇帝(彼自身は、二世紀前に中国を征服した「外来」満洲族の王朝の出身だった)は、エイブラハム・リンカーン大統領に、米国との良好な関係を築きたいとの趣旨で送った書簡に「宇宙を統治すべしとの、かたじけなき天命により、中国とその他の国々は、なんらの差別もない一つの家族を構成している、と考える」といった大言壮語的確信をちりばめていた。(10)書簡が送られた当時、中国はすでに西洋との戦争に二回敗れており、それらの国々は中国領内での利権の確保に大忙しだった。皇帝はこうした破局を、最終的には中国の忍耐と優れた文化が勝利を収めた、過去の蛮族の侵入と同列に扱っているかのように見えた。

だが、中国の主張は、過去の歴史を眺めわたしてみれば、特に空想的なものではなかった。各世代において漢民族は、黄河流域の彼らの当初の拠点から拡張を続け、次第に周辺の社会を、レベルはさまざまだが、中国的パターンと似たり寄ったりのものに引き込んでいった。中国の科学技術の実績は、西欧やインド、アラブの競争相手の水準と比肩していたばかりか、しばしば上回ってさえいた。(11)

中国の規模は伝統的に、人口面でも面積でも欧州諸国の規模をはるかに上回っていただけでなく、産業革命までは中国ははるかに豊かでもあった。大きな河と人口集中地域を結び付けた膨大な運河システムにより、中国は何世紀にもわたり、世界で最も生産性の高い経済主体であり、最も多くの人口を擁した商業圏でもあった。(12)だが、中国の経済は主に自給自足的だったので、中国以外の地域は、中国の広大さと富について部分的な知識しか持っていなかった。

実際には、一八世紀までは、中国が世界の国内総生産(ＧＤＰ)合計に占めるシェアは、どの西欧国家よりも大きかった。一八二〇年になっても、中国は世界のＧＤＰの三〇％を生産していた。これは西欧、東欧、そして米国のＧＤＰの合計を超える水準だった[13]。

近代初期に中国と出会った西欧の観察者は、そのバイタリティと物質的豊かさに圧倒された。一七三六年に、フランスのイエズス会士、ジャン＝バティスト・デュ・アルドは、西欧から中国を訪問した者の畏怖に満ちた反応をこうまとめた。

それぞれの地方に独特の富があり、河や運河を使った商品輸送の手段が整備されていることが、この帝国の国内貿易を常に非常に繁栄したものにしている。……中国の内陸貿易は非常に巨大であり、欧州全域の貿易ですら、これとは比べものにならない。各地方は多くの王国のようで、お互いに産品をやりとりしている[14]。

この三〇年後に、フランスの政治経済学者、フランソワ・ケネー［一六九四―一七七四、重農主義者。「経済表」の作成で有名］はさらに踏み込んで書いている。

この国が、知られている限り、世界で最も美しく、最も人口が過密で、最も繁栄している王国である、ということは誰も否定できない。中国のような帝国は欧州の全体と同等である。欧州が一つの主権の下に統一されたならばだが[15]。

中国は外国とも貿易しており、時には海外からの考え方や発明も受け入れた。しかし、中国人は、最も有益な財産や知的業績は、中国国内で見いだされると信じがちだった。対中貿易は非常に魅力のあるものだったので、中国のエリートたちが、それは単なる経済的な交易ではなく、中国の優越性に対する「貢ぎ物」であるとしたのも、あながち誇張とばかりは言えなかった。

儒教

ほとんどすべての帝国は、武力によって生み出されるが、武力だけで存続できた帝国はない。普遍的な支配を長続きさせるためには、武力による服従を恩義による服従に変える必要がある。さもなければ、支配者のエネルギーは支配の維持だけに使い尽くされてしまい、国を治める者の究極の任務である、将来を形作る力に回すことができない。抑圧がコンセンサスに道を譲れば、帝国は長続きする。

中国でもこれは同じだ。中国で国が統一されたり、時に転覆させられたり、再び統一されたりする際のやり方は、しばしば残忍なものだった。中国の歴史に、血みどろの反乱や暴君の話は少なくない。だが、中国が何千年も生き残ってきたのは、皇帝が下した刑罰のためというより、民衆や、学者官僚で構成する政府が育んできた価値観を、社会が共有したおかげなのである。

中国文化の独特な側面の一つは、こうした価値観が基本的に世俗的なものだという点だ。インド文化の中に、沈思と心の安寧を強調する仏教が生まれ、ユダヤ教の、そして後にキリスト教とイスラム教の預言者たちが、死後の復活を伴う一神教を唱えたのに対し、中国では西欧的な意味での宗教の教義は生まれなかった。中国人は宇宙創造の神話を生み出さなかった。この宇宙は中国人自身が創造したものであり、その諸価値は、普遍的に適用できるという場合でも、もともと中国にあるものと考えられた。

中国社会の支配的な価値観は、死後に孔子として知られることになる古代の思想家の記述から生まれた。孔子(紀元前五五一—同四七九年)は、いわゆる春秋時代(紀元前七七〇—同四七六年)末期の人である。この時代は、やがて戦国時代(紀元前四七五—同二二一年)の残酷な抗争をもたらすことになる政治的な混乱期だった。周王室は没落の過程にあり、権力を奪い合っている反抗的な諸侯に対して、権威を示すことができなくなっていた。強欲と暴力は野放しにされ、「天下」は再び混乱に陥っていた。

マキャベリと同様、孔子は、生き残りをかけて戦っている諸侯の一人にアドバイザーとして雇われることを期待して、国中を放浪していた。マキャベリと違うのは、孔子は権力闘争よりも、社会の調和を育むことに、より関心があったという点だ。彼の教義は、慈悲による統治の原則、正しい儀式の実行、そして孝行の教えだった。雇ってくれそうな人に対し、富や権力への近道を何も示さなかったため、孔子は自らの教えを実行してくれる諸侯を見つけるという目標を達成することなく、この世を去った。中国はそのまま、政治的崩壊と戦争に向かって滑り落ちていった⑯。

しかし、弟子たちによって記録された孔子の教えは生き残った。血みどろの争いが終わり、中国が再び統一された時、漢王朝（紀元前二〇六―紀元二二〇年）は国家の公式の哲学として孔子の思想を採用した。孔子の発言は「論語」としてまとめられ、数々の注釈書も発行されて、儒教の聖典は中国にとって、キリスト教の聖書と教会憲章を兼ね備えたような存在にまで発展することになった。その章句に精通することは、中華帝国の官僚としての重要な要件となった。彼らは、全国的な選抜試験［科挙のこと］で選ばれた、文人、学者の素養を持つ、いわば聖職者のような官僚であり、皇帝の広大な領土の平和を保つことが任務だった。

自らの時代の混乱に対する孔子の答えは、正義と調和のとれた社会の「道」であり、それは昔、古代中国の黄金時代には実現されていたものだ、と彼は説いた。人類にとっての重要な精神的課題とは、ほとんど失われそうになっているこうした正しい秩序を再生することだった。精神的な達成は、啓示や解放などによるのではなく、忘れられた自己抑制の原則を忍耐強く取り戻すことによってなされる。目指すべきものは、調整であって、進歩ではなかった⑰。学ぶことは儒教社会における向上のカギとなった。したがって孔子はこう教えた。

仁を好んでも学問を好まないと、その害として（情におぼれて）愚かになる。智を好んでも学問を好まないと、その害として（高遠に走って）とりとめがなくなる。信を好んでも学問を好まないと、その害として（盲信におちいって）人をそこなうことになる。まっ直ぐなのを好んでも学問を好まないと、その害としてきゅうくつになる。勇を好んでも学問を好まないと、その害として乱暴になる。剛強を好んでも学問を好まないと、その害として気違いざたになる。[18]［金谷治訳注『論語』岩波文庫、巻第九、陽貨第十七、八］

孔子は階層的な社会信条を唱えた。根本的な義務とは、「己を知る」ことにある。信奉者たちにとって、孔子の教えは、より大きな調和を追求する仕事への霊感の源となった。一神教の預言者たちと違って、孔子は、人類を個人的救済へと向かわせる歴史の目的論は唱えなかった。彼の哲学は、個人の正しい行いを通じた国家の救済を目的としていた。彼の教えは来世への道ではなく、現世に向けて、社会的行動の規範を確認するものだった。

中華秩序の頂点には皇帝が君臨していた。西欧は同じような存在を経験したことはない。彼は社会秩序の中で、精神的なものだけではなく、世俗的な権威をも併せ持っていた。中国の皇帝は、政治的指導者であると同時に、形而上学的な概念でもあった。政治的な役割においては、皇帝は人類の最高主権者、すなわち、中国の儒教的社会構造を反映した世界的政治ヒエラルキーの頂点に君臨する全人類の皇帝、と考えられていた。中国の宮廷儀礼は叩頭、すなわち三回にわたって額を地面につける、完全な平伏の動作を通じて、皇帝の絶対的な優位性を承認することを求めていた。

皇帝の第二の役割、つまり形而上学的な役割は、天と地と人とを象徴的に仲介する「天子」としての地位に伴うものだった。この役割は、皇帝の側にも道徳的な義務をもたらした。慈悲深い振る舞いや正しい儀式の遂行、時には厳しい処罰を通じて、皇帝は生きとし生けるものすべての「大いなる調和」の要と考えられた。もし、皇帝が道徳を踏み外せば、天下はことごとく混乱に陥る。自然災害ですら、不調和が世界を襲ったと受け止められ、時の王朝は、支配権の根拠である「天命」を失ったと見なされた。そして、反乱が発生し、新たな王朝が宇宙の偉大な調和を回復することになる。[19]

国際関係の概念――公平か平等か

中国にはキリスト教の大聖堂がないのと同様に、ブレナム宮殿[英国の歴史的建造物。一八世紀初めにスペイン継承戦争のブレナムの戦いでの勝利を記念して建設された]も存在しない。これを建設したマールボロ公爵のような、貴族出身の政治的大物も生まれなかった。欧州は、独立した勢力を持つ諸侯や公爵、伯爵たち、自治を守っている都市、治外法権を主張するローマ・カトリック教会、そして、市民による自治社会の建設を求めるプロテスタント集団といった、政治的多様性のうねりの中で近代を迎えた。対照的に、中国では近代を迎えた時、科挙によって選抜され、経済や社会のあらゆる部分に浸透し、管理する、完成された帝国官僚制が一〇〇〇年以上も続いていた。

中国の世界秩序へのアプローチは、西欧で根付いたシステムとは大きく異なっていた。現在の西欧の国際関係についての考え方は、欧州中世の構造が、国力の類似した拮抗する国々に分裂し、カトリック教会もさまざまな宗派に分裂した、一六世紀から一七世紀にかけて生まれた。力のバランスを重視する外交は、選択の結果というより、避けがたい必然から生まれたものだった。どの国家も、自らの意志を貫けるほど強力ではなく、どの宗教も、普遍性を主張できるほど十分な権威を持っていなかった。各国家が主権を持ち、法的に平等だという考え方が、国際法と外交の基本となった。

中国は、これに対し、平等を前提にした他国との継続的な関係を経験したことがなかったが、これは単に、中国と比肩できるほどの文明や重要性を持つ国と遭遇したことがなかったためだった。中国の皇帝が、その地理的な領土に君臨しているということは、事実上の自然法則であり、天命の表現にほかならないと受け止められていた。皇帝にとって、この使命は必ずしも、近隣の人々との敵対的な関係をもたらすものではなく、むしろ、その逆であることが望ましかった。中国は米国と同様、自らが特別な役割を果たしていると考えていた。だが、中国は、自らの価値観を世界中に広めようという米国型の普遍主義を採り入れたことは一度もなかった。中国は、近隣の野蛮人の侵入を門口で直ちに押さえ込むことに集中した。朝鮮のような朝貢国に対しては、中国の特別な地位を認めるように促し、その代わりに、貿易権といった恩恵を与えた。一方で、中国人がほとんど何も知らない、欧州人のような遠隔地の夷狄に対しては、慇懃な無関心を保った。欧州人を中国流に変えることには、ほとんど興味を示さなかった。明の太祖は一三七二年に自分の考えを次のように記している。「西洋の国々はまさに遠方の国と呼ばれている。彼らは(わが国に)海を越えてやって来る。彼らは、(到着の)年や月を勘定することもうまくできない。彼らの人数がどうであれ、わが方は、「おとなしく来た者は、寛大に送り返す」(という原則に基づいて扱う)」[20]。

中国から遠くに位置するという不幸を天から与えられた国々にまで、影響を与えようとするのは、現実的ではないと、中国の歴代皇帝たちは感じていた。中国流のエリート主義によって、中国は自らの思想を輸出するのではなく、相手が求めてくるようにさせた。中国人の考えによれば、近隣の国民は中国を宗主国と認めている限り、中国およびその文明との交流によって恩恵を受けているのだった。中国を宗主国と認めない者は野蛮人だった。皇帝に服従し、宮廷儀式に従うことが、文化の核心を成していた[21]。帝国が強力な時期には、その文化的な領域も広がった。天下とは、主流である漢民族と、数多くの漢民族以外の民族集団で成り立っている多国籍の統一体だった。

　中国の公文書によれば、外国の使節が中国の宮廷を訪れるのは、交渉や国事を行うためではなく、皇帝の啓蒙的な影響力によって「感化されるために来る」ことになっていた。皇帝は他国の元首と「首脳会談」を行うことはなく、皇帝による謁見は、皇帝の絶対的な優位性を承認するために貢ぎ物を持参した「遠来の人々へのありがたきおぼしめし」を意味していた。中国の宮廷がかたじけなくも海外に使節を送る時も、彼らは外交官ではなく、天朝からの「天の使い」として遣わされるのだった。

　中国の政府組織も、こうした世界秩序への階層的なアプローチを反映していた。朝鮮、タイ、ベトナムといった朝貢国との関係を扱うのは、儀典を担当する省庁[礼部]であり、このことは、これらの国との外交とは、大いなる調和を司る、より大きな形而上学的任務の一つの側面にほかならないことを意味していた。北や西にいる、中国との関係がもっと薄い民族については、植民省に似た機能を持つ「理藩院」が担当していたが、この役所の役目は、臣下の諸侯に官位を与え、辺境の平和を守らせることにあった[22]。

　一九世紀の西欧の侵略による圧力の下で、中国は初めて、政府部内に独立して外交を担当する外務省に似たような組織[第3章七一―七二頁の総理各国事務衙門]を作ったが、それは一八六一年、西欧列強との二つの戦争に敗北してからのことだった。この官庁は、当面の危機が去ればすぐ廃止される、一時的に必要なだけのもの、と考えられていた。新しい役所は、それまで硬貨鋳造局が使っていた、古くてぱっとしない建物にわざと入れられたが、清朝の有力政治家である恭親王[一八三三―九八、愛新覚羅奕訢《えききん》。道光帝の第六皇子で、洋務運動を支え、アロー号事件後の対英交渉を担当]の言葉を借りれば、それは「外務省が他の古くからの政府省庁と対等ではあり得ず、中国と外国との違いは維持される、という隠された意味」を示すためだった[23]。

　欧州式の国家間の政治と外交を、中国が経験したことがないわけではなかった。それらはむしろ、国が分裂している時代に、中国国内で行われるある種の非伝統的なものとして存在していた。しかし、一種の不文律ででもあるかのように、こうした分裂の時期は、「天下」の再統一と、新たな王朝による中華思想の再興によって、終わりを告げた。

帝国の役割として、中国は周辺の外国人たちに対し、公平を与えたが、平等は与えなかった。中国は、中国文化への造詣の深さや、中国への従属ぶりを示す儀礼の順守の度合いに応じて、彼らを慈悲深く思いやりを持って扱った。

国際問題に対する中国のアプローチで最も印象深いことは、堂々として格式張ったその外見ではなく、それが戦略的な洞察力と永続性に裏打ちされていることだ。中国の広大かつ変動する国境沿いに住む「少数」民族は、その歴史の大半を通じて、しばしば中国人より強力な武力を持ち、機動力も高かった。中国の北と西には、半遊牧民である満洲族、モンゴル族、ウイグル族、チベット族、そして、最後には膨張主義のロシア帝国が存在し、彼らの騎馬軍団は、広大な国境を越えて、大した苦労もなしに、中国の農業中心地を侵略することができた。これに対する中国の報復のための遠征は、荒れ果てた土地や、伸びきった補給線といった問題に直面せざるを得なかった。中国の南と東には、形式的には中国の世界観に従属していたものの、かなりの武力の伝統と国家意識を持つ人々がいた。彼らの中で最も不屈だったベトナム人は、中国の優越性の主張に激しく抵抗し、戦闘で中国を打ち負かすことさえあった。

中国は、隣人たちをことごとく征服できる立場にはなかった。中国の人口の大半は、先祖伝来の土地に縛り付けられた農民で占められていたし、エリート官僚たちがその地位を得たのは、武勲を示したためではなく、儒教の古典や、書道や詩文といった洗練された芸術に精通していたことによるものだった。近隣住民たちは、それぞれに恐るべき脅威であり、もし団結すれば、団結の程度のいかんにかかわらず、圧倒的な力を発揮しただろう。歴史家のオーエン・

ラティモア［一九〇〇―一八九、少年時代を中国で過ごし、蔣介石の顧問も務めた］はこう書いた。「蛮族の侵入は、永久的な脅威として中国にのしかかっていた。……どの蛮族の国も、他の蛮族から自分の背後と側面を守ることができれば、自信を持って中国に侵入することができた[24]」。自分たちが中心だと誇示していることや、物質的な豊かさが災いして、中国はあらゆる方向からの侵略を招くことになった。

西欧で中国と言えばすぐに思い浮かべられる万里の長城は、中国が持つこの基本的な脆弱さの反映であり、しかもほとんど何の対策にもならなかった。これに代わって、中国の政治家は、豊富な外交的、経済的な手段を駆使して、潜在的な敵性外国人たちを、中国が制御可能な関係に持ち込もうとした。最大の目標は(中国がしばしば大規模な軍事作戦を展開したことがあったとはいえ)征服ではなく、侵略を食い止め、蛮族同士の結束を防ぐことにあった。

中国は貿易上のインセンティブを与えたり、政治的なひのき舞台を巧妙に活用したりして、隣人たちを華夷思想の規範に従うよう誘導し、恐るべき権威というイメージを投げ掛けることで、侵略する可能性のある人々が中国の力量を試すのをやめさせようとした。その目的は、野蛮人を征服したり、押さえ込んだりすることではなく、「籠絡する」ことだった。従おうとしない者たちに対しては、彼らの中の分裂を利用し、「夷狄をもって、夷狄を抑え(以夷制夷)」、必要なら「夷狄に夷狄を攻撃させる[25]」[以夷攻夷]策に出た。明代の官僚は、中国東北部の潜在的な脅威となっている部族についてこう書いた。

もし、各部族が分裂しているのなら、彼らは弱く、容易に服従させることができる。各部族が疎遠ならば、彼らはお互いを遠ざけ、すぐに服従するだろう。われわれは族長たちの誰かと親密になり、彼らを互いに戦わせる。これは政治的な行動の原則である。すなわち「蛮族同士の戦さは中国にとっての吉兆」なのだ[26]。

このシステムの目指すところは、基本的に防御的なものであり、国境付近で同盟が形成されるのを防ぐことに主眼があった。この蛮族管理の法則は、中国の官僚の思考にあまりにも深く染み付いてしまったため、一九世紀に欧州人の「西夷」が大挙して中国沿岸にやってきた時も、中国の役人たちは、過去の王朝の先人たちが使ったのと同様の方法で、蛮族の脅威に対処しようとした。すなわち「以夷制夷」で夷狄をなだめ、服従させようとしたのだ。最初の英国の攻撃に対して、彼らは伝統的な戦略で立ち向かった。中国側は当初は西欧国家同士の敵対関係をあおるため、次いでそれを巧みに操るため、他の西欧諸国を招き入れた。

こうした目的の追求にあたって中国の宮廷が採用した手段は、驚くほど現実的なものだった。中国は、元朝や清朝の初期にそうだったように、異民族を中国化させる手始めとして、彼らを買収するかと思えば、漢民族の人口が多いことを活用して相手を呑み込んでしまったりした。負けると、彼らに服従するのだった。中国の宮廷がよく用いたやり方は、洗練された外交儀礼のフィルターを通せば、中国のエリートたちが、これは慈悲深い優越の表現であると主張できないこともないものの、通常の状況では融和策と見なされるようなやり方だった。漢代のある大臣は、中国の北西部辺境に勢力を伸ばしていた民族の匈奴を抑え込むために、彼が提唱した「五つの餌」について、次のように書き残した。

豪華な衣服や馬車を贈るのは、彼らの眼を腐らせるため。美食を贈るのは、彼らの口を腐らせるため。音楽と女を贈るのは、彼らの耳を腐らせるため。楼閣や穀物、奴隷を与えるのは、彼らの胃袋を腐らせるため。……降伏しようとする者たちに対しては、皇帝陛下御自ら酒と食物を振る舞う歓迎の宴を宮廷で開催することで、彼らの心を腐らせる。これらは「五つの餌」と呼んでもいいだろう。[27]

中国の外交は、力がみなぎっている時代には皇帝の権力を理論的に正当化し、没落の時代には、弱さを覆い隠し、対抗勢力を巧みに取り扱うのに役立った。

ずっと後の時代に地域的覇権を唱えた者に比べ、中国は限られた領土的野心しか持たない、満ち足りた帝国だった。後漢時代(二五―二二〇年)のある学者はこれを「皇帝は蛮族を支配しない。来る者は拒まず、去る者は追わず[28]」と表現した。中国が辺境を直接統治するよりも、それが従順で分割されていることが理想だった。

中国の根本的なプラグマティズムは、征服者たちへの対応に最もよく現れている。外国の王朝が戦さに勝った場合、中国のエリート官僚たちは征服者に対して、あなた方が征服した国はかくも広大で独特なため、中国的なやり方、中国語、そして既存の中国風の官僚制によってのみ統治できる、という理屈を述べ立て、これに奉仕することを申し出た。どの時代でも、征服者たちは、自分たちが支配しようとした秩序に次第に同化させられていった。結果的に、中国侵略の出発点となった彼ら自身の母国も、中国の一部となっていった。征服の目的の方向性は変化し、彼ら自身が中国の伝統的な国益を追い求めるようになってしまった[29]。

中国のリアルポリティクスと「孫子の兵法」

中国人は、常に抜け目のないリアルポリティクスの実行者であり、西欧で好まれる戦略や外交とはまったく異なった戦略思想の持ち主だった。中国の指導者たちは、その激動の歴史を通じて、あらゆる問題に解決策があるわけではなく、特定の出来事を完全に制御しようとし過ぎると、宇宙の調和を乱しかねない、ということを学んできた。完全な安定の中に生きるためには、中国にはあまりに多くの潜在的な敵がいた。中国の運命が、相対的な安定でしかないのなら、それは相対的な不安定ということでもあり、まったく異なった歴史や願望を持った多くの近隣国家のありようを学ぶ必要があった。中国の政治家が、紛争の結果をイチかバチかの一回の衝突に賭けることはまずなかった。手の込んだ、何年もかかる術策が、彼らのスタイルに合っていた。西欧の伝統では、ヒロイズムの偉業も鮮やかな決定的戦いを称えるのに対し、中国では、巧妙さや回り道、さらには相対的優位を忍耐強く積み重ねることが理想とされた。

このコントラストは、それぞれの文明で愛されている知的ゲームにも反映されている。中国で最も普及しているゲームは囲碁(ウェイチーと発音され、西欧ではしばしば日本でのバリエーションである碁として知られている)である。囲碁とは「取り囲む駒のゲーム」という意味で、戦略的な包囲戦を示す。碁盤は、縦横一九本ずつの線で区切られており、最初は碁盤に何も置かない。二人のプレーヤーはそれぞれ一八〇の碁石を持ち、どの碁石も同じ価値を持つ。対局者は交代で、盤面のどこにでも碁石を打つことができ、相手の石を取り囲んで取りながら、優位な立場を作り上げていく。盤上の異なった場所で、いくつもの戦いが同時に展開される。それぞれの対局者が戦略的なプランを実行し、互いに相手の出方に反応することで、力のバランスは、一手ごとに徐々に変わっていく。よくできた対局の終盤には、盤面はいくつもの部分的に絡み合った領域〔「地《じ》」のこと〕で覆われる。勝敗はしばしば僅差で、訓練されていない者の目には、どちらが勝ったのかすぐにははっきりしないこともある。[30]

これに対し、チェスでは完全な勝利を目指す。ゲームの目標はチェックメート〔王手〕、すなわち、動けば破滅するという立場に相手のキングを追い込むことである。ほとんどの試合は、敵の持ち駒がなくなるか、まれにはドラマティックで巧妙な作戦による、一方の圧倒的勝利で終わる。引き分けの可能性もあるが、これは対戦者双方が勝利の望みを捨てたことを意味する。

チェスが短期決戦なら、囲碁は長期戦だ。チェスのプレーヤーは完全な勝利を目指すが、囲碁の対局者は相対的な優位を追求する。チェスでは、すべての駒は常に総動員されており、プレーヤーは対戦相手の戦闘力がよく分かっている。囲碁の対局者は、盤上の石だけでなく、相手側が繰り出そうとしている援軍の力も見極めなければならない。チェスの試合は盤面中央の奪い合いから始まることが多く、クラウゼヴィッツ将軍［一七八〇―一八三一、プロイセンの軍人で軍事学者。『戦争論』の著者］の「重心」や「勝敗分岐点」の概念を髣髴とさせる。一方、囲碁は、戦略的包囲作戦の技術を思わせる。

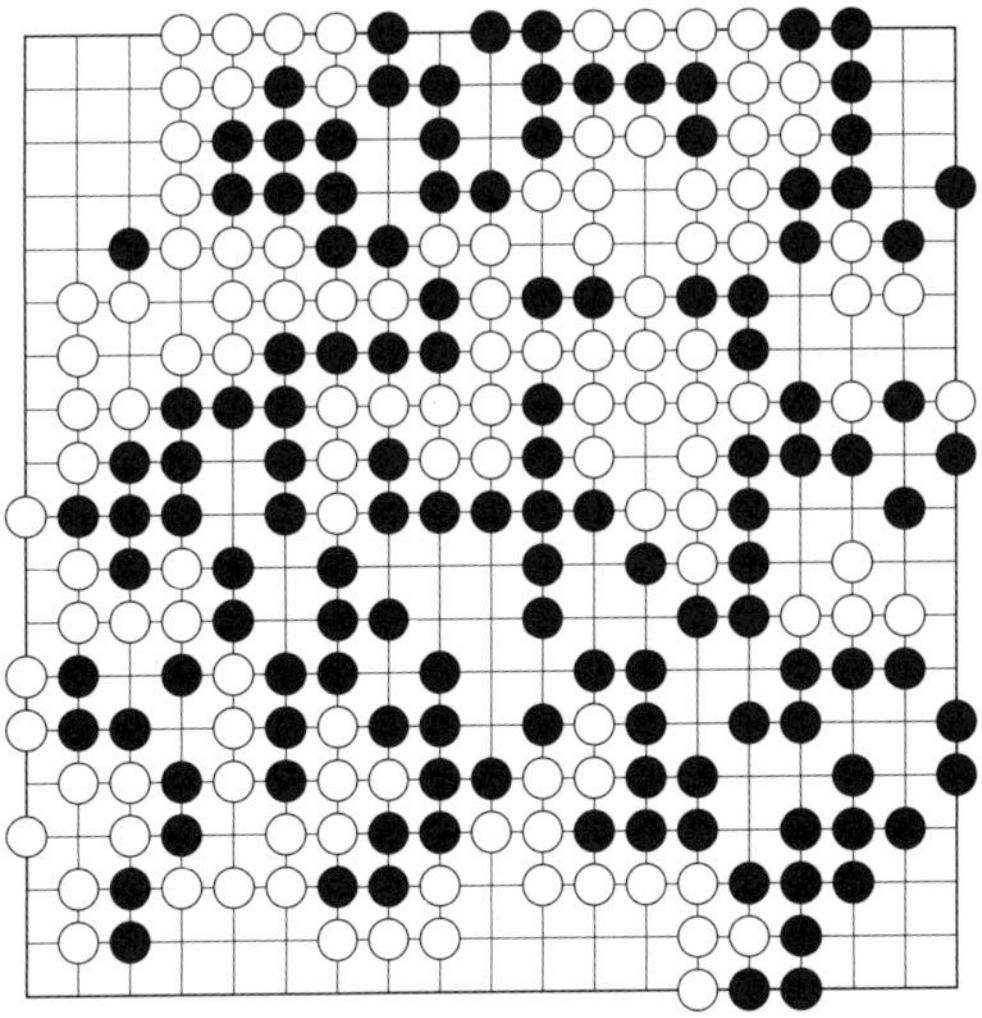

高段者による囲碁の対局終了時の様子．黒がわずかな差で勝っている．David Lai, "Learning from the Stones: A *Go* Approach to Mastering China's Strategic Concept, *Shi*"(2004)による

チェスの上級者が、一騎打ちの連続で相手の駒を減らそうとするのに対し、優秀な碁の打ち手は、盤上の「空白」地帯に石を打っていき、相手が戦略的に石を打てる可能性を徐々に減らしていく。チェスは目的達成にひたむきな思考を生み出すが、囲碁は戦略的な柔軟性を養成する。

同様の西欧との対比は、中国独特の軍事理論についても存在する。それは、敵対する王国同士の冷酷な戦いにより中国の人口が激減した、混乱の時代に端を発している。中国の思想家たちは、こうした虐殺に対応して（また、勝利によってそれから抜け出すことを目指して)、心理的優位を通じて勝利することに力点を置き、直接的な紛争を避けることを説く戦略的思想を生み出した。

この伝統における独創的な人物は、有名な「孫子の兵法」の作者で、歴史上、孫子(または孫師)として知られている。興味深いことに、この人物が本当は何者だったのかは誰も知らない。古代から、学者たちは「孫子の兵法」の作者の身元や、この書物の書かれた年代を議論してきた。この書物自体は、春秋時代(紀元前七七〇―同四七六年)の将軍で、放浪の軍師だった孫武の語録を弟子たちが書き残したという体裁を取っている。一部の中国人学者と、後世の西欧の学者らは、本当に孫武という人物がいたのか、もしそうだとしても、実際に「孫子の兵法」に書かれている内容の作者だったのか、について疑問を示している。(31)

戦略や外交、戦争に関する警句に満ちた、詩文と散文の中間のような漢文で書かれているこの書物は、その成立から二〇〇〇年以上たっても、軍事思想の主要な教科書として生き残っている。その行動原理は、二〇世紀の中国の内戦で、孫子の弟子の一人である毛沢東によって生きた実例が示され、ベトナムではホー・チ・ミンやボー・グエン・ザップが、フランスとの戦争、後には米国との戦争で、孫子の間接的な攻撃と心理戦の原則を採用した(「孫子の兵法」の普及版が西欧で出版されたことによって、孫子は現代の企業経営者の導師として、第二の人生を見つけた格好となった)。今日でもそのまま通じる洞察力によって、孫子は世界最高の戦略思想家の一人と見なされ、その文献が読み継がれている。彼の教えに無知だったことが、米国がアジアでの戦争に苦しんだ大きな理由であると言ってもいいだろう。

孫子を西欧の戦略思想家と区別しているのは、純粋に軍事的な事柄より、心理的、政治的要素に重点を置いている点だ。欧州の偉大な軍事理論家カール・フォン・クラウゼヴィッツやアントワーヌ・アンリ・ジョミニ[一七七九―一八六九、スイス出身の軍人。ナポレオン軍やロシア軍の参謀を務めた]は、戦略を政治から切り離して、独立したものとして扱った。戦争は別の手段による政治の継続である、としたクラウゼヴィッツの有名な格言ですら、いったん戦争が始まれば、政治家はまったく新たな局面に入るのだということを暗示している。

孫子はこの二つの領域を統合した。西欧の戦略家たちが、勝敗分岐点においてどのように優勢を確保するかについて熟慮していたのに対し、孫子は、紛争の結果などは自明の理になってしまうような、政治的、心理的優位を確保する手段について考えた。西欧の戦略家が、戦闘での勝利によって自らの行動原理を検証しようとしていたのに対し、孫子は、戦争が不必要になるような勝利を目指した。

孫子の兵法書には、戦争を主題にした一部の西欧文学のような高揚した調子はなく、個人的ヒロイズムに訴えることもしていない。「孫子の兵法」のもったいぶった書き出しには、その陰鬱な特徴がよく現れている。

戦争とは国家の大事である。(国民の)死活がきまるところで、(国家の)存亡のわかれ道であるから、よくよく熟慮せねばならぬ。[32]［以下、「孫子の兵法」の引用はすべて金谷治訳注『新訂 孫子』岩波文庫による］

そして、戦争のもたらす結果は非常に深刻なので、慎重さこそが最も重視すべき価値となる。

君主は怒りにまかせて軍を興こすべきではなく、将軍も憤激にまかせて合戦をはじめるべきではない。有利な情況であれば行動を起こし、有利な情況でなければやめるのである。怒りは(解けて)また喜ぶようになれるし、憤激も(ほぐれて)また愉快になれるが、(一旦戦争してもし失敗したとなると、)亡んだ国はもう一度たてなおしはできず、死んだ者は再び生きかえることはできない。だから聡明な君主は(戦争については)慎重にし、立派な将軍はいましめる。これが国家を安泰にし軍隊を保全するための方法である。[33]

では、国を治める者は何に対して慎重でなければならないのか。孫子にとって勝利とは、単に軍隊の勝利ではなく、軍事衝突で狙っていた究極の政治的目標を達成することにあった。戦場で敵に挑戦するよりも、敵の士気をくじき、逃げ出すことのできない不利な状況に追い込む方がずっとよい。戦争は絶望的かつ複雑なものなので、己を知ることが死活的に重要となる。戦略は心理的な戦いに帰結していく。

百たび戦闘して百たび勝利を得るというのは、最高にすぐれたものではない。戦闘しないで敵兵を屈服させるのが、最高にすぐれたことである。

そこで、最上の戦争は敵の陰謀を(その陰謀のうちに)破ることであり、その次ぎは敵と連合国との外交関係を破ることであり、その次ぎは敵の軍を討つことであり、最もまずいのは敵の城を攻めることである。城を攻めるという方法は、(他に手段がなくて)やむを得ずに行なうのである。

(中略)

それゆえ、戦争の上手な人は、敵兵を屈服させてもそれと戦闘したのではなく、敵の城を落してもそれを攻めたのではなく、敵の国を亡ぼしても長期戦によったのではない。[34]

理想は、指揮官が完全に戦闘を回避できるような優位に立つことだ。さもなければ、十分な分析と、兵站や外交、また心理的な準備を整えたうえで、武力を用いてとどめの一撃を与えることになる。したがって、孫子の教えはこうだ。

勝利の軍は(開戦前に)まず勝利を得てそれから戦争しようとするが、敗軍はまず戦争を始めてからあとで勝利を求めるものである。[35]

敵の戦略およびその同盟国への攻撃は、心理作戦や目くらましも含んでいるので、孫子は、言い逃れや、敵に偽りの情報を流すことの重要性を強調している。「可能ならば」として、彼はこう指摘する。

戦争とは詭道――正常なやり方に反したしわざ――である。それゆえ、強くとも敵には弱く見せかけ、勇敢でも敵にはおくびょうに見せかけ、近づいていても敵には遠く見せかけ、遠方にあっても敵には近く見せかけ(る)[36]。

孫子の教えに従った指揮官にとっては、欺きやごまかしによって間接的に達成された勝利は、優越した武力による勝利より人道的である(しかもより経済的でもある)のは事実だった。「孫子の兵法」は指揮官に対し、自分の目的を敵の指揮官に達成してもらうように仕向けるか、敵を絶体絶命の立場に追い込んで、その軍隊や国が無傷のままで降伏するように持っていけ、とアドバイスしている。

おそらく、孫子の最も重要な洞察は、軍事的、戦略的な争いにおいて、天候、地形、外交、スパイや二重スパイからの報告、補給と兵站、力の均衡、歴史的なものの見方、驚きや道徳のような無形のものなど、すべてが相互につながり、関係しているということだ。それぞれの要素が互いに影響を与え、勢いの微妙な変化や、相手に対する優位を引き起こす。孤立した出来事というものは存在しない。

したがって、戦略家の任務とは、個別の情勢を分析することより、流れの中での個々の出来事の関係性を見極めることにある。どのような集団も静止してはおらず、どのパターンも一時的なものであり、本質的には変化していく。戦略家は変化の方向を捉えて、それを自分の目的に役立てていかなければならない。孫子は、この性質を説明するのに、「勢」という言葉を用いた。西欧ではこれに対応する概念はない[37]。軍事的な文脈では、「勢」は戦略的な流れや、変化する情勢の中での「潜在的エネルギー」、「各要素の特定の組み合わせに内在する力および……その発達の傾向[38]」を意味する。「孫子の兵法」の中では、この言葉は、変化し続ける力の形や、その全体的な流れを暗示している。

孫子によれば、「勢」を体得した戦略家は、最も速くて容易な流路を自然に見つけ出す、斜面を流れ下る水に似ている。成功する指揮官は、やみくもに戦いに突入する前に、まず待つ。彼は、敵の強さに尻込みし、戦略的な全体像に現れる変化を観察し、それを助長させることに時間をかける。そして、敵の最も弱い点を攻撃する絶好の機会をものにするまで、敵の準備状況や士気を研究し、兵力を温存し、慎重にその必要範囲を定め、敵の心理的な弱みを突こうとする。その時が来るや、彼はすみやかに兵力を展開し、敵の抵抗の最も弱い経路に沿って突然、「丘を駆け下りて」、慎重に計ったタイミングと準備のおかげで既成事実と化した自軍の優勢を確実なものにする。[39]「孫子の兵法」は、領土の征服より、心理的な優越を重視する教えを明確に示している。これは北ベトナムが米国と戦った時に用いたやり方である(もっとも、北ベトナム政府はしばしば、心理的な勝利を実際の局地戦での勝利にも結び付けた)。

一般的に言って、中国の政治では、戦略的な全体像を、善悪、遠近、強弱、過去と未来が相互に関連した、一つの総体の一部として見る傾向がある。西欧では歴史は、邪悪なものや後進性に対する一連の完全な勝利を達成する、近代化のプロセスとして扱われるのに対し、伝統的な中国の歴史観は、崩壊と再生の輪廻を強調する。そこでは、自然や世界を理解することはできるとしても、完全にそれを征服することはあり得ない。最良の達成は、それと調和していくことにある。戦略や政治的手腕は、敵との「戦闘的共存」の手段と化す。自分の「勢」、つまり戦略的な位置を築きながら、敵を弱体化させることが目標となる。[40]

もちろん、この「策略」的なアプローチは理想であり、常に現実的なものではない。その歴史を通じて、中国人も彼らなりに、国内や、まれには国外で「露骨」で残虐な戦いを経験してきた。秦朝による統一や、三国時代の戦い、太平天国の乱の鎮圧、そして二〇世紀の国共内戦などのように、ひとたびこうした戦いが起きれば、欧州の世界大戦と同じほどに、大量の人命が失われた。最悪の戦いは、中国の内部システムの崩壊の結果として、言い換えれば、国内の安定と、高まる外国の侵略に対する防衛の両方が懸念材料になっている国家の、内部調整の一局面で起きた。

中国の古代説話では、世界は絶対に征服されることはない。賢い支配者たちは、その潮流との協調しか望まない。移民できる新世界はなく、あの世で人類を待っている救済もない。約束の地は中国そのものであり、中国人はすでにそこにいた。理屈の上では、中華文明の恩恵は、中国の優れた実例によって、帝国の周縁部に住む異国人にまで及ぶはずだった。しかし、海を渡ってまで「異教徒」を中国式に改宗させたという華々しい実例は見あたらない。中華王朝の風習は明らかに、遠方の蛮人の及ぶところではなかったのだ。

このことは、中国が航海術の伝統を放棄したことと深い関係があるかもしれない。ドイツの哲学者ヘーゲルは、一八二〇年代に歴史哲学について論じた際、中国は自らの東に位置する広大な太平洋を不毛な荒れ地と見る傾向がある、と指摘した。彼は、中国はおおむね、海洋には乗り出さず、代わって広大な国土に依存しているとも言った。土地には「無限の依存人口」が押し付けられているのに対し、海は人々を「こうした思考と行動の限られた領域を越える」ように奮い立たせる。「中国がいい例だが、彼らもまた海を国境としているにもかかわらず、土地の限界を乗り越えて、海洋に出て行こう、という動きは、アジア諸国の優れた政治体系に欠けている。彼らにとって、海とは土地が尽きる限界でしかなく、彼らは海と何の積極的な関係も持たなかった」。西欧世界は、貿易相手や自らの価値観を世界に拡大しようと航海に乗り出した。この点に関して、ヘーゲルは、土地に縛り付けられた中国は、実は世界最大の海洋国家だったことがあるのだが、「一般的な歴史的発展から外れている」と主張した。[41]

こうした特別な伝統と、数千年に及ぶ優越的な体質から、中国は、その文化と制度に普遍的な妥当性があると訴えながら、他を改宗させようという努力はほとんどせず、世界で最も豊かな国でありながら、貿易や技術革新に無関心だった。西欧の大航海時代の始まりを見過ごしてしまった政治的エリートたちがコスモポリタン文化を自称し、まもなく自らの生存を脅かすことになる技術的、歴史的潮流にも気付かない、比肩するもののない広大な地理的広がりを持つ政治的単位、という特異な帝国として、近代を迎えざるを得なかった。

第2章　叩頭問題とアヘン戦争

一八世紀の終わりには、中国は帝国の威光の頂点に立っていた。一六四四年に北東から中国に乗り込んだ満洲族によって開かれた清朝は、中国を軍事大国化させた。満洲とモンゴルの軍事的能力と、漢民族の文化的、政治的な能力を融合させ、清朝は北と西に領土を拡大し始め、中華世界の影響力をモンゴル、チベット、今日の新疆の奥深くまで打ち立てた。中国はアジアで圧倒的な力を持ち、少なくとも世界中のどの帝国にとっても有力なライバルだった。[1]

だが、清朝の最盛期は同時に、その命運の転換点でもあった。中国の富と領土拡大は、その領地や中国の伝統的な世界秩序の枠組みのはるか外れで活動していた西欧の帝国と貿易会社の注意を引いた。中国はその歴史上初めて、王朝を乗っ取ったり、自ら「天命」を主張したりしない「蛮人」に直面した。この蛮人たちはこうしたことの代わりに、中華システムをまったく新しい世界秩序のビジョン、つまり、貢ぎ物より自由貿易、中国の首都での常駐外交公館設置、中国以外の国の元首を北京の皇帝に忠誠を誓う「蛮族閣下」と呼んだりしない外交交渉システム、といったもので置き換えようと提案してきた。

中国のエリートたちは知らなかったが、こうした外国は数世紀の間で初めて、そしておそらくこの後ずっと中国を上回ることになる、新しい産業や科学技術を開発していた。蒸気機関、鉄道および新しい工業生産と資本蓄積の手法が、西欧の生産性を大きく高めた。西欧国家は征服欲によって、中国が伝統的に支配してきた世界に向けて駆り立てられ、欧州からアジアまでをあまねく支配しているという中国の主張を笑い飛ばした。彼らは中国に対し、必要なら武力を使ってでも、自分たちの国際的な行動基準を押し付けようと心に決めていたのだ。こうした結果として起きた対立は、中国の基本的な世界観を脅かし、一世紀後に中国が再興の時代を迎えた後になっても、うずき続ける傷を残した。

一七世紀の初め頃から、中国政府は西欧の貿易商が中国南東部の沿岸で増えていることに気付いていた。中国にとっては、欧州人も、中国の文化的業績に対する彼らのあからさまな無視を除けば、帝国の辺境で活動している他の外国人と大差ない存在だった。中国の公式見解では、こうした「西夷」は「貢ぎ物を運ぶ使者」もしくは「蛮人の商人」と位置付けられていた。ごくまれに、何人かが北京まで行くことを許されたが、皇帝に拝謁することができた場合、叩頭の儀式を行うべきものとされた。額を三回地面につけることによる平伏の行為である。

外国の代表に対しては、中国への入境地点も、北京への行程も厳格に制限されていた。中国市場へのアクセスは、広州（当時はカントンという名で知られていた）での厳しく制限された季節交易に限定されていた。外国の商人は毎年冬に自国に戻ることを要求され、それ以上深く中国に入ることも許されなかった。念入りな規制によって、彼らは居住区に押し込められた。こうした夷狄に中国語を教えることや、中国の歴史や文化に関する書物を売ることは違法だった。特別に許可された地元の商人を通じてのみ、彼らは外界と交渉することができた[2]。

自由貿易の概念、常駐の外交公館、そして対等な主権といった、欧州人にとっては世界中の他のどこでも認められている最低限の権利などは、中国では誰も聞いたことがなかった。ロシアにだけ、非公式な例外が認められていた。その急速な東方への拡大（ツァーの領土は新疆、モンゴル、満洲で清朝の領土と境を接していた）によって、ロシアは中国を脅かす独特な存在になっていた。一七一五年に清朝はロシアに対し、北京にロシア正教の教会を開くことを認めた。それは結果的に事実上の大使館の機能を果たし、一世紀以上にわたり、中国で唯一の外国公館となった。

西欧の商人に認められた接触は、限られたものだったとはいえ、清朝にとってみれば、かなり寛大なものだった。中国的な見方では、彼らに中国との交易、特に、西欧の夷狄が強く欲しがっていた茶、絹、漆器、そして大黄《ルバーブ》の交易への参入を認めたことにより、天子は慈悲を示したのだった。欧州は、朝鮮やベトナムのように中国化されるには、あまりに遠くに離れていた。

当初、欧州人は中国の華夷秩序における嘆願者の役割に甘んじていた。彼らはそこでは「蛮族」であり、彼らの貿易は「朝貢」だった。だが、西欧の力が富の面でも精神の面でも強力なものになり始めると、この状態はもちこたえられなくなった。

マカートニー使節団

中国的な世界秩序は、英国(一部の中国の記述によれば「紅毛蕃」)にとっては特に気に障るものだった。西欧でも最強の貿易、海軍国家である英国にとって、彼らから見れば、いまだに主に弓矢を使っている軍隊や、存在しないに等しい海軍を抱えている中国の世界観が認めた役割など、馬鹿げたものだった。英国商人は、広州での指定された中国商人による「ピンハネ」の増加に腹を立てていたが、中国側の法律は、すべての西欧の貿易は彼らを通すように求めていた。

こうした局面を打開する初めての試みとして、英国は一七九三年から九四年にかけて、ジョージ・マカートニー卿が率いる大型使節団を中国に送り込んだ。この使節団は、それまでの中国と西欧の関係のあり方を見直し、自由貿易と対等な外交関係を樹立しようとする西欧の努力のうちで、最も有名で、よく準備され、「軍事色」の最も薄いものだったが、完全な失敗に終わった。

いくつかの細かい点を見ると、マカートニー使節団は教訓を残している。マカートニーの日記は、中国が自らの役割についての考えをどう実行していたかを、つまり、西欧と中国の外交についての考え方の違いがどこにあるかを、よく示している。マカートニーは長年にわたり国際的な経験を重ねた優秀な役人で、「東方」外交についても優れた感覚を持っていた。高名な文化人でもあり、サンクトペテルブルクのエカテリーナ二世の宮廷に特使として派遣され、三年間滞在して、友好通商条約の締結交渉を担当した。帰国後には、ロシアの文化と歴史に関する書物を著して好評を博した。その後は、インド・マドラスの総督も務め、同時代人の誰にもまして、文明の違いを超えた新しい外交を始めるのに十分な能力を備えていた。

マカートニー訪中使節団の目標は、特にそのころ近隣の大国インドに英国が打ち立てた支配に比べると、当時の教養ある英国人の目には、ごく控えめに見えるものだった。ヘンリー・ダンダス内相〔英国の貴族政治家、内相、国防相、海相などを歴任〕がマカートニー使節団に与えた指示は「おそらく世界中で最も特異な民族との自由な交流」を達成せよというものだった。その基本的な狙いとは、北京とロンドンに相互に外交公館を開設することと、中国沿岸の新たな港への商業上のアクセスを獲得することだった。後者について、ダンダスはマカートニーに対し、英国商人が「市場での公平な競争」(中国の儒教社会ではこれに相当する概念はない)を行うことを妨げている、広州での「落胆すべき」「恣意的な」規制システムに、中国側の注意を向けさせるよう命令した。ダンダスは、中国では一切の領土面の野心は放棄する、と強調したが、この約束は中国にとっては、英国にはこうした野心をかなえるという選択肢もあることを意味し、侮辱だと受け止められかねないものではあった③。

英国政府は中国の朝廷との対等の立場を強調した。非西欧国家に対して異例の敬意を払っているとして、批判を受ける可能性もあった英国指導者のこの態度が、中国では、反抗的でごう慢なものだと見なされた。ダンダスはマカートニーに対し、「できるだけ早期に」中国宮廷に向けて、英国王ジョージ三世はマカートニー使節団のことを、次のように考えていると印象付けるよう指示した。つまり、「世界で最も文明的かつ最も古く、最も人口が多い国への使節であり、その目的は中国の高名な制度を視察し、交流し、貴国とわが国との間の全面的かつ友好的な親交がもたらすに違いない恩恵を受けることにある」との考えだった。

ダンダスはまた、マカートニーに「交渉を失敗させることがないよう、英国君主の名誉を損なったり、君自身の尊厳を傷つけたりすることがあろうとも、宮廷の儀式にはすべて」従うように命じた。ダンダスは「くだらない細かいことにこだわって」、使節団の成功によって「手に入るかもしれない重要な成果を台無しに」するな、とも強調した[4]。

マカートニーは目的達成に向け、英国の科学や産業の優れた達成を示す見本も運んでいった。マカートニーの随員には外科医、内科医、技術者、冶金師、時計職人、計算機の製造職人、さらに夜ごとに演奏する「五人のドイツ人音楽家」(彼らの演奏は使節団の業績のうち、成功したものの一つとなった)まで含まれていた。皇帝への贈り物には、中国が英国と貿易すれば手に入ることになる、素晴らしい恩恵の少なくとも一部分でも示すようにと考えられた工業製品が含まれていた。大砲、馬車、ダイヤをちりばめた腕時計、英国磁器(中国の技法を真似たものだと、清朝の役人は満足げに記録した)、そして、ジョシュア・レイノルズ[一八世紀の英国の肖像画家]の手による英国王夫妻の肖像画などだ。マカートニーは、たたんだ熱気球までも持ち込み、使節団員の手によって北京上空をデモンストレーション飛行させる計画も持っていたが、これは成功しなかった。

マカートニー使節団は個別の目的は何一つ達成できなかった。考え方の違いはあまりにも大きかった。マカートニーは工業化の恩恵を見せつけようとしたが、皇帝は彼の持ってきた物を貢ぎ物と理解していた。マカートニーは、中国側が技術文明の進歩から絶望的に取り残されていることを理解し、遅れを取り戻すために英国と特別な関係を結ぼうとすることを期待していた。実際は、中国人たちは英国人を、天子から特別なお恵みを頂戴しようとしている、ごう慢で無知な蛮族として扱っていた。中国は、人口増加に伴って食料増産がかつてないほど喫緊の課題になる中でも、自らの農業のやり方にこだわっており、儒教的官僚制は、蒸気機関、預金と資本、不動産の私有、公的教育といった、文明のカギを握る要素には無関心だった。

最初の不協和音は、マカートニーと随員たちが北京の北東にある夏の離宮、熱河〔現在は承徳〕に向かった時に起きた。彼らが乗り込んだ、豪華な贈り物や珍品を満載した中国の帆船には「中国皇帝への貢物を持ち来るイギリス大使」〔以下、マカートニー日記の引用は坂野正高訳注『中国訪問使節日記』平凡社東洋文庫を参考にした〕と書いた中国語の旗印が付いていた。ダンダスの指示に従って、マカートニーは「何の文句も付けていない。ただ、もし適当な機会があれば注意するつもりである(5)」と決めていた。だが、彼が北京の近くまで来た時、使節団の接遇を命じられていた中国官僚が始めた交渉で、双方の考え方の違いがはっきりした。問題は、マカートニーが皇帝〔乾隆帝〕に対して叩頭の礼を取るか、あるいは彼が主張したように、英国流に片膝を折ることで礼儀を示すかということだった。

中国側はこの問題を、マカートニーが日記に書いたように「国が違えば流行している衣服のモードも同じではない」ことについて注意喚起するという、回りくどいやり方で切り出した。中国の役人たちは「皇帝が公衆の前に姿を見せた時に、必ずすべての人が行う慣例となっている叩頭や平伏」をずっと楽に行えるので、結局、中国風の衣服の方が優れている、と結論付けた。皇帝の威厳あるお姿に拝謁する際に、英国使節団は、扱いにくい膝のところの留め金や靴下留めやらをやめた方が楽だとは思わないのか、というわけだった。マカートニーは「私が自分の主君に対して行うものと同じ敬礼をする(6)」方が、皇帝も喜ばれるのではないかと反論した。

「叩頭問題」についての論争は断続的に数週間にわたって続いた。中国側は、マカートニーの選択肢は、叩頭するか、手ぶらで国に帰るかだ、とほのめかしたが、マカートニーは抵抗した。結果的に、マカートニーは欧州の習慣に従って片膝を付けばいいということで合意に達し、これがマカートニーのあげた唯一の得点になった(少なくとも彼は現実の行動においては叩頭を拒否したが、中国側は公式文書に、マカートニーは皇帝のご威光におそれをなして、結局叩頭したと記載した)[7]。

これらすべては、複雑な中国流の儀礼の枠組みの中で起きたことであり、この儀礼のおかげで、マカートニーは最も配慮のある扱いを受けながら、その提案を妨害され、拒絶された。網羅的な儀礼に封じ込められ、すべてのことは天の配剤として決められた不変の目的を持つ、と断言されて、マカートニーは、交渉すらほとんど始めることができなかった。一方で、彼は、敬意と困惑をこめて、中国の巨大な官僚制の効率の良さをこう記録している。「われわれに関するすべての出来事、われわれの口から発する言葉は詳細に報告され、記憶される」[8]。

マカートニーを驚かせたのは、欧州の驚異の先進技術が、相手方に何の感銘も与えなかったことだ。使節団が大砲の実演を行った時も、「われわれの案内役はこれくらいの大砲が何だというふりをし、まるで、こんなものは中国では少しも目新しくないというような様子で、われわれに話し掛けてきた」[9]。マカートニーの持ち込んだレンズ、馬車、熱気球などは、慇懃無礼に脇に押しやられた。

一カ月半後、使節は依然、皇帝との謁見を待っており、待ち時間は宴会と観劇、そして、来るべき皇帝との謁見の際の正しい振る舞いについての議論に費やされた。最後にマカートニーは、朝の四時に皇帝を待つために「大きく立派なテント」に案内され、やがて皇帝が輿《こし》に乗り、尊大な儀式張った様子で現れた。マカートニーは「儀式のあらゆる部分が、ある意味で宗教的神秘の祭事に似た沈黙と荘厳さのうちに執り行われる」[10]中国の典礼の壮麗さに圧倒された。皇帝は、マカートニーと随員たちに恩賜の品を下した後、「自分の食卓の上の料理を幾皿か私どもの方へよこし」て使節団をねぎらい、さらに「手ずから二人に温かい酒を一杯ずつ賜った。われわれは彼の前で直ちにそれを飲んだ[11]」(皇帝自らが外国使節団に酒を注ぐことは、漢代の「蛮人を管理するための五つの餌」の中に出てきたことに留意しよう[12])。

翌日、マカートニーと使節団は、皇帝の誕生祝いに出席した。ここで、皇帝はマカートニーを劇場内の玉座近くに招き寄せ、マカートニーはいよいよ使節としての仕事に取り掛かれる、と考えた。ところが、皇帝はまた別の恩賜の品を下して、案件をうやむやにしてしまった。恩賜の品は宝石の箱と小さな本で、この本についてマカートニーは「彼が自分の手で書き、挿し絵も描いた小さな本があった。その本は、友情の印として、私の主君である国王に差し上げてくれということであった。そして、この古い箱は彼の家に八〇〇年前から伝わったものであると述べた」と記している[13]。

今や、皇帝のお慈悲のご下賜は済んだ。中国側の役人は、寒い冬が近づいていることから、マカートニーの旅立ちの時が来た、と示唆した。マカートニーは、彼が指示されてきた案件について、両国はまだ「交渉に入って」いないと抗議した。彼は「ほとんど任務を開始していない」状態だった。自分を常駐の英国外交使節として宮廷に置いていただくのは、国王ジョージ三世の希望でもある、とマカートニーは訴えた。

一七九三年一〇月三日の早朝、中国の役人がマカートニーを起こし、正装で紫禁城に出頭するよう求めた。そこで、彼の嘆願に対する回答を受け取ることができるというのだ。数時間待たされた後、彼は階段を上って、絹張りの椅子の前に誘われたが、そこには皇帝自身の姿はなく、皇帝からジョージ三世宛の書簡が置いてあった。中国の役人たちは書簡に叩頭し、マカートニーは片膝を付いた。最終的に、皇帝から国王への手紙は、盛大な儀式を経てマカートニーの居室まで運ばれた。これは、英国外交の歴史の中でも、最も屈辱的な出来事となった。

書簡は冒頭、ジョージ国王が朝貢使節団を送ってきたことを「尊敬すべき謙虚さ」と表現した。

いくつもの海の彼方に住む国王よ。それにもかかわらず、わが文明に参与したいとのささやかな願いに基づいて、謹んで貴殿の嘆願書を携えた使節を送ってきた。

これに続いて、皇帝は、北京に外交官として常駐したいという希望を含め、マカートニーが行った要請すべてを実質的に拒否した。

貴殿が送ってくる貴殿の臣民の一人にわが宮廷が信任を与え、この人物が貴国の対中貿易を監督するという嘆願については、わが王朝のあらゆるしきたりに反したものであり、認めることはできない。……彼には行動の自由も、自国と通信する特権も認められない。従って、彼を私どものただ中に常駐させたところで、貴殿が得るものは何一つない。

中国が自国の外交使節をロンドンに送ってはどうか、という申し出に至っては、さらに馬鹿げたものだ、と書簡は続ける。

朕が貴国に常駐使節を送る、ということについてだが、貴国はどうやって使節が必要とすることの準備ができるのか。欧州には貴国以外にも、多くの国があると聞く。もし、各国すべてがわが宮廷への常駐使節派遣を求めたなら、われわれがそれにどうして同意できようか。この件はまったく現実的ではない。

おそらく皇帝は、ジョージ国王が中国から文明の恩恵を学ぶためにマカートニーを送ってきたと考えていた。だが、これすら問題外のことだった。

わが王朝に対する敬意から、われわれの文明を学びたいという願望を押さえがたいと貴殿が言っても、われわれの儀典と習慣は貴国のものとはあまりにも異なっており、貴国の使節団がわが文明のごく初歩を学ぶことができたとしても、貴殿はわがしきたりや習慣を異国である貴殿の地に根付かせることはできないであろう。

英中貿易がもたらす利益に関するマカートニーの提案については、中国朝廷は英国に対して「カントンで何年にもわたって完全に自由に貿易を行える」恩恵を与えており、それ以上のことは「まったく道理にかなわない」とはねつけた。英国から中国への輸出による利益に関しては、マカートニーは悲しいまでに誤解されていた。

朕は、奇妙で高価なだけの品々に関心はない。王よ、もし朕が貴殿の送ってきた貢ぎ物を受け取ることを命じたとしても、それは単に、はるばる遠方からそれらを送ろうとした貴殿の心がけに配慮したからだ。……貴殿の使節が自分の目で見たように、われわれは何もかも持っているのだ。(14)

こうした状況では、現状以上の貿易を行うのは無理だった。英国は中国が望むようなものを何一つ持っておらず、中国はその神聖な規定が許す限りのものをすべて英国に与えてしまっていた。

できることはもう何もないと分かったので、マカートニーは広州経由で帰国することにした。出発の準備をしながら彼は、皇帝が英国の要望をことごとくはねつけた後、中国側の役人たちが、理由はともかく、より用心深くなったのに気が付き、朝廷には何か下心があるのではないかと思い始めた。彼はそれについて実際に質問もしてみたが、中国側は慇懃な外交辞令で答えただけだった。野蛮人の嘆願者であるマカートニーにはその機微が理解できていなかったようだが、彼は脅迫と紙一重の皇帝の勅令によって取り扱われていたのだった。皇帝はジョージ国王に対し「何の役にも立たない海によって世界から切り離された貴国の孤絶」には留意しているが、中国の帝都は「地球上のすべての地域がそれによって動く軸であり、中心である。……属国の者どもが北京で商売を行うことが許されたことはない」と書き送った。皇帝は次のような警告で書簡を締めくくった。

> このように、朕は貴殿に対し、事実を詳細に述べてきた。朕の心をうやうやしく推し量り、今後も常にこれらの朕の命令に従うことこそが、朕に恩義を感じる貴殿の義務であり、そうすれば貴殿は永遠の平和を享受することができよう[15]。

皇帝は明らかに、西欧の指導者たちが持つ暴力的な強欲さには無知で、知らないうちに危険なゲームを始めていた。マカートニーが中国を離れる時に残した中国への評価は、脅迫的なものだった。

> 英国のフリゲート艦が二、三隻あれば、彼らの帝国の全海軍力を打ち負かすのに十分だろう。……ひと夏の半分もあれば、英海軍は中国沿岸のあらゆる船舶を破壊し、漁業に頼っている沿海部の省の人々を絶対的な飢餓に追い込むことができよう[16]。

中国の振る舞いが現代人の目にいかに高飛車に見えても、この国が何世紀もの間、本格的な国際秩序を組織し、維持してきたことは認めざるを得ない。マカートニーの時代には、中国にとって西欧と貿易することの恩恵は、自明と言うには程遠いものだった。中国の国内総生産（GDP）は英国のほぼ七倍もあり、英国が北京の助力を必要としているのであって、その逆ではないと、皇帝が考えても不思議はなかった[17]。

蛮人の使節団を巧みにさばいたことに、中国の朝廷が満足したのは間違いないだろう。彼らはその後二〇年以上、やってこなかったのだから。だが、この小休止は、中国の外交手腕のためというより、欧州各国の国力を疲弊させたナポレオン戦争［一八〇三―一五年］のためだった。ナポレオンが流刑になるやいなや、一八一六年にアマースト卿［一七七三―一八五七、後のインド総督］の率いる新たな英国使節団が中国沿岸に現れた。今回は儀典をめぐる対立は、英国使節団と皇帝の部屋の外に集まった中国の官僚との間での、小競り合いにまで発展した。「普遍的な統治者」であると中国側が主張する皇帝への叩頭をアマーストが拒否すると、使節団は突然、追放された。当時、英国王の摂政を務めていた皇太子は「より文明的な変化に向けた進歩」を遂げるため、「忍耐」をもって努力するよう国王から命じられていたが、一方では、さらに使節を送って、英国王が「中国皇帝の真の臣下であることを証明する」必要まではないと指示されていた[18]。

一八三四年に、英国外相のパーマストン卿［大英帝国絶頂期の政治家で、一九世紀半ばに二回首相を務めた］は、抜本的な問題解決のため、新たな使節団を送り込んだ。清朝のしきたりに詳しいとは言えなかったパーマストン卿は、スコットランド人の海軍士官ネピア卿に「中国の法と習慣に従え」と指示する一方、永続的な外交関係、北京での常設外交公館、中国沿岸の港のいっそうの開放、さらには日本との自由貿易まで要求せよという、矛盾した指示を与えて送り出した[19]。

ネピア卿が広州に到着すると、彼と地元の総督の交渉は直ちに行き詰まった。お互いが、こんなに地位の低い人物と対応するのは屈辱的だとして、書簡の受け取りを拒否した。地元の役人から中国語で「勤勉な下司野郎」という意味のあだ名を付けられていたネピアは、地元の通訳に手伝わせて、広州一帯に喧嘩腰のビラを貼って回った。中国側にとっては実に苛立たしい、この夷狄の問題は、ネピアと通訳がマラリアにかかって死んでしまったことで、ようやく解決した。だが、息を引き取る前にネピアは香港の存在に気が付き、ほとんど人も住んでいない岩だらけの島が、天然の良港になるだろうと書き残した。

中国側は、またしても反抗的な蛮人どもを服従させたことに満足を覚えただろう。しかし、中国側の拒絶を英国が我慢したのは、これが最後になった。一九世紀の二〇年ごとに英国の要求は高飛車になった。フランスの歴史家アラン・ペールフィット[一九二七―九九、国会議員で法相など歴任。著書に『フランス病』]は、マカートニー使節団の余波のさなかの英国の反応を「中国が扉を閉ざしたままなら、押し開けるまでだ」と総括した。[20] 中国の外交的術策や、ぶっきらぼうな拒絶は、欧州流、米国流に作られた近代的な国際システムに組み込まれる時期を遅らせただけで、それは避けがたいものだった。国際システムへのこの組み込みの過程は、長い歴史の中で、中国社会が味わった、最もつらい社会的、知的、道徳的な緊張をもたらした。

二つの世界秩序の衝突——アヘン戦争

上昇基調にあった西欧の産業社会は、自分たちのことを「貢ぎ物」を持ってくる「野蛮人」呼ばわりしたり、季節貿易を一つの港だけに厳しく制限しているような外交システムを、長期にわたって認めるつもりは毛頭なかった。中国はといえば、西欧の商人の「利益」(儒教ではやや不道徳な概念だった)に対する欲望を満たすために、多少の譲歩をする用意があった。だが、中国も他の国と同様の一つの国にすぎず、中国の首都で蛮人の使節と常に接触していることに耐えなければならない、などという西欧使節団の言い分には、嫌悪をあらわにした。

現代の常識からすれば、西欧使節団の要求は、一つとして非常識なものではない。自由貿易、日常的な外交交渉、常駐外交公館などは、現在では微妙な問題でも何でもなく、外交を行ううえで当たり前のことだと思われている。だが西欧の侵入の中でも最も恥ずべき出来事をめぐって、最終的な対決が起きた。それは中国に無制限にアヘンを輸入させることだった。

一九世紀中ごろには、アヘンの使用は英国では認められていたが、中国では、吸引者は増えつつあったとはいえ、禁止されていた。英領インドはアヘンの原料となるケシの世界的な産地で、英国や米国の商人たちは中国の密輸業者と手を組んで手堅い商売を行っていた。実のところ、アヘンは中国国内で売れそうな数少ない外国産品の一つだった。英国の名高い工業製品はおもちゃ扱いを受けたり、中国製品より劣っていると片付けられていた。西欧でも、良心的な世論はアヘン貿易をよくないものと見ていたが、商人たちはもうかる取引をやめる気はなかった。

清朝の朝廷はアヘンを合法化して、専売化することも考えたが、最終的には徹底的に取り締まり、取引も根絶することを決めた。一八三九年に清朝は、非常に優秀な役人である林則徐を広州に送り、アヘン取引をやめさせ、西欧の商人たちを禁令に従わせようとした。伝統的な儒教官僚だった林則徐は、圧力を掛ける一方で、道徳に訴えて説得するという、扱いにくい蛮人問題を処理する時と同じ方法で、この問題を扱った。広州到着と同時に、彼は西欧の商人たちに対し、廃棄のためにアヘンの箱すべてを没収すると命令した。この試みがうまくいかなかったため、彼はアヘン貿易に無関係な者まで含め、すべての外国人を商館に監禁し、禁制品を差し出さない限り解放しないと宣言した。

林則徐は続いて、英国のヴィクトリア女王に書簡を出し、伝統的な儀礼に則って、女王の前任の国王たちが「礼儀正しく、従順」に中国に貢ぎ物を送ってきたことを称賛したが、彼の書簡の要点は、女王に対し、英領インドでのアヘンの根絶に責任を持つよう要求することにあった。

ベンガル、マドラス、ボンベイ、パトゥナ、ベナレス、マールワー……といった英国が支配しているインドの一部の土地では、丘という丘でアヘンが栽培され、水耕栽培のために池も作られております。……悪臭が立ちのぼり、天を怒らせ、その心をかき乱しているのです。国王閣下におかれましては、これらの土地でのアヘン栽培を根絶し、土を掘り起こし、アヘンの代わりに五穀の種を植え付けることができましょう。あえてアヘンを植え付け、製造しようという輩は厳しく罰せられるべきです[21]。

中国が世界に君臨しているという伝統的な前提で書かれているとはいえ、この要求は理にかなったものだった。

他国の者が英国に来て貿易をしようというなら、彼は英国の法に従わねばなりません。彼が中国で、王朝のおきてに従うのもまた、当然のことではありませんか。……貴国の野蛮な商人どもが長く商いを続けたいのなら、われわれの法律を順守し、アヘンの供給源を永久に断ち切らねばなりません。

……

国王陛下よ、貴国の平和を保ち、貴国の礼儀正しさと服従ぶりを示し、中英両国が平和の恵みを享受できるよう、貴国の悪人どもが中国に来る前に、彼らを調べ、ふるいにかけていただきたい。そうしていただければ、どれほど喜ばしいことか。この書簡をお受け取りになったら、アヘン交易の根絶についての詳細な状況を直ちにお知らせいただきたい。くれぐれもこれらのことを先送りされないように[22]。

中国の影響力を過大評価していた林則徐の最後通牒は、彼が西欧の蛮人にとって死活的なはずだと考えていた、中国産品の輸出停止もちらつかせた。「もし中国が容赦なくこれらの恩恵を取り上げれば、それを失って苦しむ夷狄どもは、何に頼って生きていけるというのでしょうか」。他方、中国にとっては、報復を恐れることは何もない。「海外から中国に来る品々は、玩具として使われるだけであり、あってもなくてもいいものです[23]」。

林則徐の書簡がヴィクトリア女王に届くことはなかったようだ。一方で、英国の世論は、林が広州の英国人居留地を封鎖したことを、許し難い侮辱と受け止めていた。「対中貿易」のロビイストたちは議会に対して、宣戦布告するよう働き掛けていた。パーマストン外相は中国に対し「中国において英国臣民に中国官憲が与えた損害、および、これら官憲が英国王に与えた侮辱に対する賠償と補償」を求め、「中国沿岸の十分に大きく、適切な位置にある、一つないしいくつかの島々」を英国の貿易中継点として永久的に租借したい、と要求する書簡を送った[24]。

この書簡の中でパーマストンは、中国の法律ではアヘンが禁制品であることを認めたが、西欧の法的解釈によれば、中国側の禁止は腐敗した役人のために無効になっている、との卑劣な理屈をこねて、アヘン取引を擁護しようとした。こうした詭弁にだまされる者はあまりいなかったが、パーマストンがそのことをもって、事態を危機的状況に追い込むというすでに固めた決意の実行を遅らせることはなかった。事態が「緊急かつ重要」であること、および中国から英国までの距離を考慮して、英国政府は艦隊に対し、英国政府がもう十分だと判断するまで、直ちに「中国の主要港を封鎖」し、「遭遇したすべての中国の艦船」を捕獲し、「いくつかの至便な中国の領土」を占領せよ、との命令を下した[25]。こうしてアヘン戦争は始まった。

当初、中国側は、英国の攻撃は口先だけの脅しにすぎないと、たかをくくっていた。ある役人は、中国と英国はあまりに離れているので、英国は無力である、との意見を皇帝に進言した。「英国の夷狄どもは、取るに足らない、忌まわしい民族であり、自分たちの艦船の強さと大砲の大きさに頼り切っております。だが、彼らがやってくる大変な距離は、連中の時宜を得た補給を不可能にしましょう。一撃を与えれば、兵士たちは食料もなく、戦意を喪失して敗北するでありましょう[26]」。英軍が武力を誇示するために珠江を封鎖し、［浙江省の］港町である寧波の対岸のいくつかの島を占領した後になっても、林則徐はヴィクトリア女王に憤然とした調子の書簡を送っていた。「貴公ら遠海の夷狄は、わが偉大な帝国に挑戦し、侮辱しようとして、ますます大胆になっているようですが、実のところは、いまこそ「メンツを捨て、心を洗い」、行いを改めるべき時です。

おとなしく清朝に服属し、忠誠を誓えば、過去の罪を清める機会が与えられるでしょう」[27]。

何世紀にもわたる支配は、現実に対する中国の感覚をゆがめていた。優越を装うことで、避けられない屈辱がより大きいものになった。英国艦隊は中国側の沿海防衛を簡単にすり抜け、主な港を封鎖してしまった。マカートニーの接待役の役人たちがかつて相手にしなかった大砲は、恐るべき効果を発揮した。

中国側官僚の一人で(北京とその周辺地域を含む行政区域の)直隷総督だった琦善[一七九〇―一八五四、林則徐の後任の両広総督で、香港割譲の当事者]は、北方の天津まで到達した英艦隊との予備交渉に派遣された時に、中国の弱さを理解するようになった。彼は、中国が英国海軍の火力には対抗できないことを悟った。「風がなく、良い潮がなくても、それら(蒸気船)は潮流に逆らって進み、夢のような速度を保てる。……砲架は回転台に乗っており、大砲は回転して、どの方向も狙える」。対照的に、中国の大砲は明代の遺物であり「軍事部門の責任者はすべて文官だ。……彼らには武器について何の知識もなかった」と琦善は指摘している[28]。

英国の海軍力を前に、天津を防衛するのは不可能と判断した琦善は、広州での紛争は誤解に基づくもので、「節度ある公正な皇帝の判断」を反映したものではないとして、英国側をなだめすかす作戦に出た。中国政府は「事態をよく調べ、公平に扱う」が、まず「(英国艦隊が)南方に去るのが前提」であり、そこで中国側の捜査官を待つべきであると主張したのだが、驚くべきことに、この作戦は功を奏し、無防備な中国北部の都市は無傷のまま、英国艦隊は南の港に去った[29]。

この成功により、琦善は林則徐の後任として広州に派遣され、再び蛮人に対応することになった。英国の技術的優位を理解していないようだった皇帝は、琦善に対し、中国が軍の態勢を立て直す間、英国代表との交渉を長引かせるよう指示した。「長引く交渉で、夷狄どもが不安になり、疲れ果てた後、急襲すれば、彼らは屈服するはずだ[30]」と、皇帝は専用の朱色の筆で記した。林則徐は、夷狄の攻撃を引き起こしたとして、失意のうちに解任された。彼は中国西部に流罪になり、そこで西欧の武力の優位について考察し、中国が独自の武器開発を進めるべきだと提言する秘密の回顧録を執筆した[31]。

琦善は華南の任地に着任すると、一段と難しい局面に直面せざるを得なかった。英国側は領土の割譲や賠償を要求してきた。彼らが華南に来たのは、満足を得るためであり、もう引き延ばし戦術には引っ掛からなかった。英軍が沿岸部数カ所に砲撃を行った後で、琦善と英側の交渉相手のチャールズ・エリオット大尉［一八〇一―七五、後に香港の初代行政長官］は、合意文書、すなわち川鼻条約の草案作成に取り掛かったが、それは英国に香港に対する特別の権限を認め、六〇〇万ドルの賠償を約束したうえ、今後の中英交渉を平等な立場で行うことなどを定めていた(つまり英国は、夷狄の嘆願者に通常適用されるしきたりを適用されないということだった)。

この交渉内容は、中英両政府ともに屈辱的だとして受け入れなかった。指示を踏み越え、夷狄に譲歩しすぎたとして、皇帝は琦善を鎖につないで召還し、死刑を言い渡した(後に流罪に減刑された)。英国側のチャールズ・エリオットには、これよりはましな運命が待っていた。パーマストンは、得たものがあまりに少ないとして、極めて厳しい言葉で彼を叱責した。パーマストンは「貴殿の対処のすべてにおいて、貴殿は私の命令を紙くずのように考えていたように思える」と、不満をぶちまけた。香港などは「家一軒すらない不毛の島」であり、エリオットはもっと価値のある領地を獲得したり、厳しい条件を押し付けるには、妥協的すぎた、というわけだった[32]。

パーマストンは新しい使節としてヘンリー・ポッティンジャー卿［一七八九―一八五六、後の初代香港総督］を任命したが、「女王陛下の政府は大英帝国と中国との交渉に当たって、不合理な中国のやり口が、他の人類すべての合理的な手法に取って代わるようなことは許さない[33]」として、より強硬な態度を取るよう指示した。中国に到着すると、ポッティンジャーは英国の軍事的優位を前面に押し出し、さらに多くの港を封鎖したほか、大運河と揚子江下流を結ぶ水上交通を遮断した。英国側が古都南京の攻撃準備を始めるに至って、中国側は和平の模索に動いた。

耆英の外交——夷狄をなだめる

ポッティンジャーはここで、中国側の新たな交渉相手に出会った。このまったく先行きの見通せない任務のために、いまだに自らが世界で最高だと信じている朝廷から派遣された三番目の使節にあたる、満洲族の皇族、耆英〔一七八七―一八五八、第二次アヘン戦争後に咸豊帝から死罪を受け自殺〕だった。耆英の対英交渉のやり方は、負けに直面した時に中国が伝統的に使ってきたものだった。挑戦と外交交渉を試みたうえで、中国は表面的な服従によって、夷狄を弱体化させる道を探った。耆英は、英国艦隊の圧迫の下で交渉しながら、中国宮廷の閣僚たちが中国のエリートが過去に繰り返してきたパターンを再現しようとしていると判断した。先延ばしと逃げ口上、選択的に与えられた好意を通じて、夷人どもをなだめ、飼いならすことによって、中国が彼らの攻撃を生き延びるための時間稼ぎをするというパターンだ。

耆英は、「夷狄の首領」ポッティンジャーとの個人的関係を確立することに努力を集中した。彼はポッティンジャーを贈り物攻めにし、彼について、自分の大切な友人であり、「親密《インティメイト》」(この特別な目的のために特に中国語に音訳された言葉だった)だと強調した。二人の深い友情の証しとして、耆英はお互いの妻の肖像画を交換しようと持ちかけたり、ポッティンジャーの息子を養子に迎えたいと申し出たりさえした(当時ポッティンジャーの息子は英国にいたが、後に「フレデリック・耆英《キーイング》・ポッティンジャー」〔一八三一―六五、若い時に父の財産を使い果たしてオーストラリアに移民、警察官として無法者との戦いで有名になった〕として知られることになる)[34]。

耆英は有名な陳情書の中で、このたらしこみ作戦をよく理解できないでいた宮廷に対し、自分のやり方について説明している。夷狄である英国人をなだめるために、自分が目指している手法について、彼は書く。「こうした、口の利き方や儀式の形式に暗くて無知な、文明の外から来たような連中に対しては、……(中国のやり方に従うよう)口を酸っぱくして話しても、彼らは耳を塞いだまま、聾者のように振る舞うことをやめません[35]」。

したがって、ポッティンジャー一家に対する耆英の招宴や並外れた厚意には、本質的に戦略的な目的があった。そこでは、中国側の行動は細部まで計算し尽くされ、信頼や誠意のようなものすら武器となる。それが本気の行動であるのか、そうでないのかは、二義的な意味しか持たない。耆英はこう続ける。

> 確かにわれわれは、誠意によって彼らを抑え込まなければなりませんが、巧みなやり方で支配することはもっと必要です。彼らをわれわれの指示に従わせることができる時もありますが、その理由を悟らせてはなりません。時にはわれわれは、彼らが疑いを持たないように、すべてをさらけ出すことによって、彼らの反抗的な不安感を解消することができました。時には、宴や観劇に招いたりしたので、彼らも感謝の気持ちを持ちました。また、別の機会には、われわれは寛大なやり方で信頼感を示し、些細なことで面倒な議論をする必要もないと考えたので、われわれは当面の仕事で彼らの協力を得ることができました[36]。

西欧の圧倒的な武力と中国の心理作戦との相互作用が、耆英とポッティンジャーが交渉に当たった二つの条約、南京条約と虎門寨追加条約を生んだ。この合意は中国にとって、川鼻条約以上の譲歩だった。軍事情勢から見て、英国側がやろうとすればできることよりも、文言こそ穏やかだったが、内容は中国人にとって基本的に屈辱的なものだった。中国側による賠償金六〇〇万ドルの支払い[清朝が没収したアヘンの代価]、香港の割譲、そして、外国人の居住と貿易が認められる沿海部の五つの「条約港」の開港が含まれていた。これは、中国政府が西側との貿易を規制し、認可を得た商人だけに限定していた「カントン方式」を事実上、解体することになった。寧波、上海、厦門そして福州が条約港のリストに加わった。英国側は、各港に常駐使節を置き、北京の宮廷を通さずに直接、地元の役人と交渉する権利も獲得した。

英国側はまた、中国の条約港に住む自国民に対する司法権も確保した。このことは実際問題として、外国のアヘン商人たちが中国の法律ではなく、自国の法と規制に従うことを意味していた。当時、それほど問題にならなかった各条項の中で、この「治外法権」の原則は後に、中国の主権に対する重大な侵害と受け止められることになる。しかし、中国に西欧的な国家主権の概念はまだ伝わっていなかったため、当時の中国では、治外法権は法的規範の侵害というよりも、帝国の力の衰退の象徴として受け止められた。結果として、「天命」の権威は落ち、国内各地で反乱の勃発をもたらした。

一九世紀の英国の通訳官トーマス・メドウズは、ほとんどの中国人が当初は、アヘン戦争が長期的に生み出す余波の意味を理解していなかった、と書いている。彼らは中国側の譲歩について、中国が夷狄を吸収し、弱らせる伝統的な手法を適用しただけだと考えていた。「偉大な国体は、このたびの戦争を、反抗的な蛮族の侵入としか見ていなかった」と、彼は推測した。「蛮族は強固な軍艦を持っており、沿海部のいくつかの地域を攻撃し、占領した。さらに大運河の重要な拠点を手に入れることにも成功した。こうして、彼らは皇帝に一定の譲歩を迫ることができたのだ[37]」。

だが、西欧勢力はそう簡単には手なずけられなかった。中国が譲歩するたびに、新たな西欧側の要求が登場した。当初は一時的な譲歩と考えられていた諸条約は、清朝が中国の貿易、外交政策の支配権の大半を失っていくプロセスの端緒となった。英国との条約に引き続き、米国のジョン・タイラー大統領は直ちに、米国人にも同様の譲歩を勝ち取るための使節団を中国に送り込んだが、これが後の「門戸開放政策」の先駆けとなる。フランスも、似たような内容の条約の交渉を迫った。これら各国は順次、条約に「最恵国待遇」条項を盛り込んでいったが、これにより、中国がある国に対して譲歩した内容は、この条項を持つ別の国にも適用されなければならなかった(中国の外交当局は後に、特権を要求してくる国同士を競わせることで逆に要求を抑えるために、この条項を使った)。

これらの条約は、外国の武力を背景に結ばれた一連の「不平等条約」のはしりであり、当然のことながら、中国の歴史では悪名が高い。当時、最も抵抗が強かった条項は、地位の対等の規定だ。中国はそれまで、自己の国家的アイデンティティに深く根差した自国の優位性を主張し続けており、それを朝貢制度にも反映させてきた。だが、今や中国は、武力を背景に、自国の名前を中国の「朝貢国」リストから消し去り、中国朝廷と対等な主権国であることを示そうと決めている外国勢力と、向き合わねばならなかった。

双方の指導者たちは、これがもはや、儀礼やアヘンをめぐる紛争などではないことをよく分かっていた。清朝は強欲な外国人たちに対して、カネや貿易のことでは喜んで譲歩したが、天子も夷狄も政治的に対等であるという原則が樹立されてしまえば、中国の世界秩序全体が脅かされ、王朝は天命を失うリスクを背負うことになる。パーマストンは、中国と交渉中の英国の使節に頻繁に送り付けた手厳しい書簡の中で、賠償金の額自体はある意味では象徴的なものだとする一方、中国側の「中国が優位にあるとの思い込み」を示す表現や、戦争に勝った英国を引き続き、皇帝の恩寵をお願いする嘆願者として扱うことをほのめかすような表現を黙認しているような場合には、非常な関心を払って現場を叱咤した。[38] 結果的にパーマストンの意見が勝ち、南京条約には、英中の当局者がこれ以降は「完全に平等な立場で……協議」することを明確に確認した文言が盛り込まれた。さらに、条約の文言として受け入れ可能な中立的な意味を持つ漢字の単語リストまで作成された。中国側の文書(あるいは、少なくとも、外国人が読むことのできる中国側の文書)にも、英国人について、もはや中国当局に「懇願」したり、その「命令」に「恐懼」する、といった表現は使われなくなった(39)。

中国の朝廷は、軍事的劣勢を認識するようになったが、それにどう対処すればよいか分からないでいた。当初、中国は伝統的な夷狄への対処法を使った。中国の長い歴史の中に、敗北という文字はなかった。中国の支配者たちは夷狄に、前章で言及した「五つの餌」を用いることで対応してきた。彼らは、中国文化に参加したい、という共通の性質が侵略者たちにはあると考えていた。侵略者たちは中国の土地に住み着き、その文明に浴したがった。したがって、彼らは次第に、耆英が用いたような心理作戦によって手なずけられていき、時が経てば、中国人の生活の一部として溶け込んでいった。

だが、欧州人の侵略者たちには、そうした願望はなかったし、その目標も限定的なものではなかった。自分たちの社会がより進歩したものだと自認する彼らの目標は、経済的利益のために中国を収奪することであり、中国的な生活に参加することではなかった。したがって、彼らの要求に歯止めがかかるのは、自分たちの資金と欲望が底をついた時だけだった。侵略者たちの親玉は中国の隣人ではなく、何千マイルもの彼方に住んでおり、そこでは、耆英が使ったような緻密かつ迂遠な戦略など通じないような心の動きが、人々を支配していた。だから、個人的な関係ですら決定的なものにはならなかった。

一〇年ほどの間に、中国は優位の絶頂から、相争う植民地主義勢力の餌食に転落してしまった。二つの時代と、二つの異なった国際関係の認識の間で綱渡りをしながら、中国は新しいアイデンティティを必死に模索し、そしてなによりも、その偉大さを特徴付けていた諸価値と、今後の安全保障の基本となるべき技術、産業とを調和させようともがいていた。

第3章　優位から没落へ

一九世紀が進むにつれ、中国は昔から抱いてきた自らのイメージに、想像できる限りのあらゆる打撃を加えられることになった。アヘン戦争以前には、中国は外交や国際貿易を、主に自らの優越性を確認する手段だと考えていた。ところが今や中国は、国内が混乱期に入ったのと同時に、三種類の外国勢力からの挑戦に向き合わねばならなくなった。そのどれもが十分に清朝を倒せる力を持っていた。こうした脅威はあらゆる方向から現れ、どれもがこれまでには想像もしなかったような形態を備えていた。

西の海を越えてやってきたのは欧州各国だった。彼らは領土防衛への挑戦という面では大したことはなかったが、世界秩序についてはとても容認できない概念を持ち込んできた。西欧勢力は多くの場合、中国沿岸での経済的な利権を引き出すことや、自由貿易と布教活動の権利を要求することにとどまっていた。欧州人がこうしたことを征服行為であるとまったく考えていなかったことこそが、逆説的に、中国にとっての脅威だった。彼らは既存の王朝に取って代わろうなどとは考えなかったが、まったく新しい世界秩序を中国に押し付けてきた。それは中国の秩序とは本質的に相容れないものだった。

北方と西方からは、領土拡張主義者であり、軍事的にも強大なロシアが、中国の広大な内陸部に押し入ろうとしていた。一時的には金銭でロシアの協力を買い取ることはできたが、ロシアは自国領と中国の支配する辺境との間に、境界を認めていなかった。そしてロシアは、かつての侵入者たちのように中華文明の一部とはならず、ロシアが侵入した土地は永久に中国に戻ることはなかった。

西欧各国もロシアも、清朝を倒すつもりはなく、自分たちが「天命」を受けたと唱える野心もなかった。彼らは最終的には、清朝が滅亡する方が失うものが多いという結論に達していた。これに対し日本は、中国の昔からの制度の存続にも、中華的な世界秩序にも、これといった関心を持っていなかった。日本は東方から、かなり広大な中国領土の占領を開始したばかりか、中国に代わって新たな東アジアにおける国際秩序の盟主になろうともくろんでいた。

連続して起きた破局は、現代中国において、悪名高い「屈辱の世紀」の一部として、非常な失望感をもって受け止められている。「屈辱の世紀」がようやく終わったのは、かたくななまでに民族主義的な共産党の支配下で、国家が再統一されてからのことだ。同時に、中国の苦難の時期は、いろいろな意味で、他の社会なら崩壊していたような困難にも打ち勝つ、その目覚ましい力を証明するものでもあった。

外国の軍隊が中国を闊歩し、屈辱的な条項を要求していた間も、清朝は自分たちが権力の中枢であり、中国のほぼ全域で権力を行使する力がある、という主張を曲げることはなかった。侵略者たちは、過去何世紀にもわたってかつての侵略者たちが扱われてきたのと同様に、ただ迷惑な存在であり、中国人の生活の永遠のリズムをさえぎる歓迎されざる者として扱われた。清朝宮廷がこうしたやり方を続けていられたのは、外国人による略奪が主に中国の周縁部で行われ、その侵入者たちの目的が貿易にあったためだった。人口の大半が住む広大な中心部が平静を保つことは、侵入者たちの利益でもあった。このため、北京の政府にも行動の余地が残された。あらゆる要求は宮廷を通じて交渉しなければならなかったため、宮廷は侵略者同士を対立させることができる立場にあった。

中国の政治家たちは弱いカードしか持っていなかったが、相当の技量を発揮して、より悪い結果を避けることができた。パワーバランスの観点から各国の国力を客観的に見た場合、中国が大陸規模の統一国家として生き残るのは不可能に見えた。しかし中国は、暴力的な攻撃、植民地主義的な略奪の波や国内の反乱にさらされながらも、自分たちが卓越した存在であるという伝統的なビジョンを持ち続け、最終的には、自らの力で苦難に打ち勝った。苦痛に満ちた、屈辱的な道のりを何度もたどりながら、中国の指導者たちは最後には、崩壊しつつある自らの世界秩序から、その志と領土を守り抜いた。

おそらく最も注目すべきなのは、彼らがほぼ完全に伝統的な手法でそれをやり遂げたことだろう。清朝の支配層の一部は、西欧やロシア、そして勃興しつつあった日本による挑戦について、また、そのために中国自身が「自強」を進め、技術水準を向上させる必要性について、古典的なスタイルで雄弁な回想録を書き残している。だが、儒教的なエリートたちや保守的な国民は、そうした提言に対し、極めて優柔不断な態度をとり続けた。多くの人々は、外国語の書物や西欧の技術の導入は、中国文化の本質と社会秩序を損なうものだと考えていた。時には激しい論争を経て、西洋流の近代化は中国人であることをやめることであり、特色ある文化的伝統を捨て去ることは絶対に正当化できない、という見解が勝利した。このために中国は、いかなる国家的規模の近代的軍備の助けもなく、海外の金融・政治改革の成果についても断片的に取り入れただけで、帝国主義的膨張の時代に向き合うことになった。

嵐を乗り切るために、中国は技術力や軍事力ではなく、むしろ二種類の深く伝統的な資質に頼ろうとした。すなわち、外交担当者たちの分析能力、そして、国民の忍耐力と中国文化に対する自信だった。これは、新たな夷狄たちを互いに争わせる巧妙な戦術を生み出した。外交関係を担当する中国の役人たちは、いろいろな都市で権益を与えたが、複数の外国人グループに巧妙に甘い汁を分け与えるという「以夷制夷」〔夷をもって夷を制す〕戦術を駆使し、特定の国が独占的になることを回避できた。中国側は最後には、西欧との「不平等条約」や、外国人の言う国際法の原則を誠実に守ろうと主張したが、それらが正当だと中国の当局者が信じたためではなく、そうすることで外国人の野望をくじく手段を手に入れることができたからだった。中国は撃退する武器もほとんどないまま、中国東北部の支配を狙う二つの圧倒的な挑戦者と直面していたが、中国の外交官はロシアと日本を競争させることで、二国それぞれの侵略の範囲や侵略が長く続くことをある程度抑えようとした。

中国の軍事力がほとんど無力に近かったことと、中国が世界で果たす役割について壮大で明快なビジョンを抱いていたこととの落差を考えると、独立した中国政府を守り抜くために後衛部隊の果たした業績は偉大だった。この成果にはなんの戦勝式典もなかった。数多くの退却や内部の敵を経験しながら、味方のしかばねを乗り越え、時には味方をも破滅させながら続いた、終わりのない数十年に及ぶ努力の成果だった。この闘争は中国国民に大きな負担を与えたが、彼らの忍耐力が最後の防衛線になったのは、これが最初でも、最後でもない。彼らは自らの運命に責任を持つ、現実的な大陸国家としての中国の理想を守り抜いた。厳しい規律と自信とによって、後の中国再興の時代の扉を開いたのだ。

魏源の計略
——「以夷制夷」、敵の戦略を学ぶ

技術で勝る西欧各国からの攻撃や、日本やロシアの新たな野望が渦巻く、油断のならない道を歩みながら、中国はなお文化的な結束や、外交官たちの抜きん出た手腕にうまく助けられてきた。宮廷が常に鈍感だったことを考えると、外交官の優れた手腕はまったく驚くべきことだった。一九世紀半ばになると、中国のエリートたちのごく一部は、中国はもはや自分たちの優越性を前提にした体制の中で生きてはおらず、中国に対抗する勢力圏の体制のルールを学ぶ必要があることを理解するようになった。

こうした当局者の一人が、魏源(一七九四—一八五七年)である。彼は中級の儒教官僚で、広州総督として厳しくアヘン貿易を取り締まって英国の介入を招き、最後には流罪になった林則徐の仲間だった。清朝には忠誠を誓っていたが、その独善ぶりを深く憂慮していた。彼はまた、外国の貿易商や宣教師た

ちから収集し、翻訳した資料を駆使して、外国の地理に関する先駆的な研究書を書いた。その目的は中国の視点を、国境を接する朝貢国以外にも広げることにあった。

魏源が一八四二年に書いた「海国図志」は、基本的にはアヘン戦争での中国の敗北を研究したもので、欧州のパワーバランス外交に学んだ教訓を、当時の中国が抱える問題に適用することを提唱した。彼の同時代人の多くが認めようとしなかった前提条件、すなわち外国と向き合った時の中国の物質的な脆弱さを認識しながら、魏源は中国が交渉の余地を獲得するための方法を提案した。彼が示した戦略は多方面にわたる。

夷狄どもを攻撃するには二つの方法がある。一つは、その夷狄に友好的でない諸国を動かして、攻撃させることであり、もう一つは、夷狄を御するために、彼らの優れた技量を学ぶことである。夷狄どもと和平を結ぶには、二つの方法がある。一つは、夷狄との平和を維持するために、多くの貿易国に貿易をさせることであり、もう一つは、国際貿易を続けるために、アヘン戦争で結んだ最初の条約を守ることである。(1)

これは、中国外交の分析能力を示すもので、彼らは、優勢な敵とエスカレートする要求を前にして、屈辱的な条約をきちんと守ってでも、さらなる強要に歯止めをかける必要があることを理解していた。

一方で、魏源は、欧州での勢力均衡の原則に基づいて、各国は英国に圧力を掛けられるはずだ、と考えていた。過去に、漢王朝、唐王朝、さらに初期の清朝が、攻撃的な種族の野望をうまくコントロールしてきた前例を引きつつ、彼は世界中で「英夷が恐れている敵国」を探した。魏源は「以夷制夷」というスローガンがおのずから実行されるものかのように、英国制圧のための考えられる候補として、西洋では「ロシア、フランス、米国」、東洋では「(ネパールの)グルカ、ビルマ、シャム(タイ)、そして安南（ベトナム北部）」を列挙した。魏源は英国から最も遠くにあって、防衛力の弱い領土であるインドに、ロシアとグルカが二方面からの攻撃を掛けることを夢想した。また、フランスと米国の根深い反英感情を刺激して、彼らに英国を艦船で攻撃させるというのが、魏源の分析におけるもう一つの戦法だった。

これは極めて独創的な解決策だったが、中国政府がそれを実行するためのアイデアのかけらも持ち合わせていなかったため、葬り去られた。中国政府は、こうした潜在的な同盟相手について、非常に限られた知識しか持ち合わせず、それらの国のどこの首都にも外交使節を置いていなかった。魏源は中国の限界を悟った。政治が国際化した時代には、問題は「化外の夷狄などは使えない」ということではなく、「彼らと渡りをつけられる人材」「彼らの国がどこにあり、どこと友好的で、どこと敵対しているのかを知っている人材」がいるかどうかなのだ、と彼は訴えた。[2]

魏源はその著書で、中国政府は英国の進出を抑えるのに失敗したが、それでも世界および中国における英国の相対的な立場を弱める必要があると、主張し続けた。彼は別の独創的なアイデアも記した。別の夷狄を中国に招き入れ、その強欲ぶりを英国と競わせる。そうすれば、中国は富を分割する際の、事実上の調停者になることができるだろう。魏源はこう書いている。

今日、英夷は香港を占領し、膨大な富をため込んで、他の夷狄どもの間で大きな顔をしているだけでなく、港を開放して各種の手数料を引き下げ、他の夷狄に恩恵を与えている。英夷が味方を増やすために他の夷狄どもに親切にしているのを放っておくより、われわれ自身が彼らに親切にしてやる方が良策ではないか。自分の手指のように、彼らを支配下に置くのだ。[3]

別の言葉で言えば、英国は特権を獲得し、それを戦利品の分け前として他の国に分け与えることで自らを利しているが、そうしたことを許すより、中国自身がすべての強欲な国家に対して特権を与えるべきだというのである。この目的を達成するための仕組みは、ある国に与えられた特権は自動的に他国にも適用されるという最恵国待遇の原則だった[4]。

だが、時代はすでに変わってしまっていた。魏源の巧妙な作戦が効果を上げるかどうかは、中国が「夷狄の優秀な技術」を使って武装する能力がどれだけあるかにかかっていた。魏源は、中国がフランスか米国から「西欧の技術者をカントンに連れてきて」「艦船や武器の製造に当たらせるべきだ」と提言した。彼は新しい戦略の総括として「和平合意の前に、われわれは以夷制夷の手法を使うべきだ。和平合意が成立した後なら、彼らをコントロールするために、彼らの進んだ技術を学ぶのはよいことである[5]」と記述した。

当初は技術の近代化に消極的だった清朝も、西欧の要求に一定の歯止めを掛ける目的で、アヘン戦争で結ばれた条約の条項順守という戦術を採用した。ある高級官僚は後に、中国は「条約に基づいて行動し、外国人がわずかでもそれをはみ出すことは許さず」、中国当局者は「誠実かつ友好的に振る舞いつつ、ひそかに彼らを制御しようとするべきだ[6]」と書いた。

権威の喪失
――国内の反乱と海外からの侵略による挑戦

もちろん、西欧の条約締結国は制御されようなどとは考えていなかった。さらに、耆英とポッティンジャーの交渉の余波として、双方が期待していることをめぐる新たなギャップが顕在化してきた。清朝にとっては、諸条約とは夷狄に対する一時的な譲歩にすぎず、必要に応じて順守はするものの、自分からこれを拡充することなどあり得ないものだった。一方、西欧にとっては、諸条約は政治的、経済的交流に関する西欧の枠組みに、中国を着実に引き入れていくための、長いプロセスの始まりだった。だが、西欧側が啓蒙のプロセスと考えていたものは、中国側の一部からすれば、思想的な攻撃にほかならなかった。

中国側が、中国全土での自由貿易や北京への外交官常駐といった条項を付け加え、条約を拡充するという外国の要求を拒否したのは、そのためだった。西欧に関する知識は極めて限られたものだったが、中国政府には、外国人の優越した武力と、中国国内での自由な活動、そして北京に駐在する何カ国もの西欧外交団といったものが組み合わされれば、中華文明の秩序は大きく損なわれてしまうことが分かっていた。いったん中国が「普通の国」になれば、その歴史的に独特な精神的権威は失われ、中国は単に侵略者に悩まされる弱小国の一つとなってしまう。こうした文脈の中で、外交面や経済面での特権をめぐる一見些細な論争が、全面衝突に発展した。

こうしたすべての背後で、大規模な騒乱が中国国内で発生していたが、それらは対外交渉を担当する中国官僚の不動の自信によって、相当程度覆い隠されていた。こうした覆い隠しは、現代になっても変わらぬ特質である。マカートニーはすでに一七九三年に、清朝の満洲族支配層と漢族の高級官僚、そして主に漢族の一般人民の間のぎくしゃくした関係に気付いていた。「一年の間に、どこかの省で暴動が起きないということはまずない(7)」と彼は書いている。

清朝の天命に対してさえ疑問が投げ掛けられ、国内の反対派は反抗の度合いをエスカレートさせていった。彼らの挑戦は宗教的であると同時に民族的でもあり、それが残虐な争いの下地となった。中国の西部辺境ではイスラム教徒の反乱が起き、短命な分離主義者の汗国［カシュガルを拠点に一八六五年頃から七七年まで独立国を作ったヤクブ・ベクを指す］が誕生し、清朝は膨大な財政的、人的コストを使って、これをようやく鎮圧した。中国中央部では捻匪の乱［安徽、河南など数省の接する地域で起きた農民の反乱。一時は太平天国とも協調した］が起き、漢族の民衆から相当の支持を受けて、一八五一年から二〇年間近く続いた。

最も深刻な影響を与えたのは、南部で中国人のキリスト教の宗派が始めた太平天国の乱（一八五〇―

六四年)だった。宣教師たちはすでに何世紀も前から中国にいたが、厳しく管理されていた。アヘン戦争の後、相当数の宣教師が国内に入り始めた。イエス・キリストの弟を自称するカリスマ的な中国人神秘主義者と、テレパシー能力があると自称するその仲間に率いられた太平天国は、清朝を倒し偉大な平和をもたらす「天の王国(太平天国)」を樹立することを目的としていた。太平天国の支配原理は、宣教師が中国に持ち込んだ教典に反乱指導者たちが奇怪な解釈を加えたものだった。太平天国軍は南京および中国南部と中部の大半を清朝から奪い取り、これを昔の王朝のやり方で統治することに成功した。西欧の歴史学ではほとんど知られていないが、太平天国と清朝の戦争は世界史上最もすさまじい戦いの一つであり、犠牲者は数千万人に上るとみられている。公式な統計は存在しないが、太平天国やイスラム教徒、捻匪の乱が続いた時期に、中国の人口は一八五〇年の約四億一〇〇〇万人から、一八七三年には三億五〇〇〇万人にまで減少したと推定されている(8)。

南京条約、およびフランス、米国と結んだ同様の条約は、一八五〇年代を通じて再交渉が行われたが、当時、中国はこうした内戦で引き裂かれていた。条約交渉を行っていた各国は、自分たちが朝貢国ではなく、対等な主権国家の代表であることを示すため、その外交官が一年を通じて中国の首都に駐在を許されるよう要求した。過去の中国側交渉担当者たちのたどった運命を考えれば、外交官の北京常駐という点で譲歩しようとする清朝の役人はあり得ず、彼らは必死で、さまざまな手を使った引き延ばし戦術に出た。

一八五六年に、中国側が英国船籍の中国船アロー号に臨検を行い、英国旗を侮辱したとされる事件が起き、双方の敵意が再燃する道筋をつけた。一八四〇年代の紛争と同様、開戦の原因は些細なことだったが(後に分かったことだが、アロー号の登録は法的には無効だった)、中英双方とも戦いがイチかバチかのものであることを知っていた。中国の防衛体制は依然発展途上の段階だったため、英国軍は広州と北部の大沽港を占領した。大沽港からなら、英国は簡単に北京まで進軍できた。

その後の交渉における双方の認識の開きは、以前にも増して大きなものだった。英国側は、自分たちは中国を最終的に現代社会のスピードに追いつかせるため、公的奉仕として交渉に当たっているという、宣教師のような信念を主張した。英国側の交渉官補佐だったホラティオ・レイは、西欧で支配的だった見解をこう総括している。「あなた方にもいずれ分かるでしょうが、外交官の常駐はわれわれにとってだけでなく、あなた方にとっても有益です。良薬は口に苦し、と言うではありませんか」[9]。

清朝政府当局者の気分は歓迎というには程遠かった。朝廷と交渉担当者の間で苦悩に満ちたやりとりが重ねられ、英国軍が北京に進軍してくるという新たな脅威も生まれたことで、中国はようやく条約の条文に同意した[10]。

この結果締結された一八五八年の天津条約の核心は、英国が過去六〇年間以上も追い求めてきて果たせなかった、北京での在外公館常設の権利にあった。条約はさらに、外国人が揚子江を自由に航行する権利、西側貿易のためのさらなる「条約港」の開港、キリスト教に改宗した中国人の保護や中国での西欧の布教活動の保護(太平天国のことを考えると、清朝には特に受け入れることが難しい問題だった)も盛り込んだ。フランスと米国も最恵国待遇条項に基づいて、同様の内容を盛り込んだ条約をそれぞれ締結した。

条約を結んだ各国はこうして、明らかに彼らを歓迎していない首都に在外公館を開設することに努力を集中した。一八五九年五月、英国の新しい使節であるフレデリック・ブルースが条約の批准書交換のために中国にやってきた。彼はこの条約で、北京に住むことができるようになるはずだった。北京に通じる川が、鎖や犬釘で封鎖されているのを発見すると、彼は英海兵隊の分遣隊に障碍物を取り除くよう命じた。だが、中国軍は新たに補強した大沽要塞から英軍に砲火を浴びせかけ、ブルース一行にショックを与えた。続いて起きた戦闘で英兵五一九人が死亡し、四五六人が負傷した[11]。

これは近代的な西洋の軍隊に対して中国側が収めた初の勝利であり、一時的にしろ、中国が軍事的に無能であるというイメージを払拭した。だが、これも英国使節の前進を一時的に食い止めたにすぎなかった。パーマストンは、首都を占領して「皇帝を正気に戻せ」との命令を与え、英仏連合軍を率いて北京に進軍させるため、エルギン卿を派遣した。「大沽の撃退」に報復し、西欧の軍事力を誇示するため、エルギンは皇帝の夏の離宮である円明園に火を付けるよう命令し、その過程で極めて貴重な美術品を破壊した。この行為は中国では一世紀半後の今も怒りの種となっている。

西欧流の国際関係の基準に対する中国の七〇年に及ぶ抵抗は、今や真の危機的状況に立ち至っていた。外交的な引き延ばしは続き、軍は圧倒的な敵に直面していた。夷狄は、かつて北京ではお笑い草だった対等な主権を要求し、次第に圧倒的な軍事力を脅迫的に誇示するようになっていた。外国の軍隊は中国の首都を占領し、政治的平等や外交特権についての西欧の解釈を押しつけた。

この頃、中国における世襲利権を主張する新たな勢力が論争に加わった。一八六〇年の時点で、ロシアは一五〇年間にわたり北京に代表を置いていた。ロシア正教の宣教団の存在によって、ロシアは北京での居住を許された唯一の西欧国家となっていた。ロシアの関心も、他の西欧諸国がたどったものと似たような道を歩んできた。ロシアは、英軍が定期的に演じた軍事行動には参加せずに、条約締結国に認められたすべての特権を獲得した。一方で、ロシアの目標は単なる宗教の布教や沿海貿易以上のものだった。ロシアは清朝の没落を、中華帝国を解体し、その「辺境領土」を再びロシアのものにするための絶好の機会と捉えていた。彼らが特に注目していたのは、満洲(中国東北部の満洲族の故郷)、モンゴル(中国北部の形式的な部族自治区である草原地帯)、そして新疆(当時はほとんどの人口がイスラム教徒だった、はるか西部の山岳と砂漠地帯)だった。この目標に向けて、ロシアは強力な騎兵の力を背景に、地元の支配層に地位や物質的な恩恵を与えることによって、彼らの忠誠心を勝ち取り、内陸の国境線沿いに段階的かつ意図的に影響力を拡大していった⑫。

ロシアは中国が最悪の危機に見舞われていた時に、一八六〇年の紛争[英仏連合軍による北京占拠と円明園破壊を指す]の調停役を務める植民地勢力として登場したが、実際には、介入するぞという脅しにほかならなかった。芸術的なこの外交――別の見方をすれば二枚舌とも言うが――は、あからさまな力による脅しに支えられていた。ロシア皇帝の優秀で狡猾な若き中国駐在代表ニコライ・イグナティエフ伯爵は、ロシアだけが西欧の占領軍を北京から退去させることができると中国の朝廷には信じ込ませ、西欧勢力には、ロシアだけが中国に条約を順守させることができると思い込ませることに成功した。イグナティエフは詳細な地図と情報を提供して、英仏連合軍の北京侵攻を手助けする一方、冬が近づいているため北京に出入りできる河川ルートの北河が凍結し、占領軍は敵意に満ちた中国人暴徒に取り囲まれることになると英仏に信じ込ませた⑬。

こうした活動の代価として、ロシアは中国に驚くべき規模の領土を要求した。具体的には、今はウラジオストクと呼ばれている都市を含む太平洋沿岸の広い帯状の地域、いわゆる沿海州だった⑭。ロシアはただの一撃で、日本海での足掛かりとなる新たな大規模軍港と、かつては中国領と考えられていた三五万平方マイルの領土を手に入れた。イグナティエフはまた、モンゴルのウルガ(今のウランバートル)の開放と、西部辺境の都市カシュガルでの対ロ貿易の解禁と領事館開設を交渉した。エルギン卿は屈辱を晴らすために、香港の英国植民地を隣の九竜地区にまで拡大した。中国側は、中国の首都と沿岸部に居座っている条約締結国からのさらなる攻撃を未然に防ぐため、ロシアの協力を求めた。しかし中国が弱体化した時代には、「以夷制夷」にはそれなりのコストがかかることになった。

没落への対応

外敵の勝手な侵入に手をこまねいているばかりだったなら、中国が四〇〇〇年にわたる独自の文明と、二〇〇〇年にわたる統一を守り抜くことはできなかっただろう。この間、いつの時代にも、征服者たちは中国文化に適応せざるを得なくなるか、自分たちの意図を忍耐強く隠している被征服者たちの中に、次第に取り込まれていかざるを得なかった。そうした試練の時期が再び近づいていた。

一八六〇年の紛争の余波で、皇帝と、英国使節団への抗戦を主張していた朝廷の一派は北京から逃げ出し、皇帝の異母弟の恭親王[第1章に登場。道光帝の第六皇子で洋務運動を支えた]が事実上の政府首班の役割を引き受けた。恭親王は停戦交渉に当たった後、一八六一年の皇帝宛ての覚書で、中国に残されたぞっとするような戦略的選択肢を次のように要約した。

北部では捻匪の乱が、南部では太平天国の乱が燃え上がり、わが軍の補給は伸びきって、兵は消耗しております。夷狄はわれわれの弱い立場を利用して、われわれを支配しようとしています。もしわれわれが怒りをこらえず、敵対を続けるなら、突然の破局の責任を免れることはできないでしょう。一方で、夷狄がわが国を侵害したやり方を見逃し、それに対して何の準備もしないでいるなら、末代までの禍根を残すでありましょう。(15)

これは敗者が陥る古典的なジレンマである。征服者に従っているかのように見せながら、社会の結束を保つことができるのか。そして、不利なパワーバランスを逆転させる力をどうやって身につけるのか。恭親王は中国の古いことわざを引用した。「一時的にそうせざるを得ないなら、平和と友好に訴えよ。実際の手段としては戦いと防御を用いよ(16)」。

抜本的な解決策が見当たらないために、恭親王の覚書は対処すべき危機の優先順位を付けたが、それは実際には、遠くの蛮人の手を借りて、近くの蛮人を倒すという「遠交近攻」の原則に基づいていた。これは約一〇〇年後には毛沢東も用いた、中国の古典的な兵法だ。恭親王の覚書は、さまざまな侵略者たちがもたらした脅威の性質を評価する際に、素晴らしい地政学的な洞察力を示している。英国は目前の現実的危機をもたらしているにもかかわらず、恭親王は英国を、中国の結束に対する長期的な脅威のリストの最後に置き、トップにはロシアを持ってきた。

太平天国と捻匪は勝利を収めつつあり、内臓の病のようになっております。わが国と国境を接しているロシアは、蚕のようにわが領土をかじり取ろうとしており、わが胸元に迫った脅威と考えられます。英国は、貿易が目的であるにもかかわらず、人の尊厳を踏みにじり、暴力的に振る舞っておりますが、もし英国が節度を守っていなかったなら、わが国は自分の足で立っていることもできなかったでしょう。ですから、英国は手足の痛みのようなものと言えましょう。したがって、われわれとしては、まず太平天国と捻匪を平らげ、次にロシアを抑え込み、最後に英国に対処すべきであります。[17]

恭親王は外国勢力に対する長期的目標を達成するため、新たな政府機関の創設を提案した。それは、西側諸国との関係を処理し、国外での出来事に関する情報収集を目的に外国紙を分析する、外務省のひな型とも言える機関だった。彼は、この機関は一時的に必要なだけで「軍事衝突が終わり、各国との交渉も簡単になれば、すぐに」廃止されるだろう、という希望的観測を抱いていた。[18] この新設官庁は一八九〇年まで、首都および国家の役所一覧表には登場しない。その役人たちも、他のもっと重要な官庁から一時的な任務として派遣されてくるのが通例であり、頻繁に交代した。いくつかの都市が外国軍に占領されていたにもかかわらず、中国は対外政策を自国の将来がかかった恒久的な業務ではなく、一時的なその場しのぎの方策として扱っていた[19]。新しい官庁の正式名称は総理各国事務衙門(「すべての国に関する事務を統括する機関」)といったが、この曖昧な名称は、中国は外国人と外交交渉をしているのではなく、大帝国の一部としての扱いで交渉業務を命じている、と解釈できるものだった[20]。

恭親王の政策の実行は、最高位の官僚で、太平天国の乱の鎮圧軍最高司令官も務めた李鴻章が担当することになった。李鴻章は、野心的かつ洗練されており、屈辱に対しても表情を変えず、中国の古典的伝統に精通しながらも、それが危機に瀕している現状にも、他に例を見ないほど順応していた。彼は四〇年近く中国の対外的な顔として活躍した。李は領土的、経済的特権を執拗に要求する諸外国と、朝廷の誇大妄想的な政治的優越の主張との間の調停役を自認していた。当然ながら、彼の政策はどちらの側からも完全な賛同を得ることはできなかった。特に中国国内では、李の業績は、より強硬な路線を主張する人々の間に議論の種を残した。彼の努力は——ろくな準備もなしに外国勢力と戦うことをたびたび主張する朝廷内の保守派の好戦姿勢のおかげで、非常に複雑になったが——清朝後期の極めて厳しい選択肢の間でうまく舵を取り、時にはその選択の厳しさを軽減することまでやってのけた驚異的な能力を示すものだった。

李鴻章が声価を高めたのは危機の時だった。彼は中国で一九世紀中盤に反乱が起きた時、軍事および「夷狄管理」のエキスパートとして頭角を現した。一八六二年に彼は東部の豊かな江蘇省に総督として赴任し、そこで、太平天国軍に包囲された主要都市が、自分たちの新たな特権を守ろうと決意した西洋人の率いる軍隊によって守られているのを、目の当たりにした。恭親王の覚書に記された処世訓を適用して、李鴻章は共通の敵を倒すために西欧勢力と手を結び、最高責任者としての自分の権威を西欧勢力に認めさせた。事実上の中国・西欧連合軍による反乱鎮圧作戦で、李鴻章は後に、スーダンのハルツームでマフディ将軍に殺される有名な英国の冒険家チャールズ・ゴードンと知り合った(二人は後に、ゴードンが恩赦を約束していた反乱軍の首領の処刑を李が命じたため、袂を分かった)。一八六四年に太平天国の乱が平定されると、李はさらに重要な地位に次々昇進し、事実上の中国の外務大臣、および頻発する外国との危機における首席交渉官になった[21]。

圧倒的に力の強い国々や、まったく異なる文化に包囲された国の代表には、二つの選択肢がある。一つは、文化的な溝を埋め、軍事的な強者の手法を学び、異文化を差別する誘惑から生じる圧力を減らすことであり、もう一つは、自国文化の特質を誇示することで、その有効性を主張し、その確信の強さによって尊敬を勝ち取ることだ。

一九世紀の日本の指導者たちは前者の道を選んだ。それができたのは、西欧と出会った時点でこの国がすでに産業化の途上にあり、国内の社会的結束も十分だったからだ。李鴻章は、国内の反乱で破滅しかかり、西欧の力を借りなければ反乱を鎮圧できなかった国を代表しており、彼にはこうした選択肢は残されていなかった。あるいは、この道を選ぶことでどのような利益があろうとも、李がその儒教的な出自を捨てることはなかっただろう。

李鴻章が国内旅行をした時の述懐は、中国の混乱を示す気の滅入るような記録となっている。その代表的な例は、一八六九年から七一年までの二年間の記述だ。李は中国南西部に派遣されたが、そこではフランス代表団が反キリスト教暴動に抗議の声を上げていた。北部に行くと、そこでも新たな暴動が起きていた。南西部に戻ると、ベトナム国境の少数民族が挙兵していた。さらに北西部では、イスラム教徒による大規模な反乱が発生、そこから北東部の港町、天津に向かえば、キリスト教徒の虐殺事件の結果、フランスの軍艦がやってきて、軍事介入もほのめかしていた。最後に行った南東部の台湾島(西欧ではフォルモサという名で知られていた)でも新たな危機が起き始めていた[22]。

西欧流の行動様式が主流になっている外交の舞台

で、李鴻章は異彩を放っていた。儒教官僚特有のゆったりした官服をまとい「目が二つある孔雀の羽根」や「黄色の上着」といった古代官僚階級を意味する服を誇り高く着こなし、交渉相手の西洋人はそれをあっけにとられながら眺めるだけだった。頭髪は、長く編まれた弁髪以外は剃り上げてある清朝風で、楕円形の役人の帽子をかぶっていた。話すことは警句に満ちていたが、ごくわずかな外国人しか理解できなかった。彼はこの世のものとも思えないような静謐さを醸し出していたので、同時代のある英国人は、畏敬の念と、自分の理解を超えているという感情を込めて、李を異星からの訪問者になぞらえた。中国の辛苦と譲歩とは、中華文明の究極の勝利に向けた一時的な障碍にすぎないと、彼の振る舞いは示しているかのようだった。彼の師で、代表的な儒学者、かつ大平天国の乱鎮圧の歴戦の司令官でもあった曽国藩は一八六二年、儒教の基本的な価値である自制を外交の道具としていかに使うかについて、李に次のように助言した。「外国人と付き合う時は、礼儀や立ち居振る舞いが尊大すぎてはならない。ちょっとぼんやりした、気安い風を装いたまえ。彼らの軽蔑、ウソや侮辱は、なんに対してであれ、貴兄が気が付いているように見せて、同時に、何も分かっていないふりをしなさい。少し愚かに見えた方がいいのだ㉓」。

同時代の中国の高官たちと同様、李鴻章も、中国の道徳的価値観の優越性や、伝統的な朝廷の特権の正統性を確信していた。彼が違っていたのは、中国の優越性についての評価ではなく、中国に何が足りないかについての診断、つまり当面では物質的、軍事的基盤で中国に何が欠けているのか、という診断だった。大平天国の乱当時に西洋の兵器について学び、海外の経済の潮流についても情報を収集していたので、彼は中国が危険なまでに世界の趨勢から取り残されていることを痛感していた。素っ気ない調子で書かれた一八七二年の政策提言で、李は皇帝にこう警告している。「今日の世界に生きていて、いまだに「攘夷」とか「夷狄を打ち払え」などと言っているのは、思慮が足らず、馬鹿げた話です。……彼らは毎日、われわれと戦って圧倒し、勝利するための武器を生産しており、彼らの優れた技術をわれわれの弱点に向けているのです[24]」。

李鴻章は、魏源と同様の結論に達したが、ここに至って、改革の問題は魏源の時代とは比較にならないほど緊急性を増していた。李はこう警告した。

現在の情勢は、対外的には夷狄とうまくやっていき、国内的には制度を改革する必要が迫っているということだ。このまま何も改革しないまま、保守的に振る舞っていれば、国は日ごとに侵食され、弱っていくだろう。……今や、あらゆる外国が改革に次ぐ改革を重ね、蒸気が立ち上るような勢いで進歩している。独り中国だけが伝統的な制度を頑固に守っているが、国が破壊され滅びても、守旧派は悔やまないのだろうか[25]。

一八六〇年代に中国で起きた一連の歴史的な政策論争で、李鴻章とその仲間は「自強」と名付けた運動を提唱した。一八六三年の覚書で、李は出発点として(また、朝廷でこれを読む者のショックを和らげる手段として)「中国の文民、軍事システムはすべて、はるかに西洋より優れているが、火器に関してのみは、中国が西洋に追いつくのは不可能である[26]」と書いた。その上で、近年の惨憺たるありさまを見れば、中国のエリートも「海外の優れた武器を、奇怪な技術や変な道具で作られた、学ぶ必要などないものと鼻で笑い[27]」外国の技術革新を見下している余裕はないはずだ、と李は説いた。中国が必要としているのは武器であり、蒸気船であり、重機械であり、またそれらを製造できる知識と技術だった。

海外の書物や図面を勉強したり、外国人の専門家と会話したりする能力を高めるために、若い中国人に外国語を学習させる必要があった(これまでは、外国人は皆、中国人になりたいと切望していると考えられていたので、不必要とされてきた任務だった)。中国は首都北京を外国の影響から守ろうと長い間戦ってきたが、李鴻章は北京を含む主要都市に学校を開き、外国語とエンジニアリング技術を教えるべきだと力説した。李はこの計画を一種の挑戦と考えていた。「中国人の知恵と頭脳は西洋人に劣っているのだろうか。もしわれわれが本当に外国語を習得し、順次、お互いに教え合えば、蒸気船とか武器といった彼らの優れた技術を、徐々に全面的に学び取ることができるはずだ[28]」。

　恭親王も一八六六年に、皇帝に対して西洋の科学技術の学習を支持するよう求めた文書で、同様のことを指摘している。

> われわれの望みは、生徒たちが各課目の精髄まで学んでくれることです。……われわれが数学の計算や物理学の探究、天文観測、エンジンの仕組み、流水工学といったものの奥義を習得することができさえすれば、このことが、そしてこのことだけが、本朝の力をいや増すことができる、と確信しております[29]。

中国は、まずその伝統的な構造を強くするために、そしてその繁栄を取り戻すために、外界に向かって門戸を開き、かつては臣下であり、蛮族とされてきた国々から学ぶ必要があった。

　もし清朝朝廷が恭親王の外交方針と、李鴻章によるその実行との考えで一致していれば、これは救国的な行為になっていたはずだ。実際には、開明的な官僚たちと、偏狭な保守勢力とは、大きな溝で隔てられていた。後者は、孔子の時代の思想家である孟子の言葉に従って、中国が外国から学ぶものは何もないという昔からの考え方に固執していた。「神州の徳義をもって夷狄を改めさせた賢者のことは聞いたことがあるが、夷狄に改められた者のことは聞いたことがない[30]」。同様に、権威ある儒教に基づく官庁、翰林院の院長だった倭仁［一八〇四―七一、清末の保守派官僚で洋務運動に反対］は、中国の学校に外国人教師を雇うという恭親王の計画を激しく批判した。

本朝の基礎は礼節と公正にあるのであって、悪だくみや策略にあるのではありません。その源は人の心に根差したもので、手練手管などではありません。今、些細な要領の良さのために、夷狄を師と崇めようとしております。……本朝は広大であり、豊富な人材を抱えております。もし天文学や数学を修めたいなら、そうしたことに長けた中国人が必ずおりましょう。(31)

中国の自給自足の信念は、一〇〇〇年にわたる多様な経験から来るものだったが、目前の脅威にどう立ち向かうか、特に西洋の技術にどう追いつくかは、答えの出ないままだった。中国政府の高官の多くは依然、外交面で問題があれば、交渉担当者を処刑するか流刑にすれば解決すると考えているところがあった。中国政府が海外勢力の挑戦を受けている間に、李鴻章は三回も官位を剝奪される屈辱を味わったが、毎回、彼の政敵たちが、自分たちの引き起こした危機を解決するには李の外交手腕に頼るしかないと考えたため、元の地位に呼び戻された。

弱体国家という制約と、大帝国というたい文句の間で引き裂かれて、中国の改革は遅々として進まなかった。最後には宮廷クーデターで改革派寄りだった皇帝［光緒帝のことを指す］が退位に追い込まれ、西太后［一八三五―一九〇八、咸豊帝の妃で同治帝の母だった清末の権力者］に率いられた保守派が実権を握った。抜本的な国内の近代化も改革も行われず、中国の根本的な弱点を補う手段がないまま、中国の外交官たちは実質的に、帝国の版図の縮小と主権の侵害とを食い止めるよう求められていたのだった。彼らは時間稼ぎを求められていたが、稼ぎ出した時間をどう使うのかというプランはなかった。そして、北東アジアのパワーバランスへの新たな参入者、すなわち急速に産業化した日本の台頭によって、中国が直面する苦境はさらに厳しいものになった。

日本の挑戦

中国のほとんどの隣国と違って、日本は何世紀にもわたって中華世界の秩序に組み入れられることに抵抗してきた。最も近いところでもアジア大陸から一〇〇マイル以上離れた列島に位置する日本は、長く孤立の中で伝統と独自の文化を育ててきた。民族的にも言語的にもほぼ単一であり、日本民族は神の子孫であるという公式イデオロギーを持つ彼らは、自らの独特なアイデンティティについて、ほとんど宗教的な思いを育んできた。

日本社会と日本独自の世界秩序の頂点に立つのは天皇であり、それは中国の天子と同様に、人と神との仲介者と考えられていた。日本の伝統的な政治思想では、天皇は字義通り、初代天皇を生み、その子孫たちに永遠の支配権を授けた天照大神につながる神とされてきた。こうして、日本も中国と同様に、自らを普通の国をはるかに超えたものと見なしていたのだ[32]。日本から中国の朝廷へ宛てた外交書簡にもしつこく使われた「天皇」という称号自体が、中国の世界秩序へのあからさまな挑戦だった。中国の宇宙観では、人類がいただく皇帝はただ一人であり、その玉座は中国にあった[33]。

中国は大帝国であるという主張が、中国は例外だという考え方を生んだのだとすれば、日本は例外だという考え方は、隣国から多くの恩恵を受けながら、その支配下に入るのを恐れるという、島国特有の不安感から出たものと言える。中国は特別だという感覚は、中国だけが真の文明であり、夷狄は「呼び込み、訓化される」ために中国に招かれるという主張につながる。日本の場合は、民族的、文化的な純血主義を取り、自分たちの聖なる血統の外に生まれた人々に対しては、恩恵を施すどころか、自分たちについて説明することすら拒否した[34]。

日本は長い間、あたかも外部との時折の接触でさえ日本の独自性を損なうかのように、ほぼ完全に外交というものから遠ざかっていた。日本もある程度は国際関係に関与していたが、それは琉球王国（今日の沖縄と周辺の島々）や朝鮮半島の諸王朝との独自の朝貢制度を通じてであった。皮肉なことだが、ある意味では、日本の支配者たちは中国からの独立を担保するために、この最も中国的な制度を借用したのだった。[35]

他のアジア各国は、中国市場へのアクセスを確保するために、対中貿易を「貢ぎ物」として、中国の朝貢制度を受け入れていた。日本は朝貢の形をとって対中貿易をすることを拒み、中国に優越していないまでも、少なくとも対等の関係であると主張した。日中間には自然な貿易関係があったにもかかわらず、一七世紀に行われた二国間貿易交渉は、世界の中心は自分だとするお互いの建前に基づく儀礼を、双方とも受け入れなかったため、暗礁に乗り上げた。[36]

中国の影響力の及ぶ領域が、帝国と周辺部族の力関係に応じて、拡大したり縮小したりしたのに対し、日本の支配者たちは自国が抱える安全保障上のジレンマを、はるかに厳しい選択の問題だと感じていた。日本の指導者たちは、中国の朝廷が公言しているのと同程度の優越感を持ちながらも、過ちを犯せる余裕は中国よりもはるかに少ないと考えていた。そのため西方——すなわち、日本の最も近い隣人である朝鮮に支配を拡大した王朝を含め、いくつもの王朝が次々に君臨した中国大陸——を、用心深く見張り、そこに経験的に脅威を見いだしていた。このため、日本の外交方針は、アジア大陸から距離を置くかと思えば、中国中心の世界秩序に取って代わろうとして無謀な侵略を試みるなど、変転し、その変化は時には驚くほどの速さだった。

一九世紀には、日本も中国と同様に、見慣れぬ技術を駆使し、圧倒的な武力を備えた西洋の艦船に遭遇した。日本の場合は、一八五三年の米国のペリー提督率いる「黒船」の上陸だった。しかし、日本は危機の中から中国とは逆の結論を引き出し、海外の技術に門戸を開放し、西洋の勃興をまねるために旧来の制度を見直した（日本がこうした結論を下せたのは、日本では外国思想がアヘン中毒の問題と関連付けて考えられなかった、という事実にも助けられたようだ。日本では、アヘン中毒のまん延という問題はほとんど起きなかった)。一八六八年には、明治天皇が勅令[五ヵ条の御誓文]で、日本の決意をこう宣言した。「智識を世界に求め、大いに皇基を振起すべし[37]」。

日本の明治維新と、西欧の技術を学ぼうという意欲は、驚くべき経済発展に道を開いた。日本は、近代経済と優秀な軍事力を発展させるにつれ、西洋の大国に与えられている特権をも要求し始めた。一九世紀の大名で、代表的な技術近代化の提唱者、島津斉彬の言葉を借りれば、日本の支配層は「われわれが先手を取れれば、支配できる。さもなければ、われわれは支配される」という結論に達した[38]。

李鴻章は一八六三年にすでに、日本が中国にとっての主要な安全保障上の脅威になると予測していた。明治維新よりも前に、李は日本の西洋勢力への対処について言及していたのだ。一八七四年に台湾の原住民と難破した琉球の船員との間で起きた紛争[39]を奇貨として、日本が懲罰の遠征隊を送った際に、李は日本についてこう書いた。

日本の国力は日夜増進しており、野心も決して小さくない。ゆえに、日本は東方の土地で力を見せつけ、中国を見下し、台湾に攻め込むことで行動を起こした。西洋諸国は強力ではあるが、わが国から七万里離れている。だが、日本は庭先か玄関ほどにしか離れておらず、空洞化し孤立したわが国をのぞき込んでいる。疑いなく、日本は中国にとって恒久的、かつ深刻な懸念の種となるだろう[40]。

世界における優越性という、ますます実態のない見せ掛けを残した、動きの鈍い大国を西に臨みながら、日本人はアジアの支配者として、中国に取って代わることを考え始めていた。こうした競合する主張のぶつかり合いは、二つの大きな隣国の野望の交差点に位置する国、朝鮮で頂点に達した。

朝　鮮

中華帝国は拡張主義的ではあったが、侵略的ではなかった。貢ぎ物と皇帝の宗主権の承認を求めたが、貢ぎ物は実質的というより象徴的なもので、宗主権も、ほとんど独立と差がないほどの自治を許すような手法で実行された。独立志向の強かった朝鮮人は、一九世紀までに、半島の北部や西部で実質的に清朝と和解した。朝鮮は理屈の上では朝貢国であり、朝鮮国王は定期的に北京に使節を送っていた。朝鮮は儒教の道徳律を採用し、公式文書には漢字を使っていた。一方、中国は朝鮮半島情勢に強い関心を持っていたが、それは、朝鮮の地理的な位置により、半島が中国への海からの侵入経路になる可能性があったからだ。

朝鮮はある意味で、戦略的課題に関する日本の概念の中で、鏡のような役割を果たしていた。日本もまた、朝鮮が海外勢力に支配されることを脅威と受け止めていた。アジア大陸から日本の方向に突き出した朝鮮半島は、その位置のために、元朝が二回にわたって企てた日本侵攻の際に、発進基地として使われた。今、帝国としての中国の力量が落ちていく中で、日本は朝鮮半島での支配的な地位を模索し、自らの経済的、政治的主張をはっきり示し始めていた。

一八七〇年代と八〇年代に、中国と日本はソウルで、王族間の主導権争いに端を発する、朝廷での一連のいざこざに巻き込まれた。朝鮮が外国の野心に包囲されている時、李鴻章は朝鮮の支配者たちに、中国が外敵に対応した際の経験を学ぶようにとアドバイスした。それは、潜在的な植民地主義者を招き入れて、お互いに競わせるようにするものだった。李は一八七九年一〇月の朝鮮高官に対する書簡の中で、朝鮮は遠くの夷狄の国、特に米国を味方に付けるべきだと助言している。

皆さんは、紛争を避けるために最も簡単なのは、鎖国し平和にしていることだとおっしゃるでしょうが、残念ながら東洋では、それは無理というものです。日本の拡張主義的な動きを食い止めることは、人間の力では無理です。貴国は彼らと貿易協定を結んで、新しい時代を始めるよう強いられたのではありませんか。実際には、一つの毒を別の毒で中和させること、ある力を別の力と競わせることが、最良の方法ではないでしょうか[41]。

この前提に立って、李鴻章は朝鮮に「あらゆる機会を捉えて西洋諸国と条約関係を樹立し、彼らを使って日本を抑えるべき」と助言した。李は、西洋との貿易はアヘンやキリスト教といった「堕落の影響」をもたらすと警告しながらも、領土的な野心を持っている日本やロシアに比べ、西洋諸国の「目的は、貴国と貿易することだけです」と述べた。その目標は、それぞれの外部勢力のもたらす危険を均衡化させ、いずれにも優位に立つことを許さないことにあった。「貴国は敵の強さをよく分かっているのだから、あらゆる手段を使って敵を分断すべきです。用心を怠らず、抜け目なく振る舞えば、よき戦略家になれるというものです[42]」。李は、朝鮮における中国の権益については言及しなかった。それは彼が、中国の華夷秩序は、他の外国の影響がもたらす脅威とは性格が異なるということを大前提にしていたためか、あるいは、中国は朝鮮を外国の影響から守る具体的手段を何も持っていないと分かっていたからだろう。

朝鮮と特殊な関係があるとする中国と日本の主張は、当然のことだが、両立できなくなっていった。一八九四年に、日本と中国はともに朝鮮での反乱に軍隊を送った。日本は最後には朝鮮の国王を捕らえ、親日的な政府を樹立した。北京でも東京でも、民族主義者たちは開戦を叫んだが、近代的な海軍力を保有していたのは日本だけであり、中国海軍の近代化のために集められた資金は、夏の離宮である円明園の修復に流用されていた。

日本は日清戦争の開戦から数時間で、中国の海軍を打ち破った。中国海軍は数十年にわたる自強運動の形だけの成果だったが、資金力は乏しかった。李鴻章は、何回目かの解任から呼び返され、和平交渉のために日本の下関に派遣されたが、軍事的な破局から中国の権威を救い出すというほとんど不可能な任務を与えられていた。戦争で優位に立っている側はしばしば、交渉の決着を遅らせたがる。日時の経過が交渉を有利にしそうな場合は、特にそうだ。こんな地位では役不足だなどと言っては、日本が中国側の交渉担当官の顔触れを拒否し、中国の屈辱感を深めたのは、このためだ。日本による中国側交渉官の拒否は、中国の使節は天の与えた特権を体現しており、官位のいかんにかかわらず、すべての外国人より地位が高い、としてきた帝国に対する、意図的な侮辱だった。

下関での交渉で話し合われた条項は、中国の優越性に対する手痛い打撃となった。中国は台湾を日本に割譲し、朝鮮との朝貢儀式を中止して、その独立をも認めた(実際的には、日本が朝鮮にさらに影響を与えるための道を開いた)。また、莫大な額の賠償金を払い、戦略的に重要な港湾である大連と旅順を含む遼東半島を日本に割譲した。中国がさらなる屈辱的な結果からかろうじて逃れることができたのは、日本の民族主義者が放った(李鴻章への)暗殺未遂の銃弾のおかげだった。交渉の場で顔面を負傷した李の姿を見て、日本政府も恥じ入って、さらに行おうとしていた要求の一部を取り下げた。

李鴻章は病床からも交渉を指揮し、辱めなどには負けないとの気概を示した。彼の平静ぶりは、この交渉が行われているさなかにも、中国の外交官が中国に権益を求める他の勢力、特にロシアに接近していることを彼が知っていた、という事実にも支えられていたようだ。一八六〇年の戦争終結後、中国外交はロシアの太平洋進出に対処する必要性に迫られていた。李は、朝鮮半島と満洲において日本とロシアが競合関係になることを予見し、一八九四年には部下の外交官たちに、ロシアについては細心の注意を払って扱うよう指示した。下関から帰国するやいなや、李はロシアを動かし、ロシア、フランス、ドイツによる「三国干渉」によって、日本に遼東半島を中国へ返還させた。

この策略は広範囲に及ぶ結果をもたらすことになった。ロシアは再び、この時点までに十分定着していた中ロ友好についての解釈を活用して、中国から膨大な領土の特権を手に入れた。ロシアは今回は公然とはやらずに、うまく立ち回った。三国干渉の直後、ロシアは秘密の条約に署名させるために李鴻章をモスクワに呼んだ。この条約は、さらなる日本の攻撃に対して中国の安全を保障する名目で、ロシアがシベリア鉄道を満洲まで延長するという、巧妙であからさまに貪欲な内容を含んでいた。この秘密合意で、ロシア政府はシベリア鉄道を「中国の領土を侵食したり、中国皇帝の法的権利および特権を侵犯する口実として」使うことはないと約束した。[43]だが、それこそロシアがまさにやろうとしていることだった。当然のことながら、いったん鉄道が建設されると、ロシアは投下した資本を守るために鉄道の付属地にロシア軍隊の駐留が必要だと言い出した。わずか数年でロシアは、日本が放棄させられた地域ばかりでなく、それよりもはるかに大きな地域の支配権を手に入れていた。

これは李鴻章の業績の中で、最も議論の分かれるものとなった。三国の介入は確かに、少なくとも一時的には日本の進出を防いだが、代わりにロシアが満洲で圧倒的な影響力を持つという結果をもたらした。帝政ロシアが満洲に勢力圏を確立したことは、他のすべての列強による同様の権益の奪い合いを引き起こした。ある国が先行すれば、他のどの国も反応した。ドイツは山東半島の青島を占領し、フランスは広東省に居留地を確保して、ベトナムでの支配を固めた。英国は香港から新界［九竜半島側の広大な部分］にまで支配を拡大し、旅順港の対岸に海軍基地を確保した。

夷狄同士を拮抗させるこの戦略は、ある程度まで効果を発揮した。どの国も中国では完全な支配権を握ることはなく、北京政府はその隙間を縫って活動する余地があった。だが、外国勢力を中国領土に呼び込み、勢力均衡ゲームをさせることによって、中国の真髄を守り抜こうという巧妙な作戦を長期的に続けるには、外国勢力がまともに取り合ってくれるだけの強さを中国が保持している必要があった。だが、中国における中央の支配は崩壊しつつあった。

一九三〇年代に西側民主主義がヒトラーに対してとった政策の余波で、宥和政策という言葉は悪口として使われるようになった。しかし、弱者が対決の道を心置きなく選択できるのは、弱者が負けたことで、強者に我慢できる以上の負担を与える場合のみである。さもなければ、何らかの妥協を図ることが分別のある行動である。民主主義勢力がヒトラーに対して宥和政策をとった時、具合の悪いことに、彼らはヒトラーよりも軍事的に強大だった。しかし、宥和政策は政治的にはリスクが大きく、社会の団結を危うくする可能性がある。指導者たちが勝者の要求に屈しているかのように見える時でも、民衆が彼らへの信頼を保っていることが、宥和政策をとるためには必要なのだ。

これこそが、欧州各国やロシア、日本の強欲さと、自国の朝廷の頑固なまでの鈍感さとの間で、中国の舵取りをしていた数十年間に、李鴻章が感じていたジレンマだった。中国の後の世代は李鴻章の手腕を評価こそしたが、彼が署名した譲歩の数々、特にロシアと日本に対する譲歩や、日本への台湾割譲については、評価を決めかねるか、反感を抱いていた。これらの政策が、誇り高い社会の尊厳を傷つけたからだ。とはいえ、そのおかげで、植民地主義が拡大し、標的になった他のすべての国が完全に独立を失った時代に、中国は弱体化したとはいえ、主権を構成する諸要素を維持することができたのだ。中国は屈辱に順応したかのように見えながら、実はそれを乗り越えていった。

一九〇一年に亡くなる直前に、李鴻章は西太后に宛てた悲しみに満ちた手紙の中で、自らの外交の推進力となっていたものについて、こう総括している。

中国が偉大な勝ち戦に参戦できるなら、私にとってどれほど喜ばしいことかは言うまでもありません。夷狄どもがとうとう玉座の前にひれ伏して、従順に忠誠を誓って屈服している様を見られれば、わが人生の終わりにあたっての喜びとなるでありましょう。しかしながら、残念なことに、中国はそのような企てには不釣り合いであり、わが軍隊はそれをできるほどの力がないという憂鬱な事実を認めざるを得ません。中国の統一に大きく影響する問題に関して言えば、極めて高価な磁器のそばにいるネズミに向かって飛び道具を使うという愚かなまねを、一体誰がするでしょうか。[44]

満洲でロシアを日本の当て馬にする戦略の結果、両国が相手を挑発しあう敵対関係が生まれた。ロシアは、その容赦ない拡大政策の下で、各国それぞれの権益の主張と、中国の主権維持のバランスを一定に保つという、侵略者同士の暗黙の合意を捨て去った。中国東北部での日本とロシアの権益争いは、一九〇四年に覇権を争う戦争に発展したが、日本の勝利に終わった。一九〇五年のポーツマス条約で、日本は朝鮮での支配的地位と、満洲での支配的地位の可能性を手に入れた。もっとも満洲に関しては、米国のセオドア・ルーズベルト大統領の介入により、勝利は約束されたものよりは小さなものとなった。ルーズベルトによる日露戦争終結の調停は、日本の満洲支配に待ったをかけ、アジアでの力の均衡を維持するという、米国外交では珍しいパワーバランスの原則に基づいていた。アジア進出を妨害されたロシアは、欧州を重点的な戦略的対象にするという路線に立ち戻り、それが第一次世界大戦勃発を早めることとなった。

義和団事件と新たな戦国時代

一九世紀の終わりまでに、中国的世界秩序は完全にタガが外れてしまった。北京の朝廷はもはや、中国の文化と自治を保護するうえで意味のある存在として機能できなくなっていた。民衆の不満は一八九八年に、いわゆる義和団事件として表面化した。伝統的な武道を習得していたために拳匪と呼ばれた義和団は、ある種の古代の神秘主義を実践し、秘法によって外国の砲弾が当たっても不死身だと主張していた。彼らは、外国人と外国人によって押し付けられた新しい秩序の象徴に対して、暴力的な攻撃を呼び掛けた。外交官や中国人キリスト教徒、鉄道、電信線、そして西洋式の学校はすべて攻撃対象となった。おそらく清朝(それ自身がもともと「異国」の侵入者だったが、すでに力を失っていた)が次の標的になるかもしれないと考えて、西太后は義和団を懐柔し、彼らの攻撃を称賛した。紛争の震源地はまたしても、長らく争いの種だった北京の各国公使館だった。義和団は一九〇〇年春に各国公使館を包囲した。高慢な軽蔑と果敢な抵抗、そして苦痛に満ちた妥協の間で揺れ動いてきた一世紀を経て、中国はついにすべての外国勢力との同時戦争に突入した[45]。

その結果、また新たな烈しい打撃が中国を襲った。フランス、英国、米国、日本、ロシア、ドイツ、オーストリア＝ハンガリー帝国、そしてイタリアの列強八カ国連合の遠征部隊は各国公使館を救うため、一九〇〇年八月に北京に到着した。義和団と、それと手を組んだ清の軍隊を制圧した後(その過程で首都の大部分は廃墟となった)、列強は中国に賠償金を支払わせ、外国勢力にさらなる占領の権利を与える新しい「不平等条約」を押し付けた[46]。

度重なる北京への外国軍の侵入や、中国領内での外国人の強要行為をやめさせることができない王朝は、すでに天命を失っていた。西洋との最初の衝突以来、実に七〇年間を生き延びてきた清朝は一九一二年に崩壊した。

中国の中央政権はまたしても崩れ落ち、新たな戦国時代が始まった。誕生の時から深く分裂していた中華民国は、直ちに危険な国際情勢に巻き込まれていったが、民主主義の精髄を実践する機会には恵まれなかった。民族主義者の指導者、孫文が一九一二年一月に新しい共和国の臨時大総統に就任した。この国の統一を司る神秘な法則によるかのように、孫文はわずか六週間で袁世凱に職を譲った。袁世凱は国を統一する力のある唯一の軍隊の司令官だった。一九一六年に袁世凱による新たな王朝の樹立宣言が水泡に帰すと、政治権力は各地の総督や軍閥の領袖の手に拡散していった。同じ頃、中国の中央部では、一九二一年に新たに創設された中国共産党が、一種の影の政府として機能し、国際的な共産党運動とゆるやかに連帯した社会秩序を形成し始めていた。こうした野心家たちは、それぞれが支配権を主張したが、他者を圧倒できるほど強い勢力を持つ者はいなかった。

世界に認められた中央政府が存在しない状態で、中国には伝統的な外交を行う手段すらなかった。一九二〇年代の終わりまでには、蔣介石が率いる国民党がかつての清朝の領土全域に名目的な支配を広げたが、実際には、中国の伝統的な領土主権はますます脅かされていた。

西洋各国は、自分たちの起こした戦争に疲れ果て、またウィルソン米大統領が提唱する民族自決の原則が世界に影響を与えたことから、もはや中国で勢力を拡大できる立場にはなく、それまでの影響力を維持するのがやっとだった。ソ連は国内での革命の成果を確実なものにしようとしており、領土拡大どころではなかった。ドイツは[第一次世界大戦の結果]すべての植民地を失ってしまっていた。

中国での勢力争いゲームのかつての参加者のうち、残っているのは一国だけだった。それが、中国の独立にとって最も危険な存在である日本だった。中国には自らを守るだけの力がなかった。第一次世界大戦でドイツが敗北した後、日本は山東半島のかつてのドイツ租借地を占領し、一九三二年には満洲に、実質的に日本が支配する分離国家、満洲国を建国した。さらに一九三七年には、中国東部のほぼ全域で侵攻作戦を開始した。

日本は今や、かつて中国を征服した者たちと同じ立場に立っていた。これだけ広大な国を征服するのは容易ではない。中国の文化的規範にある程度頼らなければ、統治することは不可能だったが、自国の制度の独自性を大切にしてきた日本には、そうする用意がまったくなかった。かつては日本の仲間だった欧州各国は、米国の支援を受け、最初は政治的に、最後には軍事的に、日本と敵対する立場に変わり始めていた。これは、かつての植民地主義勢力が統一中国の正当性の擁護に協力し始めたという意味で、中国の自強外交の一種の頂点でもあった。

この動きの主導者は米国で、その武器になったのが、一八九九年に国務長官ジョン・ヘイが打ち出した門戸開放政策だった。この政策は本来、他国の帝国主義的行動の分け前を米国が頂戴することが狙いだったが、一九三〇年代には、中国の独立を守る手段に変わり、他の西欧各国も米国の動きに加わった。中国は今や、第二次世界大戦を生き延び、再び統一を達成することさえできれば、帝国主義段階を克服できるはずだった。

一九四五年に日本が降伏した時、中国は荒廃し、分断されたままだった。国民党と共産党はともに中央権力を狙っていた。二〇〇万人を超える旧日本軍兵士が中国に残って送還を待っていた。ソ連は国民党政府を承認したが、共産党への武器供与を続けて、選択肢を残していた。ソ連は同時に、かつての植民地権益の一部を回復しようと、大規模な招かれざる部隊を中国東北部に送り込んだ。新疆では中国政府の支配がますます弱体化し、チベットやモンゴルは、それぞれ大英帝国とソ連の衛星圏として準自治区のような状況になった。

米国の世論は戦時中の同盟相手である蔣介石に同情的だったが、蔣介石は外国の占領ですでに細分化された国家の、そのまた一部分を支配しているだけだった。中国は戦後の世界秩序を形成する「五大国」の一角として処遇され、国連安全保障理事会での拒否権を認められた。しかし、五大国のうち、戦後の世界秩序形成という使命を達成する力を持っていたのは、米国とソ連だけだった。

これに続いたのが、国共内戦の再発だった。米政府はこうした内戦に関する旧来の解決策を使おうとしたが、これまで何度も失敗しており、その後の一〇年間でも失敗が続いた。米国は、二〇年間も戦ってきた国民党と共産党に合作を呼び掛けた。米国のパトリック・ハーレイ大使は一九四五年九月、蔣介石と共産党指導者、毛沢東の会談を、蔣介石にとっての首都である重慶で行うことを提案した。二人の指導者は義務的に出席したが、裏では最後の決戦の準備を進めていた。

ハーレイの主催する会合が終わった途端、双方は戦闘を再開した。蔣介石の国民党軍は都市を確保する戦術を選択し、毛沢東のゲリラ部隊は農村に拠点を置いた。双方が囲碁の包囲戦術を駆使して、相手を包囲しようとした[47]。国民党を支援するための米国の介入を求める声が高まる中で、ハリー・トルーマン大統領はジョージ・マーシャル将軍を中国に派遣し、国共合作の合意を取り付ける工作を一年にわたって続けさせたが、そのころには国民党は軍事的に崩壊しかかっていた。

国民党軍は大陸で共産党に敗北し、一九四九年に台湾に撤退した。国民党は台湾に軍事機構、政治家集団、および(故宮から持ち出された中国の芸術的、文化的至宝を含む)国家的権威の名残を持ち込んだ[48]。彼らは中華民国の首都を台北に移すと宣言するとともに、力を蓄えて、いつの日か大陸に戻ると言い張った。彼らは、中国に与えられていた国連安保理の議席も、そのまま維持した。

一方で、中国は新しく建国された中華人民共和国の下で、再び統一されつつあった。共産中国は、その構造としては新しい王朝として、本質としては中国史上初めての新たなイデオロギーをひっさげて、新しい世界に船出した。戦略的には、新中国は十数カ国と境を接しており、その国境は開けっぴろげで、個別の潜在的脅威に同時に対処する能力はなかった。つまり、歴史上の中国政府が常に直面していたものと同じ課題に、新中国も直面していたのだった。中国の新たな指導者たちは、こうした問題に取り組みながら、米国のアジアへの関与という事態に直面していた。第二次世界大戦後、自信あふれる超大国に生まれ変わった米国は、国共内戦での共産党の勝利に際して、受け身の立場しか取れなかったことを反省していた。いかなる政治指導者も、過去の経験を勘案して将来に向けた主張を組み立てなければならないが、毛沢東と共産党の支配が確立したばかりの中国ほど、これが必要な国はなかった。

二つの世界秩序の出会い：1793 年，英国全権使節の謁見に向かう中国皇帝(ゲッティ・イメージズ)

19 世紀後期の中国における最高位の外交官だった李鴻章(コルビス)

第4章　毛沢東の継続革命

何千年にもわたって、中国における新たな王朝の出現は、独特のリズムを生んできた。まず、中国の人々が、これまでの王朝は自分たちの安全を守るという責務を果たせない、あるいは基本的な願望を実現できないと感じ始める。まれには、たった一回の大災害によって、多くの場合は一連の災害の影響が積み重なって、中国人の目から見ると、支配王朝は天命を失うことになる。新たな王朝は、王朝創建という事実そのもののせいもあって、天命を勝ち得たと見なされるのである。

中国のドラマティックな歴史においては、こうした大変動が何度も起きた。しかし、新たな統治者が社会全体の価値体系をひっくり返そうとしたことは、一度もなかった。それまで天命を求めていた人々は——外国の征服者たちでさえ、そしておそらく特に彼らこそが——自分たちが取って代わった社会に古くからあった価値を支持し、その社会の原理に基づいて統治することで、自分たちを正当化した。新たな統治者たちは、他のどの国よりも人口が多く、豊かなこの国を統治することができさえするなら、引き継いだ官僚機構を維持したのだった。こうした伝統が中国化を進めるメカニズムだった。それは儒教を中国における統治の教義として確立した。

一九四九年、都市を占拠するために農村から流入した新たな王朝のトップに、一人の巨人が立った。毛沢東だった。横暴で圧倒的な影響力を持ち、冷酷で高飛車、詩人であり軍人であり、預言者であり懲罰執行人でもあった。彼は中国を統一し、その文明社会をほとんど破滅させかけた旅に中国を乗り出させた。この苛烈なプロセスが終わるころには、中国は世界の大国の一つとなり、キューバ、北朝鮮、ベトナムを除いて、その政治構造が共産主義の崩壊を生き抜いた唯一の共産主義国家となった。

毛沢東と「大同」

革命家とは生まれつき、精力的でひたむきな人物である。彼らはほとんど例外なく、政治環境において弱い立場からスタートし、成功するためにカリスマ性に頼り、憤怒を動員する能力や、落ち目の敵の心理的弱点に乗じる能力に頼った。

大半の革命は、特別な大義のために行われた。いったん成功すると、革命は新たな秩序体系に制度化されていった。毛沢東の革命には、最終的な落ち着き場所はなかった。毛沢東が提唱した「大同」という最終的なゴールは、漠然としたビジョンだった。政治的な再建というよりも、精神的な高揚に近いものだった。共産党の幹部たちは、決められたプログラムを遂行するのではなく、改革に加わることが職務だったが、そのことを除くと、彼らは党の司祭だった。毛沢東の下で幹部たちは、破滅の瀬戸際で生活していた。彼らには常に、自分たちがあおり立てた激変に自分が巻き込まれる危険性が——時間の経過とともに、ほぼ確実に——あった。第二世代（鄧小平の世代）の指導者リストにあるほとんど全員が、そうした運命に遭った。権力の座に戻るのは、大変な個人的試練の期間が終わった後だった。革命期の毛沢東の親密な仲間は——最後には、長く仕えた首相で主要な外交官だった周恩来を含め——皆、結局は粛清された。

毛沢東が最も称賛した中国の統治者が秦の始皇帝だったことは、偶然ではなかった。始皇帝は紀元前二二一年、すべてのライバルに勝利し、それらを一つの政治形態に統一することで、戦国時代を終わらせた。始皇帝は一般に統一国家としての中国の創建者と見なされている。しかし中国史の中で、彼は絶対的な尊敬を勝ち得てきたわけではない。なぜなら彼は書物を焼き、伝統的な儒者を処刑した（四六〇人を生き埋めにした）からである。毛沢東はかつて、中国の統治にはマルクスと始皇帝の手法を結合させたものが必要だと述べた。毛沢東はある詩の中で始皇帝を称えた。

君に勧める、始皇帝を罵ること少なくと
焚坑の事業、再考の要あり
われらが祖の龍、魂死すとも秦なお在り
孔学は名高けれど、実は空粃
秦の政法百代続く[1]

毛沢東の中国は、意図的に、永続する危機の中にある国とされた。共産党統治の初期の日々から、毛沢東は闘争の波を次々に繰り出した。中国の人々は成果を上げても、それに安住することを許されなかった。毛沢東が彼らに課した宿命とは、高潔な努力を通して社会を、そして自らを浄化することだった。

国家の意図的な政策的行為として、中国の伝統を引っ掻き回した統治者は、中国統一以来、毛沢東が初めてだった。彼は中国の古くからの遺産を、時には暴力的に取り除くことによって、中国を活性化させているのだと確信していた。彼は一九六五年にフランスの哲学者アンドレ・マルローにこう宣言した。

中国を今の状況にさせた思想、文化、慣習は消え去らねばならない。プロレタリア中国の思想、慣習、文化はまだ存在していないが、現れなければならない。思想、文化、慣習は闘争から生まれなければならない。闘争は過去に戻る危険性が存在する限り、継続しなければならない[2]。

かつて毛沢東は、古い秩序を破壊するために、中国を原子のように「粉々に」し、同時に、大衆のエネルギーを爆発させて、それをかつてない達成の高みにまで引き上げることを誓った。

今や、われわれの熱狂に火が付いた。わが国は熱狂的な国である。今や燃え盛る潮流に押し流されている。いい比喩がある。わが国は原子のようである。この原子の核が粉々にされる時、放出される熱エネルギーは実に巨大なパワーとなる。以前にはできなかったことが、できるようになるのだ。③

このプロセスの一環として、毛沢東は伝統的な中国の政治思想に幅広い攻撃を仕掛けた。儒教的伝統では普遍的な調和を尊ぶが、毛沢東は国内的な事柄でも対外的な事柄でも、激動を起こし、反対勢力と衝突することが理想と考えた(実際に毛沢東は、国内と国外の事柄は関連していると見ていた――いつも、対外的危機と、国内での粛清やイデオロギー的キャンペーンとをセットにしていた)。儒教の伝統では、中庸の教えやバランスと節制の修養を貴んだ。改革が起きても、それは漸進的であり、かつて保持していた美徳の「復活」として推進された。毛沢東はこれとは対照的に、ラジカルで即時の変革と、過去との全面的な決別を求めた。伝統的な中国の政治理論では、軍事力は相対的に軽んじられ、中国の統治者は自らの徳と慈悲で国内を安定させ、外国に影響を及ぼすことに重点が置かれていた。自らのイデオロギーと、一世紀にわたる屈辱への怒りに突き動かされ、毛沢東は中国人の生活をかつてないほど軍隊化させた。伝統的中国は過去を崇拝し、豊かな文人文化を大切にするが、毛沢東は中国の伝統的な芸術、文化、思考方法に宣戦布告した。

しかしながら、毛沢東は多くの面で、自分が巧みに操っていると主張する弁証法的矛盾を、身をもって示した。彼は熱烈で公然たる反儒教主義者だったが、中国の古典を幅広く読んでおり、古い文章からよく引用した。毛沢東は「継続革命」の教義を明確に述べたが、中国の国家利益が必要とする時には、忍耐し、長期的な見方をすることができた。「矛盾」を巧みに操ることは、毛沢東が公然と示した戦略だった。しかしそれは、儒教の概念である「大同」、すなわち偉大なる調和から導き出された究極的なゴールに役立つ限りにおいてのことだった。

毛沢東主義者による統治はこうして、儒教的伝統の、鏡に映った別バージョンとなっていった。それは過去との完全な決別を宣言しながら、一方で、多くの中国の伝統的な制度に依存していた。その中には、皇帝スタイルの統治、倫理的な構造物としての国家、毛沢東が毛嫌いし、繰り返し破壊し、最後には同じく繰り返し再建せざるを得なかった中国的官僚主義、が含まれていた。

毛沢東の最終的な目的は、一つの組織的構造で表現できるものではなかったし、特定の政治目的の一式を実現することで、達成されるものでもなかった。彼のゴールは革命のプロセスそのものを維持することだった。毛沢東はかつてない大激動を通してそれを実行することが、自分の特別な使命だと感じていた。それは、人々が厳しい試練の中から純化され、変容して現れるまで、決して休むことを許さないものだった。

打倒されること、例えば、いま打倒されつつある国民党反動派たちや、また少し前にわれわれやわれわれ各国人民に打倒された日本軍国主義にとって、それは苦痛である。考えることさえ耐えられない。しかし労働者階級、労働人民、共産党にとっては、問題は打倒されるといったことではない。努力して仕事し、条件をつくりだし、階級、国家権力、政党がごく自然に消滅し、人類が大同という領域に入るようにすることである。[4]

伝統的な中国においては、皇帝は生きとし生けるものの大同の要だった。皇帝は自らの有徳な模範的行動によって、現存の宇宙秩序を統合して保ち、天、人、自然界の間の均衡を維持するものと考えられていた。中国人の見方では、皇帝は反抗する野蛮人たちを「変容」させ、服従させるのだった。皇帝は儒教的階層制度の頂点に立つのであり、すべての人々に社会における適切な場所を割り当てるのだった。

近代に至るまで、中国が西欧的な意味での「進歩」という理念を追い求めなかったのは、このためである。中国人にとって、公共奉仕を推進する原動力は、整風の概念である。それは、危険なアンバランスに陥った社会に、秩序をもたらすことだった。孔子は、社会がおろそかにした深遠なる真理を蘇らせ、黄金時代を再生することが、自分の使命だと宣言した。

毛沢東は自分の役割をその対極にあると見ていた。大同とは、その障碍となるすべての人々を犠牲にするような、苦痛に満ちたプロセスの果てにやって来るものだった。毛沢東の歴史解釈によると、儒教的秩序が中国を弱体化させた。儒教の「調和」とは、征服の一つの形態だった。進歩は、矛盾する勢力を、国内的にも国際的にも、互いに戦わせるという、一連の残酷な試練を通してのみ実現される。そしても し、こうした矛盾が自ら現れることがなかった場合、終わりなき激動を起こし続けることが、共産党およびその指導者の責務だった。必要な場合には、共産党自身に対する激動も、それは含んでいた。

一九五八年、大躍進として知られる全国規模の経済集団化キャンペーンの初めに、毛沢東は永久運動における自分の中国ビジョンについて概説した。毛沢東は言った。革命への奮闘の波はいずれも、そもそもが新たな激動への先駆なのである。そうした激動の始まりには、革命が怠惰に陥り、成功に甘んじることのないよう、急がせる必要がある。

われわれの革命は戦いと同じである。一つの戦いに勝利した後には、すぐに新たな任務を出さなければならない。こうすれば幹部と大衆は、絶えず革命的熱狂でいっぱいになり、うぬぼれた気持ちを減少できる。うぬぼれようとしても、うぬぼれている時間はない。新たな任務が下りてくれれば、みんなの気持ちはどのようにして新たな任務を成し遂げるかに向かうのである。⑤

革命幹部たちはより短い間隔で、これまで以上に難しい試練を課されるのだった。毛沢東は「不均衡は常態であり、客観的なルールである」と書いた。

不均衡から均衡へ、そして再び均衡から不均衡へと、循環は終わりがない。永久にそうである。しかしながら、循環するたびに、一段高いレベルに到達する。均衡が一時的かつ相対的なのに対し、不均衡は常態であり絶対的なのである。[6]

しかし永続的に激変する国家はどのようにすれば、国際的なシステムに加わることができるのだろうか。もし、ある国家が継続革命理論を文字通りに採り入れたら、その国は常に混乱に巻き込まれ、おそらくは戦争に巻き込まれるだろう。安定を貴ぶ国々は、その国に反対して団結するだろう。しかし、もしその国が、他国も加わることができる国際的秩序を形成しようとしたら、継続革命の信奉者たちとの衝突は避けられない。このジレンマは毛沢東の生涯を通じて付きまとい、最後まで解決できなかった。

毛沢東と国際関係
——空城計、中国的抑止、心理的優位性の追求

毛沢東は権力を握る直前に、国際問題に関する基本的態度を公表した。新たに招集された人民政治協商会議で毛沢東は「中国人民は立ち上がった」との言葉で、支配的な国際秩序に対する中国の態度をまとめて述べた。

われわれには、一つの共通する感覚がある。それは、われわれの仕事が人類の歴史に記されるということだ。人類の総数の四分の一を占める中国人が立ち上がったと記されるだろう。中国人は従来、偉大で勇敢かつ勤勉な民族だったが、近代になって初めて落伍した。この落伍は完全に、外国の帝国主義と国内の反動政府が圧迫し搾取した結果だった。……われわれの先人たちは、彼らの仕事を完成させるよう指示した。われわれは現在、そのようにしている。われわれは団結し、人民解放戦争と人民大革命で内外の圧迫者を打倒し、中華人民共和国の成立を宣言した。[7]

一九四九年の中国にとって、世界において屹立す

るという見通しは悲観的だった。国は発展途上だったし、自国のやりたいことを世界に対して認めさせるような軍事力もなかった。世界は中国に物資面で、なかんずく技術で、はるかに勝っていた。人民中国が国際舞台に登場した時、米国は主要な核大国だった(ソ連がちょうど最初の核兵器を爆発させた時だった)。国共内戦において、米国は蔣介石を支援し、第二次世界大戦で日本が敗北した後は、共産党軍の先手を打つため、国民党軍を中国北部の都市へ輸送した。毛沢東の勝利はワシントンでは狼狽とともに迎えられ、中国を「失う」羽目に至ったのは誰のせいかという論議を引き起こした。それは少なくとも北京にとっては、結果を逆戻りさせようという試みを暗示するものだった。その確信が強まったのは、一九五〇年、北朝鮮が南を侵略した際、トルーマン大統領が第七艦隊を台湾海峡に派遣し、大陸の新政府による台湾奪回の試みを未然に防いだためだった。

ソ連はイデオロギー的には同盟国であり、当初は米国との戦略的バランスをとるために、中国にとって必要な国だった。しかし中国の指導者たちは、極東の海に面した州を保有し、特別な影響力のある地域を満洲と新疆に確立するために、ロシアが一世紀にわたって中国に強要してきた一連の「不平等条約」を忘れていなかった。また、戦時中の一九四五年の合意で蔣介石から取り上げた中国北部における利権を、ロシアが有効だと依然、主張していることも忘れなかった。スターリンは、ソ連が共産圏を支配するのは当然だと考えていた。しかし、そうした立場は、強烈なナショナリズムを持ち、自らのイデオロギーの重要性を主張する毛沢東とは、結局は相容れないものだった。

中国はまたヒマラヤで、インドとの国境紛争にも巻き込まれていた。西部のアクサイチンとして知られる領地と、東部のいわゆるマクマホン・ラインに関する紛争だった。係争地域は小さな問題ではなかった。係争地域を全部合わせると約一二万五〇〇〇平方キロで、ほぼペンシルベニア州ほどの大きさ、あるいは毛沢東が後に自分の最高司令官に言ったように、福建省くらいの大きさがあった。[8]

毛沢東はこうした挑戦を二つのカテゴリーに分けた。国内的には、毛沢東は継続革命を宣言し、それを実施することができた。なぜなら、毛沢東はますます全権を掌握しつつあったからだ。海外では、世界革命がスローガンだった。それは、おそらくは長期的な目標だったが、中国の指導者たちは非常に現実的で、イデオロギー的方法による以外には、当時の国際秩序に挑戦する手段を欠いていることを認識していた。中国国内では、毛沢東は自らが克服しようと闘っている、中国人たちの身に染み付いた態度のほかには、自分の哲学的ビジョンを客観的に制限するものをほとんど感じなかった。外交政策の分野では、彼は明らかにより慎重だった。

一九四九年に共産党が権力を握った時、中華帝国の歴史的な版図から相当の地域が離脱していった。とりわけチベット、新疆の一部、モンゴルの一部、それにビルマの国境地域が重要だった。ソ連は戦略的位置にある旅順港の占領軍と艦隊を含め、中国北東部に影響力の及ぶ地域を維持していた。毛沢東は彼以前に王朝を創建した幾人かの人々と同様に、帝国が確立した歴史上の最大版図の中国国境を主張した。毛沢東は、歴史的に中国の一部と彼が考えていた台湾、チベット、新疆、モンゴル、ヒマラヤの国境地区、あるいは北方の国境地区といった領地に、国内政治の原則を適用した。彼は執念深かった。これらの地域に中国式統治を行うよう求め、おおむね成功した。毛は内戦が終わると直ちに、新疆、内モンゴル、そして最後はチベットといった分離独立地域の再占拠に乗り出した。こうした文脈の中で、台湾問題は共産主義イデオロギーへの試練ではなく、むしろ中国の歴史を尊重しろという問題となった。毛は軍事的手段は差し控えたものの、一九世紀の「不平等条約」で放棄した領土、例えば、一八六〇年および一八九五年の合意で失ったロシア極東の領土を奪還しようとした。

世界のその他の国々に対しては、毛沢東は、物理的な力の代わりに、イデオロギー闘争と心理的認識を用いる、独特のスタイルを導入した。それは、中国が世界の中心だとする見方に、世界革命で少々味を付け、野蛮人たちを巧みに操る中国的伝統を用いた外交を加味したもので成り立っていた。そこでは、詳細な計画と、相手側を心理的に支配することに、非常な注意が払われていた。

何十年にもわたる激動から回復するには、中国は主要諸国の機嫌をとるべきだという、西側の外交官から見れば常識的な発言を、毛沢東はしなかった。彼はどんな弱さを見せることも拒否し、調停には挑戦的態度をとり、中華人民共和国成立後は西側諸国と接触することを避けた。

中華人民共和国の初代外相、周恩来は、簡潔に表現した一連の言葉で、こうした人を寄せ付けない態度について総括している。新中国は既存の外交関係に単純にもぐり込むことはない。中国は「別個の調理場」を設ける。新政権との関係はケースごとに交渉されなければならない。新中国は「客を招く前に家をきれいに掃除する」――別の言葉で言うなら、西側の「帝国主義者」諸国と外交関係を結ぶ前に、なかなか消えない植民地の影響をきれいにする。中国は「世界の人々を団結させる」ために、自らの影響力を行使する――別の言葉で言えば、発展途上の世界における革命を促す。(9)

外交的伝統主義者だったら、こうした高飛車な挑戦的態度は、実現不可能として排除しただろう。しかし毛沢東は、イデオロギー的要因、とりわけ心理的要因がもたらす実際的な影響力を信じていた。彼は超大国の軍事力に無頓着を装うことで、超大国と心理的に同等になる、と唱えた。

中国の戦略的伝統を示す古典物語の一つに「三国志演義」に出てくる諸葛亮の「空城計」がある。物語はこうだ。ある司令官が、接近してくる軍隊が自分たちよりずっと優勢なことに気付く。抵抗すれば間違いなく全滅するし、降伏すれば将来的な支配力を失うため、司令官は空城と呼ばれる計略を選択した。都市の城門を開け放ち、自らはそこで休息している姿勢をとって琴を弾いた。司令官の後方にあるのは普段の生活で、パニックや不安の兆候はまったく見られなかった。侵攻軍の将軍はこうした平静さを、隠れた予備軍の存在を示すものだと解釈し、進軍をやめて引き上げた。

毛沢東が公言した核戦争の脅威に対する無頓着さは、どこかこの伝統に負うところがある。中華人民共和国はそもそもの初めから、二つの核保有国との三極関係をうまく扱わなければならなかった。どちらの核保有国も中国に単独で重大な脅威を与えることができ、一緒になれば中国を圧倒する立場にあった。毛沢東はこうした特異な情勢に、それが存在しないかのように装うことで対処した。彼は核の脅威に無感覚であるかのように振る舞った。公には、核攻撃による何億人もの犠牲者を喜んで受け入れるという姿勢を示し、共産主義イデオロギーのより速やかな勝利を保証するものとして、これを歓迎するとさえ述べた。毛沢東が核戦争に関する自らの発言を信じていたかどうかは、誰にも分からない。しかし彼は、世界の多くの人々が彼の言葉を字義通りに信じたことで、信頼性の究極的なテストに合格したのである(もちろん中国の場合、都市はまったくの「空」ではなかった。中国は最後には、ソ連や米国よりずっと小さな規模ではあったが、自ら核兵器を開発し保有した)。

毛沢東は、比較的弱い立場から長期的な目標を成し遂げるという、中国政治における昔からの伝統を活用することができた。中国の政治家たちは何世紀にもわたって、「野蛮人たち」を近寄らせないような関係に置き、外交的演出を通して、自分たちが優位にあるという政治的フィクションを慎重に維持してきた。人民共和国のスタート時点から、中国は自らの客観的な力量を上回る国際的な役割を演じてきた。自国が歴史的に受け継いできた遺産の定義付けを断固守りぬいた結果、中華人民共和国は非同盟運動の中で影響力のある勢力となった。非同盟運動とは両超大国の中間に自分たちを位置付けようとする、新たに独立した国々の集団の運動だった。中国は、国内では中国人としてのアイデンティティの再定義を行い、一方、外交的には二つの核保有国に挑戦することを、時には同時に、時には連続して行いながら、いい加減にあしらうことのできない大国として、自らを押し出した。

こうした外交政策の課題を追求する過程で、毛沢東はレーニンよりも孫子に負うところが大きかった。彼は中国古典の読書と、表向きは軽侮している中国の伝統から、ひらめきを得ていた。外交政策の戦略を立てる時、毛沢東はマルクス主義理論より、伝統的な中国の著作を参照しがちだった。儒教の書物、中国の歴代王朝の勃興と没落について記した正史「二十四史」、「孫子」、「三国志演義」、その他の戦争と戦略に関する書物、「水滸伝」のような冒険と反抗の物語、ロマンスと優雅な不義密通の小説「紅楼夢」。毛は「紅楼夢」を五回読んだと言っている[10]。圧迫者とか寄生虫とかと呼んで自分が非難した伝統的な儒者官僚を髣髴させるやり方で、毛沢東は詩や哲学的随筆を書き、型破りの書を大いに得意がった。こうした文学や芸術的な要素は、政治的な辛苦からの逃避ではなく、その不可欠な一部だった。一九五九年、故郷の村に三二年ぶりに戻った毛沢東は詩を書いたが、それはマルクス主義や唯物論の詩ではなく、ロマンチックな感情のこみ上げを謳った詩だった。「われわれの堅い決意を強めたのは、つらい犠牲だった。それはわれわれに勇気をくれた。天空を変え、太陽を変え、新たな世界をつくる勇気を[11]」。

こうした文学的伝統があまりに深く染み付いていたため、毛沢東の外交政策の転換点となった一九六九年、毛から彼が行使できる戦略的選択肢の概略を示すよう指示された四人の元帥たち〔陳毅、聶栄臻、徐向前、葉剣英を指す〕は、当時の大敵、米国と関係を持つことが必要だという助言を、「三国志演義」を引用して説明した。「三国志演義」は中国では発禁となっていたが、毛沢東が読んだことは間違いないと元帥たちは思っていた。さらにまた毛沢東は、中国の旧来の遺産に対する最も苛烈な攻撃を行っているさなかにあっても、外交政策のドクトリンを、高度に伝統的な中国知識人のゲームに似た観点から組み立てた。毛沢東は中印戦争の開始時における作戦を「暗渡陳倉」［ひそかに意外な行動をとるたとえ］と表現した。これは中国将棋に由来した古来の暗喩だった。[12]毛沢東は伝統的なギャンブル・ゲームのマージャンを、戦略的思考を教育する場と持ち上げた。彼は主治医に言った。「もし、マージャンの遊び方を知っていれば、君はおそらく、蓋然性の原則と確実性の原則の関係も理解するだろう[13]」。そして米国、ソ連との紛争の中で、毛沢東と彼の側近たちは、囲碁の観点から脅威を考えていた——それは戦略的包囲を防ぐということだった。

超大国が毛沢東の戦略的動機を理解するうえで最も難しかったのは、まさにこうした最も伝統的な側面だった。西側の戦略的分析のレンズを通すなら、冷戦の最初の三〇年に北京が軍事的にやったことの大半は、信じ難いものであり、少なくとも理論上ではあり得ないことだった。戦略的には二流の重要性しかないと見られていた地域——北朝鮮、台湾海峡の沖合の島々、ヒマラヤのほとんど人も住んでいない地域、ウスリー川の凍った切れ切れの領地——を舞台に、一般に見て、自国よりはるかに強い国々を相手に中国が起こした干渉と攻撃は、ほとんどすべての外国のオブザーバーから、また、それぞれの相手側から、驚きの目で受け止められた。毛沢東はどんな大国、あるいは大国の連合——イデオロギーとは無関係の——による包囲をも、防ごうと決意していた。毛沢東はそれを、中国を取り囲むたくさんの「碁石」を、彼らの計算を混乱させることによって、手に入れることだと考えていた。

これが、相対的に弱かった中国を朝鮮戦争に導いた要因であり、毛沢東死去の余波が残る中で、最近まで盟友だったベトナムとの戦争［一九七九年の中越戦争を指す］に中国を導いた要因でもあった。ベトナムとの戦争は、ハノイとモスクワの間で結ばれていた相互防衛条約を無視し、しかもソ連が中国の北の国境に一〇〇万の軍隊を維持している中で行われた。中国の周縁部の勢力状況が長期的にどうなるかという計算の方が、直近の勢力バランスの正確な演算より重要視された。この長期的な考えと心理学的な考えの結合はまた、軍事的脅威と感じられるものを抑止する毛沢東の対処法の中でも示された。

中国史から非常に多くを吸収したとはいえ、毛沢東ほど、権威と無慈悲さと全面的な支配という伝統的な要因を等しく併せ持っていた者は、これまでの中国の統治者にはいなかった。それは、挑戦に直面した時の残虐さであり、劇的で圧倒的な主導権の発揮という、毛沢東の好むことを状況が許さない場合の、巧みな外交であった。毛沢東の圧倒的で大胆な外交政策のイニシアチブは、その戦術は伝統的なものではあったが、中国社会が暴力的激動に揺れるただ中で示された。全世界は変容するだろう、そして事態は逆転するだろう、と毛沢東は約束した。

世界で最も自らの地位を変えたいと思っているのはプロレタリア階級である。次は半プロレタリア階級である。なぜなら、前者はまったく何も所有しておらず、後者はあっても多くはないからである。現在、米国は国連の多数票を操り、世界の多くの地域をコントロールしているが、そうした局面も一時的なものだ。貧困国で国際上の権利もないという中国の地位も変化する。貧困国は富裕国に変わり、権利のない状況は権利のある状況に変わる――相反する方向に転化するのである。[14]

とはいえ、毛沢東は非常な現実主義者であったため、現実的な目標として、世界革命を追求することはなかった。その結果、世界革命に及ぼす中国の具体的な影響は、主にイデオロギー上のものとなり、各地の共産主義政党に対する知的支援となった。国共内戦中に米国人ジャーナリストとして初めて中国共産党の本拠地、延安について書いたエドガー・スノーとの一九六五年のインタビューで、毛はこうした態度について説明した。「中国は革命運動を支持した。しかし、諸国を侵略することによって支持したのではない。もちろん、解放闘争がある時にはいつも、中国は声明を出し、それを支持するデモを呼び掛けた」[15]。

同様に、当時、毛沢東の後継者とされた林彪は一九六五年に発表した小論文「人民戦争勝利万歳！」で、人民解放軍が蔣介石を打ち破ったように、世界の農村（つまり、発展途上国）は世界の都市（つまり、先進諸国）を打ち破る、と論じていた。リンドン・ジョンソンの政府はこうした方針を、世界中の、とりわけインドシナの共産主義者による、政権転覆を支持する――そして、おそらくは公然と参加する――中国の青写真と見なした。林彪の小論文は、米国がベトナム派兵を決定する一つの要因となった。

しかし現代の研究では、林彪の文書は、ベトナムやその他の革命運動に対する軍事的支援の限界を、中国が表明したものと見なしている。というのは実際、林彪は「人民大衆自身が自らを解放する。これはマルクス・レーニン主義の一つの基本原理である。どの国の革命も人民戦争も、その国の人民大衆自身のことであり、主にその国の人民大衆自身の力に依拠して行うべきである。他に方法はないのである」[16]と言明していたからだ。

こうした自己抑制は、現実の勢力バランスに対する現実的な評価を反映していた。もし、勢力均衡が共産主義者に有利に傾いていたら、毛沢東がどういう決定をしたか、われわれは知ることができない。しかし、現実主義の反映としてであれ、哲学的な動機の反映としてであれ、革命的イデオロギーとは、歴代の皇帝たちが自らの役割と見なしていたものと同じように、戦争よりむしろパフォーマンスによって世界を変容させる手段だった。

北京の中央檔案館［公文書保存機関］にアクセスできる中国人学者のチームが、毛沢東の両面性についての非常に興味深い報告を書いている。それは、世界革命に打ち込み、可能な所ならどこでも世界革命を後押しする用意がある一方で、中国は生き残るために必要なものを守る、という両面性だった[17]。こうした両面性は、毛沢東が米国との関係樹立を考慮していた一九六九年に、オーストラリア共産党議長E・F・ヒルと行った会話に表れている。中国は米国とは二〇年にわたって、敵対関係に置かれていた。毛沢東は対談相手に質問した。われわれは戦争を防ぐような革命に向かっているのだろうか。それとも、革命を生むような戦争に向かっているのか[18]。もし前者だったら、米国との国交樹立は先見の明がないということになる。もし後者なら、中国への攻撃を防ぐために、国交樹立はぜひとも必要になる。結局、少々、躊躇した後、毛沢東は米国との国交樹立を選択した。戦争(この時点では、ソ連による中国攻撃の可能性が大きかった)の防止が、世界革命を後押しすることよりも重要だったのである。

継続革命と中国人民

毛沢東が米国に門戸を開いたことは、イデオロギー上の、同時に戦略上の、重要な決定だった。しかし、このことは国内における継続革命の考えについての公約を変えるものではなかった。ニクソン大統領が訪中した一九七二年においてでさえ、毛沢東は六年前に始まった文化大革命の初期に妻の江青に送った書簡を、全国にばらまくということをやった。

> 状況は七、八年に一回、大いなる激動から、大いなる平和へと変化する。妖怪や怪物が自ら飛び出し……われわれの現在の仕事は、全党から、そして全国から右派分子を一掃することである。七、八年後に、妖怪や怪物を一掃する、さらなる運動を開始しよう。そして、さらに後にも、こうした運動をもっとたくさん始めよう[19]。

こうしたイデオロギー的な結束の呼び掛けはまた、毛沢東のジレンマを典型的に示していた。それは勝利した革命に付き物のジレンマだった。革命家たちはいったん権力を握った後、もし麻痺や混乱を避けたいのなら、上から下へ階層的に統治せざるを得なくなる。前政権の打倒が完璧であればあるほど、社会を機能させるためのコンセンサスの代替物として、階層的な統治がますます必要になる。この階層的統治を念には念を入れて作るほど、それはますます、打倒された抑圧的な支配階級の、より精巧な別バージョンになってしまいがちなのである。

このようにして毛沢東は最初から、それを続ければ論理的に、共産主義自身の制度——毛沢東自身が作り出した制度をも含めて——を攻撃せざるを得なくなるという課題の追求に取り組んだのだった。共産主義になれば社会の「矛盾」が解決されるとレーニン主義は力説したが、毛沢東の哲学では、休息場所はなかった。ソ連がやったような国家の工業化だけでは不十分だった。歴史的な中国のユニークさを追い求める中で、社会の秩序は「修正主義」の罪を防ぐために、絶え間なく変化する必要があった。毛沢東はスターリン後のソ連に対し、修正主義だという非難をますます強めていた。毛沢東によれば、共産主義国家は官僚主義的社会に変わってはならなかった。共産主義国家を動かす力は、階層構造より、むしろイデオロギーでなければならなかった。

こうして毛沢東は、一連の内在された矛盾を作り出していった。大同を追求する中で、毛沢東は一九五六年、百花斉放運動を打ち出した。この運動では、大衆討議が奨励され、その後、それを実行した知識人が攻撃された。一九五八年の大躍進は、三年間で工業面で西側に追い付くように策定されていたが、それは近代史で最も広範な飢饉の一つにつながり、共産党の分裂を生じさせた。一九六六年の文化大革命では、経験豊かな指導者、教授、外交官、専門家たちが農場で働き、大衆から学ぶために、田舎に送られた。

毛主席が平等主義の美徳を追求する中で、何百万人もの人が死んだ。毛沢東はまた、中国にまん延する官僚主義に抵抗する中で、ジレンマに直面し続けた。それは、人々を官僚主義から救うという運動が、さらに大きな官僚主義を生み出すというジレンマだった。そして最後には、自分の信奉者たちを滅ぼすことが、毛沢東の大きな仕事となった。

毛沢東が自らの継続革命が最終的には成功すると信じていたのには、三つの根拠があった。それはイデオロギー、伝統、中国のナショナリズムだった。最も重要な一つを挙げるなら、それは毛沢東が中国人の復元力、能力、団結力を信じていたことだ。実際、毛沢東が中国社会に課したような、容赦のない混乱に耐えうる他の国民を思い浮かべるのは難しい。あるいは、たとえ外国の侵略であらゆる都市から退却しても、また核戦争で何千万人という犠牲者が出ようとも、中国人民は勝利する——という、毛沢東がしばしば繰り返した威嚇を、中国以外のどこの国の指導者が、国民に信じさせることができただろうか。毛沢東がそれをできたのは、あらゆる栄枯盛衰の中でも、その本質は堅持するという中国人の能力を深く信じていたからだった。

これが一世代前のロシア革命との根本的な相違だった。レーニンとトロツキーは自分たちの革命を、世界革命の引き金になる出来事と見なしていた。世界革命が切迫していると確信して、彼らは一九一八年のブレスト・リトフスク条約で、欧州におけるロシア領土の三分の一をドイツに割譲することに同意した。ロシアに何が起きようと、それは欧州の残りの地域で今にも起きる革命に呑み込まれ、既存の政治秩序は一掃されてしまうと、レーニンとトロツキーは考えていた。

そうしたアプローチは毛沢東には考えられないことだった。毛沢東の革命はほとんど中国が中心だった。中国革命は世界革命に影響を与えるかもしれないが、もし与えるとしても、それは中国人民の努力、犠牲、模範的行動を通してであった。毛沢東にとっては、中国人の偉大さが、運動を組織する時の変わらない原則だった。一九一九年に書かれた初期のエッセーで、毛沢東は中国人のユニークな資質を強調した。

私は思い切って、一つ断言をする。いつの日か、中国人は他のどの国民よりも深く改変されるだろう。中国人の社会は、他のどの国民よりも燦然としたものになるだろう。中国人の大団結はどこの場所よりも、どこの人々よりも早く達成されるだろう。[20]

二〇年後、毛沢東は日本の侵略と国共内戦の中で、中国王朝時代の統治者たちと似たようなやり方で、中国の歴史的な業績を称賛した。

中華民族の文明開化史の中で、発達していると言われてきたのは農業と手工業だった。多くの偉大な思想家、科学者、発明家、政治家、軍事家、文学者、芸術家がいた。文化典籍も豊富にあった。中国では非常に早い時期に羅針盤が発明されていた。一八〇〇年も前に紙の製造法も発明された。一三〇〇年前には刻版印刷が発明され、八〇〇年前には活字印刷が発明された。火薬の応用も欧州人より早かった。つまり中国は、世界で最も文明が早く発達した国の一つなのである。中国には四〇〇〇年近い文字で記録された歴史がある。[21]

毛沢東は、中国自体と同じくらいに古いジレンマに、円を描くように戻り続けた。本質的に普遍的なものである近代技術は、独自性を主張するどんな社会に対しても、脅威となる。そして中国社会は常に、本能的に独自性を主張してきた。こうした独自性を保つために、中国は一九世紀に、植民地化の危険を冒し、屈辱を受けながらも、西欧を模倣することを拒否した。一世紀後、毛沢東の文化大革命の目的の一つは――文革という名称は、実はその目的に由来するのだが――中国を普遍的な文化に組み込もうとする近代化要因をきっぱりと根絶することだった。

一九六八年までに、毛沢東は円を一周して元の位置に戻った。イデオロギー的情熱と死の予感の合わさった感情に突き動かされ、毛沢東は軍と共産党を浄化するために若者たちに頼り、イデオロギー的に純粋な新世代の共産主義者たちを公職に就けた。しかし現実が、年老いた指導者、毛沢東を失望させた。イデオロギー的高揚で国家を運営することは不可能なことが分かった。毛沢東の指示に従った若者たちは、責務を果たすよりも混乱を作り出し、今度は自分たちが遠く離れた田舎に送られた。当初、浄化の対象とされた指導者の中には、秩序再建の——特に軍隊の——ために呼び戻された者もいた。一九五六年時点では、党中央委員会メンバーの一九%が軍出身者だったが、一九六九年四月までには、半数近くの四五%に増えた。新たなメンバーの平均年齢は六〇歳だった[22]。

毛沢東は一九七二年二月のニクソンとの最初の会談の時、このジレンマを苦々しく回想した。ニクソンは、古い文明を一変させたと、毛沢東を褒めた。これに対し毛沢東は「私は変えることができなかった。私は北京の近くのほんの数カ所で変えることができただけだ[23]」と答えた。

中国社会を根底から覆すという生涯をかけた大闘争の後、毛沢東は中国文化と中国人は変わらないという苦い認識に至ったが、そこにはほとんど悲哀はなかった。従順であると同時に依存はしない、言いなりになると同時に独立独歩である、家族の将来と相容れないと自分が考える命令を実行するに当たっては、直接の抗議によってではなく、その実行を躊躇することで、制限を加えようとする——こうした矛盾した大衆と、中国史上、最も力のあった統治者の一人は衝突したのだった。

それゆえ晩年には毛沢東は、自分の進めたマルクス主義革命の物質的側面を、自分が信じているほどには、アピールしなかった。毛沢東が中国の古典伝説から引用したお気に入りは、山を素手で動かすことができると考えた「愚公」の物語だった。毛沢東は共産党の会議で次のように物語を語った。

中国古代に「愚公山を移す」という寓話があった。それによると、昔、中国北部に一人の老人が住んでいた。北山の愚公と呼ばれていた。彼の家の門の南には二つの大きな山があった。一つは太行山、もう一つは王屋山という名前で、家からの出口をふさいでいた。愚公は息子たちを動員して、鋤でこの二つの山を掘ろうと決心した。知叟という名の老人がこれを見て、「こんなことをするなんて、あなた方はなんと馬鹿なんだ。こんな大きな二つの山をあなた方親子で掘ろうなんて、絶対に不可能だ」と冷笑しながら言った。愚公は答えた。「わたしが死んだら息子が続ける。息子が死んだら孫がいる。子々孫々尽きることはない。二つの山がどんなに高くても、山が高くなることはない。掘るたびに、山は低くなる。どうして掘って平らにできないことがあろうか」。愚公は知叟の誤った思想を批判し、少しも信念を揺るがすことなく、毎日山を掘り続けた。このことは上帝を感動させ、上帝は二人の仙人を下に派遣した。仙人は二つの山を背負って運び去った。今日、二つの大きな山が中国人民の上に重くのしかかっている。一つは帝国主義であり、もう一つは封建主義である。中国共産党は早くからこの二つの山を掘って取り除く決心をした。われわれは断固やり抜き、絶えることなく仕事を続けなければならない。われわれも上帝を感動させることができるだろう。(24)

中国人を信じるとともに、その伝統は拒否するという、相反した思いが組み合わさっていたために、毛沢東は驚くべき偉業を行うことができた。国を引き裂いた内戦から抜け出したばかりの貧しい社会が、短い間隔で自らを引っ掻き回し、しかもその間、米国やインドと戦った。ソ連にも楯ついた。そして中国の国境線をほぼ歴史的な最大版図にまで回復させたのである。

二つの核大国が存在する世界に登場した中国は、共産主義プロパガンダを執拗に繰り返しながらも、本質的には冷戦期における地政学的な「自由契約選手」として振る舞った。比較的脆弱だったにもかかわらず、中国は完全に自主的で非常に影響力のある役割を演じた。中国は米国に対しては敵対から同盟に近い関係に動き、ソ連に対してはその逆で、同盟から敵対へと動いた。おそらく最も顕著なことは、中国が最終的にソ連から離反し、冷戦の「勝者」の側に立ったことだった。

だが、さまざまな事柄を達成したにもかかわらず、古いシステムをひっくり返すという毛沢東の主張をもってしても、中国は中国的生活という永遠のリズムから抜け出すことはできなかった。毛沢東の死去から四〇年後、凶暴でドラマティックで焼け付くような旅程の後に、毛沢東の後継者たちは再び、今やますます豊かになる社会を儒教社会と形容した。二〇一一年、毛沢東記念堂の見える天安門広場に孔子像が設置された［数カ月後に、広場からは見えない場所に移された］。毛沢東は孔子と同じくらい称賛されているただ一人の人物である。中国人のように復元力があり、忍耐強い国民だけが、ジェットコースターのような歴史の激動から、団結して、ダイナミックに再生することができたのであった。

1938年，部隊で演説する毛沢東(ゲッティ・イメージズ)

第5章　三極外交と朝鮮戦争

一九四九年一二月一六日、毛沢東は外交政策の最初の主要な行動として、モスクワに旅立った。中華人民共和国の成立を宣言してから、わずか二ヵ月後のことで、彼が中国の外へ旅するのはこれが初めてだった。彼の目的は共産主義大国のソビエト連邦と同盟を形成することだった。そうなる代わりに、ソ連側との会談は、待ち望まれた同盟ではなく、米国、中国、ソ連が互いにうまく立ち回る三極外交を生み出す結果に終わる、一連の動きの始まりとなった。

到着の日に行われたスターリンとの最初の会談で、毛沢東は「経済を戦争前のレベルに回復させ、国を全般的に安定させるために三─五年の平和な期間[1]」を中国が必要としていると強調した。だが、毛沢東の訪ソから一年も経たないうちに、米国と中国は互いに戦うことになるのだった。

それはすべて、一見したところではマイナーな役者だった金日成──ソ連が就任させた北朝鮮の野心的な統治者──のたくらみによるものだった。北朝鮮はわずか二年前に、日本との戦いが終了した時点で、米国とソ連がそれぞれ占領していた解放朝鮮の勢力範囲に基づいて、米ソの合意によってつくられた国だった。

たまたま、スターリンは中国の復興を支援することには、ほとんど関心がなかった。彼はヨシップ・ブロズ・チトーの離反を忘れていなかった。ユーゴスラビアの指導者チトーは、欧州の共産主義指導者の中で唯一、ソ連の占領の結果ではなく、自らの努力で権力を握った指導者だった。チトーはその前年にソ連と袂を分かっていた。スターリンはアジアでは同様の結果は避けようと決心していた。彼は中国で共産主義が勝利したことの地政学的な重要性を理解していた。彼の戦略的な目標は、その結果を巧みに操り、そのインパクトから利益を得ることだった。

スターリンは、自分が相手にしている毛沢東という人物の手ごわさをよく分かっていた。中国共産党はソ連の期待に反して、またソ連の忠告を無視することによって、国共内戦に勝利していた。中国は国際問題ではモスクワ「一辺倒」で行くつもりだと、毛沢東は宣言していたが、すべての共産主義指導者の中で、毛沢東は自分の地位に関して最もモスクワの恩義を受けていない一人だった。そして毛沢東は今や、世界で最も人口の多い共産主義国家を統治していた。それゆえ、二人の共産主義の巨人の出会いは複雑でゆったりしたメヌエットの踊りのように終わり、六カ月後には中国と米国を直接巻き込み、ソ連をも代理として巻き込む朝鮮戦争に発展した。

毛沢東は、中国を「失った」のは誰のせいか、という米国での激しい論争は、中国大陸での共産党の勝利という結果を最終的には逆転させようとする米国の試みの前兆であると確信していた。共産主義的イデオロギーが毛沢東にそうした見方をとらせたのだが、このため毛沢東は、何が起きようと、ソ連から可能な限り最大級の物質的、軍事的支援を取り付けようとした。正式の同盟が毛沢東の目的だった。

しかし、二人の共産主義の独裁者は、簡単に協力するという運命にはなかった。スターリンはその時までに、三〇年近く権力の座にあった。彼は国内のあらゆる反対勢力に打ち勝ち、恐ろしいほどの人命の犠牲を払いながら、ナチ侵略者との戦いで祖国を勝利に導いたのだった。何百万人もの犠牲者を出す粛清を周期的に組織し、その当時も、新たな一連の粛清を始めつつあったスターリンは、今やイデオロギーを超越していた。彼の指導はイデオロギーに代わって、ロシア国民史に対する彼なりの残忍な解釈に基づく、無情で冷酷なマキャベリズムが特徴となっていた。

中国が一九三〇—四〇年代に日本と長期にわたる戦いを繰り広げている間、スターリンは共産主義勢力の潜在力を軽視し、農村や農民に基盤を置いた毛沢東の戦略を見くびっていた。

モスクワはその間ずっと、中国の国民党政府と公式関係を維持していた。一九四五年に日本との戦いが終わった時、スターリンは蔣介石に、満洲と新疆におけるソ連の特権を認めさせた。それは帝政ロシアが得ていたのと同程度のものだった。彼はまた、外モンゴルがソ連の支配下にある、名目だけ独立した人民共和国であることも認めさせた。スターリンは新疆における分離主義勢力を活発に支援した。

同じ年、スターリンはヤルタで、盟友のフランクリン・D・ルーズベルト、ウィンストン・チャーチルに対し、対日戦争に加わる条件として、旅順(旧ポート・アーサー)の海軍基地と大連港を含む満洲におけるソ連の特別権益を国際的に承認するよう求めた。一九四五年八月、モスクワと中国国民党当局はヤルタ合意を確認する条約に調印した。

こうした状況の下で、モスクワにおける二人の共産主義の大立者の会談が、共通のイデオロギーを持つ者同士にふさわしい、温かな抱擁になるはずがなかった。当時、スターリンの政治局メンバーだったニキタ・フルシチョフはこう回想した。

スターリンは尊重する客人に対しては歓待ぶりを見せびらかすのが好きだったし、どうやればうまくそれを見せびらかせるかも知っていた。しかし毛沢東の滞在中、スターリンは時には何日間も毛沢東と顔を合わせなかった——そして、スターリンが毛沢東に会いもせず、また誰かに毛沢東を接待するよう命じることもなかったので、あえて毛沢東に会いに行く人は誰もいなかった。……毛沢東は、もしこうした状況が続くのなら帰るつもりだと知らせた。スターリンは毛沢東の不満を聞き、毛沢東と二度目の夕食をとったのだと思う。(2)

スターリンが当初から、中国で共産主義が勝利したことは、対日参戦の代価として自分がソ連のために得たものを放棄する理由にはならない、と考えていたことは明白だった。毛沢東は自分が平和を必要としていることを強調することで会談を始めた。彼はスターリンに対して「中国における最も重要な課題についての決定を下すには、将来が平和になるかどうかを知らなければならない。こうした考えから、中国共産党中央委員会は私に対して、貴殿からそれを確かめるように委任したのである。スターリン同志、国際的な平和はどのようにして、またどのくらい長く、続くのだろうか[3]」と尋ねた。

スターリンは平和が続くという見通しを再確認した。おそらくそれは、どんな緊急支援の要請についてもペースを落とさせ、急いで同盟関係に突き進む必要性を最小限にするためだった。

われわれは過去四年間、平和ではあるが、平和の問題についてはソ連も同様に、大いに関心を持っている。中国に関して言えば、現時点では差し迫った脅威はない。日本はまだ自ら立ち上がることもできず、戦争する用意などない。米国は戦争を叫んではいるが、実際は何よりも戦争を恐れている。欧州は戦争を恐れている。要するに、中国と戦おうという国はないのだ。金日成が中国侵略を決意しない限り、ないのだ。平和はわれわれの努力にかかっている。もしわれわれが友好的であり続ければ、平和は五―一〇年はおろか、二〇―二五年、さらにはもっと長く続くことが可能なのだ[4]。

もしそうなら、軍事同盟など本当に不必要だった。毛沢東がその問題を公式に提起した時、スターリンは露骨にそれから距離を取ろうとした。新たな同盟条約は不必要であり、蔣介石との間でまったく異なる状況下で結ばれた現在の条約で十分であると、スターリンは驚くべき主張をしたのだった。スターリンはその論議を補強するため、こう主張した。ソ連の立場は「米国や英国にヤルタ合意の修正について、問題提起する法的根拠を与える」ことを避けるためのものである[5]。

中国の共産主義は、毛沢東が崩壊させた政府とソ連とが結んだ合意によって、最も保護されているのだと、スターリンは実質的に、主張した。スターリンはこの理屈を非常に気に入っていて、これをソ連が新疆、満洲に関して蔣介石から引き出した譲歩にも適用した。そしてスターリンの見方では、この譲歩は毛沢東の要請によって継承されるべきものだった。強烈なナショナリストである毛沢東は、スターリンの要請の内容を再定義することで、こうした考えを拒否した。毛沢東はこう主張した。満洲鉄道沿線に関する現在の取り決めは、それが「鉄道および工業部門での中国人幹部の養成の場」を提供する限りにおいて、「中国の利益」に合致する[6]。中国側要員は訓練が終わり次第、業務を引き継がなければならない。ソ連の顧問団はこの訓練が完了するまで留まることができる。

友好親善とイデオロギー的な連帯を誓い合いながら、二人の大物マキャベリストは、最終的にどちらが優位に立つかをめぐって(そして中国周縁部の相当な広さの地域をめぐって)術策を巡らせた。スターリンの方が年上であり、しばらくの間は、より勢力があった。毛沢東は地政学的な意味で、より自信満々だった。二人とも優れた戦略家であり、それゆえ、両者が描く公式の海図通りのコースを進めば、両者の利益はやがてはほぼ確実に衝突する運命にあることを理解していた。

一カ月の論争の後、スターリンは譲歩し同盟条約に合意した。しかしながらスターリンは、日本との平和条約が締結されるまでは、大連と旅順をソ連の基地として残すことでは譲らなかった。モスクワと北京はついに一九五〇年二月一四日、友好同盟相互援助条約を締結した。条約は毛沢東が求め、スターリンが避けようとした事柄を定めていた。すなわち、第三国と戦争になった場合、相互に援助することを義務付けていた。論理的に言えば、条約は中国に対し、世界中でソ連の支援に駆けつけることを義務付けていた。実践面で言えば、条約は毛沢東に、中国国境周辺で不気味に現れつつあるさまざまな危機がエスカレートした場合の、セイフティ・ネットを与えていた。

中国が支払わねばならぬ対価は法外だった。満洲と新疆における鉱山、鉄道、その他の利権、外モンゴルの独立承認、ソ連による大連港の使用、一九五二年までの旅順海軍基地の使用。数年後、毛沢東はフルシチョフに対し、スターリンがこうした利権という手段で中国に「半植民地」をつくろうとしたと、まだ文句を言っていた。(7)

スターリンにとっては、潜在的な力を秘めた隣国が東方に出現したことは、地政学的な悪夢だった。二〇〇〇マイルに及ぶ国境を共有する中国とソ連は、人口統計が異常なほどの不釣り合いを示していたが、それを無視できるソ連の指導者はいなかった。五億人以上という中国の人口が、シベリア全体で人口四〇〇〇万人未満というソ連に隣接していた。中国がどこまで発展したら、この人口差が問題になってくるのだろうか。うわべ上、イデオロギーが一致していることは、懸念を小さくさせるより、増幅させていた。スターリンはあまりにもシニカルだった。そのため、力のある人物が、自らの努力だと自分が考えているもので名声を勝ち取った場合、両者の差がほとんどないとしても、自分たちの正統性の方が上位だという同盟国の主張に抵抗する、などということはあり得ないと考えていた。もしスターリンが毛沢東という人物を見極めていたら、教義上の優位性では毛沢東は決して譲歩しないことを知ったに違いない。

アチソンと中国式チトー主義の誘惑

毛沢東のモスクワ滞在中に起きたあるエピソードは、共産主義世界の内部における不安な関係の兆候であり、同時に、出現しつつある三カ国関係の中で、米国の役割が潜在力を秘めながら巨大な姿を見せてきたことの兆候だった。それが起きたのはディーン・アチソン米国務長官が、国内で一斉に起きた、中国を「失った」のは誰のせいか、という批判に答えようとしている時だった。彼の指示で国務省は一九四九年八月、中国での国民党の崩壊に関する白書を発表した。米国は中国全体の合法政権として依然、国民党政権を承認していたが、白書では国民党を「腐敗し反動的で非効率」[8]と表現していた。

それゆえアチソンは次のような結論を出し、白書の送付状でトルーマン大統領にアドバイスした。

中国における内戦の不吉な結果が、米国政府のコントロールを超えたものだったことは、残念ながら否定できない事実です。米国が成したこと、あるいは自らの能力の妥当な範囲内で成し得ていたであろうことによって、そうした結果を変えられたというのでは、まったくありません。……それは内なる中国の力が生み出したものでした。それは米国が影響を与えようとして、与えることのできなかった力でした。[9]

一九五〇年一月一二日、ナショナル・プレス・クラブでのスピーチで、アチソンは白書の内容を補強し、全般的な新アジア政策を打ち出した。彼の演説には根本的に重要な三点が含まれていた。第一は、ワシントンは中国内戦から手を引くということだった。国民党は政治的な力不足と、「どこの軍司令官も経験したことのないひどすぎる無能さ」を露呈してしまった、とアチソンは宣言した。共産党は「この条件を作り出したのではない」が、国民党が提供した好機を巧みに利用したと、アチソンは結論付けた。蔣介石は今や「自分の軍隊の残党を連れ、中国の沖合の小さな島にいる亡命者」[10]にすぎなかった。

大陸を共産主義者の支配に譲った後では、台湾がどれほど地政学的なインパクトを持っていようとも、共産主義者による台湾占領の試みに抵抗することは、まったく意味がなかった。これが実際、国家安全保障会議スタッフがまとめ、大統領が承認した国家政策として文書NSC-48/2に示された判断だった。一九四九年一二月三〇日に採択されたこの文書は「台湾が戦略的にいかに重要だからといって、それは軍事行動を正当化するものではない」と結論付けた。トルーマンは一九五〇年一月五日の記者会見で同様の指摘をした。「米国政府は台湾の中国部隊に軍事援助もアドバイスも与えない[11]」。より重要な意味を持つ第二点は、長期的に見て誰が中国の独立を脅かすのかについて、アチソンがまったく疑念を抱いていなかったという点だった。

この共産主義的概念と手法は、ソ連帝国主義に、浸透という新たな、そして非常に狡猾な武器を与えた。こうした新たな力で武装した結果、中国で起きたのは、ソ連が中国北部の省を中国から引き離し、それをソ連に帰属させたことだった。このプロセスは外モンゴルでは完了した。満洲でもほぼ完了した。内モンゴルと新疆でも、ソ連のスパイからモスクワへ吉報が行ったことは間違いない。こうしたことが今、行われているのだ[12]。

アチソン演説の最後の新たなポイントは、将来への影響という意味合いで、より深遠なものだった。というのは、それは中国に対して、明らかにチトー主義的選択を促しているものだったからだ。中国との関係は国益をベースにすると提案しながら、アチソンは中国の国内イデオロギーとは関係なく、中国が統一を保つことは米国の国益であると主張した。

「われわれは自分たちが常に取ってきた立場を取らねばならない。中国の統一を損なう者は誰であれ、中国の敵であり、それはわれわれ自身の利益にも反した行動である[13]」。

アチソンはイデオロギーではなく、国家利益に基づく新たな米中関係の展望を提示した。

今日、東西間の古い関係は過ぎ去った。古い関係は、最悪の場合は搾取関係であり、最善の場合でも家父長主義的関係だったが、そうした関係は終わった。極東における東西関係は今や、相互尊敬と相互扶助の関係でなければならない[14]。

その後、二〇年間、リチャード・ニクソンが自分の閣僚に対して同様の提案をするまで、共産中国に対するそうした見方を米政府高官が再び提示することはなかった。

アチソン演説はスターリンの泣きどころにもろに触れるよう、素晴らしく巧妙に作り上げられていた。そして実際、スターリンは演説に惑わされ、それに対して何らかの行動を取ろうとした。彼は外務大臣のアンドレイ・ヴィシンスキー、大物閣僚のヴァチェスラフ・モロトフを毛沢東のところに派遣した。毛沢東に対し、アチソンが広めた「中傷」に惑わされないよう警告し、実際に、スターリンを安心させるよう求めるためだった。毛沢東は同盟交渉のために、まだモスクワにいた。それは、スターリンの普段の洞察力とはそぐわない、やや狂気じみた行動だった。というのは、安心させてくれるよう求めること自体が、相手を信頼できないという潜在的可能性を明らかに示していたからだ。もし相手側にこちらを見捨てる可能性があると考えていたら、安心させてもらっても、どうしてそれを信じられるだろうか。もし、相手側にこちらを見捨てる可能性がないと考えているのなら、安心させてもらう必要がどこにあるのだろうか。さらに毛沢東もスターリンも、アチソンの「中傷」が現在のソ連と中国の関係を正確に描いていることを知っていた。[15]

ヴィシンスキーとモロトフは毛沢東に対して、ソ連は中国の一部を切り離そうとしている、あるいはそこにおける支配的な立場を求めている可能性があるというアチソンの言いがかりに反駁するよう求め、さらに、それは中国に対する侮辱であると述べるよう毛沢東に勧めた。毛沢東はスターリンの使者に対しコメントはせず、アチソン演説のコピーを求め、アチソンの動機として考えられるものは何かと尋ねただけだった。数日後、毛沢東はアチソンを皮肉たっぷりに攻撃した声明を承認した。しかし、ソ連外相名で出されたモスクワの反応とは対照的に、北京は人民共和国の報道局トップにアチソン提案に反駁させた。[16] 声明文はワシントンの「中傷」を非難したが、そのプロトコルのレベルが相対的に低かったため、中国の選択肢は残されたままだった。毛沢東はモスクワにいる間は、自らの見解のすべては明かさないことを選び、それにより依然、孤立している自国のためのセイフティ・ネットを作ろうとした。

毛沢東はこの後、一九五六年一二月になって、モスクワと手を切る可能性について本音を明かした。それは、より抑制された形ではあるが、再びソ連との絶縁という選択肢を拒否するという、毛沢東特有の複雑な表現を取っていた。

中国とソ連は団結している。この政策を疑問視する人々も依然存在する。……彼らは、中国が中道のコースを歩み、米ソの懸け橋となるべきだと考えている。……もし中国が米ソの間に立ったら、中国は有利な立場に立ち、自立しているように見える。しかし実際には、中国は自立的にはなれない。米国は頼りにならない。米国は何か少しはくれるだろうが、多くはくれない。帝国主義がどうしてたっぷりの食事をくれることがあり得ようか。あり得ないのだ。[17]

しかし、もし米国に毛沢東の言う「たっぷりの食事」を提供する用意があったらどうだろう。その質問に対する回答は、ニクソン大統領が中国との交渉を開始する一九七二年まで、なかった。

金日成と戦争の勃発

事態は数年間、おそらくはもっと長い期間、二人の病的に疑り深い絶対的指導者が、自分の動機を相手方のせいにすることによって、互いに相手を測り合いながら、一種のシャドーボクシングのように進んで行く可能性もあった。ところが、そうなる代わりに、スターリンが一九四九年一二月の毛沢東との最初の会談で茶化した北朝鮮の指導者、金日成が、驚くような結果を生むことになる地政学的な争いを引き起こしたのだった。モスクワでの会談でスターリンは、もし「金日成が中国侵略を決意しない限り[18]」という言い方で、平和への唯一の脅威は北朝鮮から来ると、ふざけた示唆をして、中国との軍事同盟の要請をかわしたのだった。

金日成は中国侵略などは決意しなかった。その代わり金日成は、韓国への侵略を選択した。そして戦争の過程で、大国を世界戦争の淵に立たせ、中国と米国を実際の軍事的対立に導いたのだった。

北朝鮮が南に侵略する前には、国共内戦からようやく脱したばかりの中国が、核武装した米国と戦争をするとは想像もできなかった。戦争が勃発したのは、二人の共産主義の巨人が互いに抱いていた猜疑心と、その二人の猜疑心を巧みに操る金日成——彼は比較にならないほど強い同盟国に全面的に頼ってはいたが——の能力によるものだった。

朝鮮は一九一〇年に帝国日本に併合され、すぐに日本による中国侵攻のための出撃拠点となった。一九四五年の日本の敗北後、朝鮮は北部をソ連軍、南部を米軍に占領された。南北の境界線、三八度線はたまたま引かれたものだった。それは単に戦争終結時点で米ソ両軍が到達した境界を反映していた[19]。

一九四九年に占領軍が引き揚げ、それまでの占領地域が完全な主権国家となった時、南北どちらも、境界線の内側に閉じ込められていることに居心地の悪さを感じていた。北の金日成、南の李承晩という南北の支配者は、生涯を国家の大義のために戦って過ごしてきた。二人とも、今になってそれをあきらめる理由はなく、自分の指導権は国家全体に及ぶと主張した。境界線に沿って軍事衝突が頻繁に起きた。

一九四九年六月に韓国から米軍が引き揚げたのを皮切りに、金日成は一九四九年から一九五〇年にかけて、スターリンと毛沢東の双方に対して、南への全面侵攻に同意するよう説得を重ねた。最初は二人ともその提案を拒否した。毛沢東のモスクワ訪問中に、スターリンはそうした侵攻について毛沢東の意見を尋ねた。毛沢東は目的には賛同しながらも、米国が介入する危険性が高すぎると判断し[20]、台湾占領によって国共内戦が終わるまでは、韓国を占領するどんな計画も延期すべきだと考えた。

金日成の計画を後押ししたものの一つは、まさに中国のこうした考え方だった。米国の声明がどんなに曖昧でも、米国は共産主義者による軍事的な征服を二つは受け入れないだろうと金日成は確信した。それゆえ金日成は、中国が台湾占領に成功して、そのことで米国が硬化する前に、韓国での目的をどうしても達成したくなった。

数カ月後の一九五〇年四月、スターリンはそれまでの立場を翻した。金日成の要請を承認した。金日成のモスクワ訪問中に、スターリンは金日成の要請を承認した。スターリンは、米国は干渉しないという自分の確信を強調した。ソ連のある外交文書はこう述べている。

スターリン同志は金日成に対して、国際環境が大きく変わり、朝鮮統一に関してより積極的な立場を許容するようになったと確認した。……今や、中国はソ連と同盟条約を結んだ。米国はアジアにおいて、共産主義者に挑戦することをいっそう躊躇するようになるだろう。米国から来た情報によると、実際にその通りだという。介入しないというムードが優勢だ。そうしたムードは、モスクワが今や原子爆弾を保有し、平壌におけるわれわれの立場が堅固になったという事実によって、強まっている(21)。

その後、この問題に関する中ソ間の直接対話は記録されていない。金日成と彼の特使たちを通して、二人の共産主義の巨人は朝鮮に関して相互に意思を伝え合った。スターリンと毛沢東はどちらも、朝鮮で支配的な影響力を確保するために、あるいは最低限、相手方が支配的影響力を確保しないようにするため、巧みに画策した。こうしたプロセスの中で、毛沢東は人民解放軍に配属されていた最大五万人の朝鮮族部隊が、武装したまま北朝鮮に移動することに同意した。毛沢東の動機は、決定的な中国軍の軍事的関与は制限しながら、金日成の計画を促進することにあったのだろうか。あるいはイデオロギー的な支持を示すことにあったのだろうか。毛沢東の究極の意図がどうであれ、実際に起きた結果は、平壌の軍事的立場が非常に強化されたことだった。

朝鮮戦争に関する米国国内での論議の中で、一九五〇年一月のディーン・アチソンのアジア政策に関する演説は、広範な批判にさらされた。朝鮮を太平洋における米国の「防衛線」の外に置いた結果、北朝鮮の侵略に「青信号」を与えたと言うのだった。太平洋における米軍の関与についての説明としては、アチソン演説は決して目新しいものではなかった。米極東軍司令部の最高司令官、ダグラス・マッカーサー元帥も一九四九年三月に東京で行われたインタビューで、同様に朝鮮を米国の防衛線の外に置いていた。

今や太平洋はアングロサクソンの湖となり、アジアの海岸線に沿って並ぶ一連の島々がわれわれの防衛線となった。

それはフィリピンから始まり、主要な要塞である沖縄を含む琉球諸島に続く。それから日本の方に曲がり、アリューシャン列島からアラスカへと通じる。[22]

その時以来、米国は兵力の大部分を韓国から引き揚げたのだった。当時、韓国支援法案が議会にかけられていて、相当な抵抗に直面していた。アチソンはマッカーサーの述べた概略を繰り返すことにし、「太平洋地域の軍事的安全保障」には「アリューシャンから日本、それから琉球へ向かい……琉球からフィリピン諸島へ走る防衛線[23]」を含むと述べたのだった。

アチソンは朝鮮そのものの問題に関して、当時の米国の優柔不断な状況を反映して、曖昧な説明をした。今や韓国は「独立し、世界のほぼすべての国から承認されている」のだから、「われわれの責任はより直接的であり、われわれのチャンスはより明確である」とアチソンは説いた(アチソンはこうした責任とチャンスとが何なのかについて説明しなかったし、特に、侵略に対する防衛がそれに含まれるのかどうかについて説明しなかった)。もし武力攻撃が、米国の防衛線の明らかに南あるいは東ではない太平洋地域で起きた場合について、アチソンはこう示唆した。「最初に頼りとするのは、攻撃された人々による抵抗でなければならず、次いで国連憲章の下での全文明世界による関与である」[24]。戦争を抑止するからには、その国の意図をはっきり示すことが必要だが、アチソンの演説はそれに失敗していた。

これまでのところ、アチソン演説のこの部分に関しては、中国側文献にもソ連側文献にも特別な言及は見つかっていない。しかしながら、最近入手可能になった外交文書は、スターリンが前言を翻したのは、一部には米国家安全保障会議の文書NSC－48／2にアクセスできたからだと示唆している。その文書に関する報告は、彼のスパイ網が、おそらくは英国人スパイ、ドナルド・マクリーンを通して入手したものだった。この報告では同様に、朝鮮を米国の防衛線の外に置いていた。報告は重要機密扱いだったため、ソ連のアナリストたちにとっては特に信用できるように見えたのだろう[25]。

スターリンが前言を翻したもう一つの要因は、毛沢東に対する幻滅だったのかもしれない。それは先に言及した中ソ友好条約に至る交渉から生じたものである。毛沢東は中国におけるロシアの特権が長くは続かないことを非常にはっきりさせた。不凍港である大連港に対するロシアの支配も一時的なものになるはずだった。スターリンは、統一された共産主義の朝鮮が、ソ連海軍にとってもっと役に立つだろうと結論付けたのかもしれない。

常に奸智にたけ複雑なスターリンは、金日成に対し、この問題については毛沢東と話すように勧めた。そして、毛沢東は「東洋のことをよく理解している」[26]と指摘した。実際には、スターリンはできるだけ多くの責任を中国の肩に移そうとしていたのだった。彼は金日成に「ソ連から多くの支援や支持を期待」しないようにと告げ、モスクワは「西方の状況」[27]を懸念し、それで頭がいっぱいだからだと説明した。そして彼は金日成に警告した。「もしあなたがひどい仕打ちをされても、私は何もしないだろう。

あなたは毛沢東にすべての支援を頼まねばならない[28]」。それは正真正銘のスターリンだった。ごう慢で、長期的視点に立ち、巧妙に操作し、用心深く、あくどく、取り組んだことの危険性を中国の方に振り向けながら、ソ連のために地政学的な利益を図っていた。

スターリンは独ソ不可侵条約の締結で、ヒトラーを背後の脅威から解放し、第二次世界大戦の勃発を促したが、そうした熟練の技で、賭けのリスクを分散したのだった。もし米国が戦争に介入したら、中国への脅威は増加し、中国はソ連に頼るようになる。もし中国が米国の挑戦に応じたら、中国はソ連からの膨大な支援を必要とし、同様の結果になる。もし中国が参戦しなかったら、幻滅を感じた北朝鮮に対するソ連の影響力は増大するだろう。

金日成は次いで毛沢東との秘密会談のため北京に飛んだ。一九五〇年五月一三―一六日のことだった。到着した日の夜の会談で、金日成は毛沢東に、スターリンが侵攻計画を承認したことを語り、毛沢東にも支持を確約するよう求めた。

スターリンはリスクをいっそう少なくするために、自分が促した攻撃が始まる寸前に、北朝鮮部隊からソ連の顧問団すべてを引き揚げ、二重に保険をかけた。引き揚げによって北朝鮮軍の任務遂行に支障が出ると、スターリンは顧問団を戻したが、それはソ連の通信社タスの特派員という隠れ蓑の下で行われた。

二人の共産主義の巨人のささやかな同盟者である金日成が、どのようにして、世界的に重大な結果をもたらすことになる戦争を発動させたかについては、毛沢東の通訳の師哲がその概要をまとめ、歴史家の陳兼に伝えた。陳兼は毛沢東と金日成の主な会談内容を次のように要約した。

金日成は毛沢東に、南を攻撃するという自分の計画をスターリンが承認したと言った。毛沢東は、李承晩政権は米国によって支えられてきたし、また、朝鮮は日本に近いから、米国による介入を完全に排除することはできないと強調しながら、もし北朝鮮が南を攻撃したら、米国はどんな反応をするかについて、金日成の見解を求めた。しかし金日成は、米国が自国軍を関わらせることはない、あるいは、少なくとも自国軍を派遣する時間がない、なぜなら北朝鮮は二―三週間で戦闘を終結させることができるから――という考えに自信を持っているように見えた。毛沢東は金日成に、北朝鮮は中国の軍事的支援を必要としているかと尋ね、中朝国境沿いに中国軍の三つの部隊を配備すると申し出た。金日成は、北朝鮮自身の軍隊と南にいる共産主義ゲリラの協力で、自分たちは自分たちで問題を解決できる、したがって中国軍の関与は不必要であると「ごう慢に」(師哲によると、これは毛沢東自身の言葉)答えた[29]。

金日成の説明は毛沢東に非常な衝撃を与えたようで、毛沢東は早めに会談を切り上げると、周恩来に対し、モスクワに電報を打ち、スターリンからの「緊急回答」と「個人的な説明」を求めるよう命じた[30]。翌日、モスクワからの回答が届いた。スターリンは再び、責任を毛沢東にかぶせてきた。電報はこう説明していた。

朝鮮の同志との会談で、スターリンとその友人たちは……再統一に向けた朝鮮人による行動計画に同意した。これに関しては、一つの条件が付けられた。それは、問題は最終的には中国と朝鮮の同志が一緒に決定すべきであり、中国の同志が反対した場合には、その問題に関する決定は延期され、さらなる論議にかけられるべきだということである[31]。

これはもちろん、計画拒否の責めをすべて毛沢東に負わせるものだった。スターリンは今後起きる結果からさらに自分を引き離すため(それはまた金日成に、誇張し、誤り伝える機会をさらに与えることになるのだが)、北京から来る返信電報の先回りをして、「朝鮮の同志はあなたに会談の詳細を語ることができる」とも述べた[32]。

毛沢東と金日成とがさらにどのような会話をしたかの記録は、いまだに手に入らない。金日成は五月一六日、毛沢東からの南朝鮮侵攻への祝福を携え、あるいは、少なくともソ連側には毛沢東から祝福されたと伝えて、平壌に戻った。毛沢東もまた、韓国占領を不本意ながら認めれば、続いて中国が台湾を攻撃した際に、ソ連が軍事的支援をする前例を確立することになるかもしれない、と計算していた可能性がある。もしそうだったら、それは悲しむべき誤算だった。というのは、たとえ韓国が占拠されるのを米国が座視したとしても、米国の世論は、トルーマン政権が別の共産主義者による台湾海峡での軍事的な動きを無視することを許さなかっただろうと思われるからだ。

一〇年後になっても、金日成の侵攻に最終的なゴーサインを実質的に与えたのがソ連なのか、中国なのかをめぐって、双方の意見はまだ食い違っていた。一九六〇年六月のブカレストでの会談で、当時、ソ連共産党第一書記だったフルシチョフは中国共産党政治局員の彭真に「もし毛沢東が同意しなかったら、スターリンはあのようなことは行わなかっただろう」と主張した。彭真は、これは「すべて間違っている」と述べ、「毛沢東は戦争に反対だった……同意したのはスターリンだ[33]」と反論した。

二人の共産主義の巨人は、万一、金日成とスターリンの楽観的な予測が誤りだったと分かった場合、世界にどんな影響を与えるかについて考えることなく、戦争に突入していった。いったん米国が戦争に参戦すると、二人はそれについて考えざるを得なくなる。

米国の介入——侵略への抵抗

政策立案で難しいのは、立案時の分析では政策決定しなければならない時の雰囲気を予測できないことである。トルーマン、アチソン、マッカーサーのさまざまな声明は、声明が出された時の米国人の考え方を正しく反映していた。国際的な安全保障についての米国の公約は本質的に、国内的な論議の問題であって、朝鮮防衛について考慮したものではなかった。北大西洋条約機構（NATO）はまだ設立中の段階だった。しかし、米国の政策立案者たちは現実の共産主義者による侵略に直面した時、自分たちの政策文書を無視したのだった。

六月二五日に金日成が攻撃を始めた後、米国は朝鮮戦争に介入したばかりでなく、戦争を中国の国共内戦とリンクさせたことで、共産主義の指導者たちを驚かせた。韓国南部の港湾都市釜山周辺に防衛線を設けるため、米陸軍が派遣された。その決定は国連安保理決議で支持された。安保理決議が可能になったのは、安保理の席を依然、台湾が占めていることに抗議して、ソ連が採決の際に欠席したためだった。

二日後、トルーマン大統領は太平洋艦隊［米第七艦隊］に対し、台湾海峡を「中立化」させるよう命じた。台湾海峡の中台どちら側からも軍事攻撃をさせないことによる中立化であり、朝鮮戦争に対して議会と大衆から最も幅広い支持を得ることが狙いだった。米政府が、戦争を実際に中国と対立するまでに拡大させようと考えていた証拠はない。

米艦隊派遣が決定されるまでは、毛沢東は次の軍事行動として台湾攻撃を計画し、そのために中国南東部の福建省に大規模な部隊を集結させていた。米国は一月五日のトルーマン大統領の記者会見を含む度重なる声明で、そうした動きを阻止しないと伝えていた。

第七艦隊を台湾海峡に派遣するとのトルーマン大統領の決定は、世論をなだめ、朝鮮における米国のリスクを限られたものにすることが狙いだった。トルーマンは艦隊派遣を発表する際に、台湾防衛の重要性に言及し、同時に「台湾の中国政府に対し、大陸に対するすべての空海の作戦を中止するよう」呼び掛けた。トルーマンはさらに「第七艦隊はそれが履行されるかどうかを見守る」[34]と警告した。

毛沢東にとっては、公平な態度などあり得ないものだった。彼は米国が保証した中立化を偽善と解釈した。毛沢東から見れば、米国は中国内戦に再び介入しつつあった。トルーマン声明の後の一九五〇年六月二八日、毛沢東は第八期中央人民政府委員会で演説し、その中で米国の動きをアジアへの侵略と評した。

米国によるアジアへの侵略は、アジアの人民の間に、広範で決然とした抵抗を呼び起こすだけである。トルーマンは一月五日に、米国は台湾には介入しないと言った。今や彼は、まったくウソをついていることを証明してしまった。彼はまた、米国は中国の内政に干渉しないと保証したすべての国際的合意を反故にした㉟。

中国では、囲碁的な直観が即座に行動に移される。米国が朝鮮に軍隊を送り、台湾海峡に艦隊を派遣したことで、中国人の目から見ると、米国は碁盤の上に二つの石を置いたことになる。どちらの石も恐るべき包囲で中国を威嚇していた。

戦争が勃発した時、米国には朝鮮に対する軍事的計画はなかった。米国は朝鮮戦争での目的を「侵略」を打ち負かすことと言明していた。侵略とは、主権国家に対する正当化されない武力行使を表す法的な概念だった。では、この戦争で成功することは、どのように定義されていたのだろうか。三八度線に沿った以前の状況に戻すことだろうか。そうだったら侵略者側は、最悪の結果となっても、それは単に勝利しないというだけのことと考えるだろう。そうなると、再び侵略してみようという気になりかねないのではないか。あるいは、成功するには、北朝鮮軍の軍事的な侵略能力を破壊する必要があったのだろうか。米国が軍事介入を決めた初期の段階で、こうした疑問が考慮された証拠はない。釜山周辺の防衛線を守るために、政府の全集中力が必要だったことも、その原因の一部だった。実際には、軍事作戦に従って政治決定が行われるという結果になった。

マッカーサーが一九五〇年九月、仁川で圧倒的な勝利を収めて以降、トルーマン政権は、朝鮮が再統一されるまで軍事作戦を続行することを選んだ。仁川では、遠く釜山の前線から派遣された陸海空軍合同の驚くべき上陸作戦が北朝鮮の勢いを止め、韓国の首都ソウル奪回へのルートを開いたのだった。朝鮮を再統一するという米国の決定は、米軍が中国への伝統的な侵略コース沿いに存在することを、中国政府が受け入れるだろうという推測に基づいていた。

北朝鮮領内で作戦を推し進めるという決定は、一〇月七日に国連決議で公式に認められた。今回は、最近導入された「平和のための結集決議」という議事運営上の制度に基づいて、国連総会で採択された。その決議は、国連総会が国際安全保障に関する決定を三分の二の賛成で採択することを認めていた。国連決議は「主権国家朝鮮における統一された、独立した、民主的な政府」を実現するために「組み合わされたすべての行為」[36]を正当と認めた。米軍に対抗する中国の介入は、中国の能力を超えるものと思われた。

こうした見方のどれもが、国際情勢に対する中国の見方とは完全にかけ離れたものだった。米軍が台湾海峡に介入するやいなや、毛沢東は第七艦隊の配備をアジアへの「侵略」と見なした。米中は互いに相手方の戦略的構想を誤解することで、衝突に近づいていった。米国は、国連のような国際機関を基礎とした国際秩序という概念を、中国が受け入れざるを得なくなるよう努めた。米国にとって、それに代わる国際秩序は思い浮かばなかった。毛沢東は当初から、中国が発言権を持たないように作られた国際システムを受け入れるつもりはなかった。その結果、米国の軍事戦略は必然的に、境界ラインがどうなるにせよ、最善の場合でも、そのラインに沿っての休戦ということになった。それは、もし米国の戦略構想が勝利した場合は、北朝鮮と中国の国境である鴨緑江に沿ったラインになり、もし中国が介入したり、米国が北朝鮮の北部国境に届かないところで一方的に進軍を停止した場合は、その他の合意したライン

(例えば、三八度線あるいは平壌―元山のライン。このラインは後に、毛沢東から周恩来へのメッセージに出てくる)に沿っての休戦ということだった。

中国への伝統的な侵略ルート、特に日本がかつて満洲占領や中国北部への侵略の基地とした地域の境界線に米軍が存在することに、中国が黙って同意するというのは、最もあり得ないことだった。中国が台湾海峡と朝鮮という二つの前線での戦略的後退に直面して、言いなりになることも、あり得なかった。この戦略的な後退は一部には、毛沢東が朝鮮戦争の前兆となる一連の出来事でコントロールを一定程度、失っていたことが原因だった。双方の誤解が互いに事態をこじれさせた。米国は韓国への侵略を予想していなかった。中国は米国の反応を予想できなかった。双方とも自らの行動によって、相手方の誤解を増幅させた。こうしたプロセスの結果、戦争が二年間続き、二〇年間の不和となった。

中国の反撃
――戦争抑止へのもう一つのアプローチ

軍事を学ぶ学生なら、国共内戦を終えたばかりで、ほとんど国民党軍から奪った兵器しか持たない人民解放軍が、核兵器を持つ近代的な軍隊の相手をするとは考えられない、と思うだろう。しかし毛沢東は、ありきたりの軍事戦略家ではなかった。朝鮮戦争における毛沢東の行動を理解するには、彼が西側の戦略で戦争抑止と呼ばれているもの、あるいは先制攻撃と呼ばれているものをどう見ているのか、そして、中国的な考え方では、それらが長期的で戦略的で心理学的な要因といかに結び付いているのかを知る必要がある。

西側では、冷戦と核兵器の破壊性とが、戦争抑止という概念を生み出した。それは、何か得るものがあったとしても、とてもそれには釣り合わないような破壊の危険性を、侵略を起こす可能性のある国に突き付けることだった。脅しがどれだけ効くかは、実際には起きないことで判断され、そして、戦争は回避されるのだった。

毛沢東にとって、西側の戦争抑止という概念はあまりにも受動的だった。中国が攻撃を待たざるを得ないという状況を、毛沢東は拒否した。彼は可能ならばどこででも、主導権を取ろうと尽力した。ある意味で、これは西側の先制攻撃の概念——第一撃を与えることで、機先を制する——と同じだった。しかし西側の理論では、先制攻撃とは勝利と軍事的な有利さを求めて行うものだった。毛沢東の先制攻撃へのアプローチは、心理的要因に特別の関心を払っている点で違っていた。彼の動機は、決定的な軍事的第一撃を加えることより、心理的なバランスを変えることにあった。敵を打ち負かすことより、むしろ危険性に関する自らの解析を様変わりさせるためのものだった。後の章で見るが、一九五四—五八年の台湾海峡危機、一九六二年のインド国境での衝突、一九六九—七一年のウスリー川でのソ連との戦闘、一九七九年の中越戦争における中国側の行動はすべて、突然、一撃を加え、次いで直ちに政治的な局面に続けるという共通した特徴があった。中国側の目から見れば、心理的対等さを回復したことで、真の戦争抑止が達成されたのである[37]。

先制攻撃についての中国的見方が、西側の戦争抑止の概念と出会った時、結果として起きたのは悪循環だった。中国国内で防御的と考えられた行為が、外部の世界では侵略的と扱われかねなかった。西側による戦争抑止のための動きが、中国では包囲と解釈されかねなかった。米国と中国は冷戦期間中、繰り返しこのジレンマと格闘した。両国はいまだに、ある範囲においては、それを乗り越える方法を見つけていない。

従来からの解釈では、朝鮮戦争に参戦するという中国の決定は、米国が一九五〇年一〇月初めに三八度線を越える決定をし、国連軍が中朝国境の鴨緑江へ向け前進したことが原因とされている。別の学説は、一〇年前の欧州の独裁者たちと同様の、共産主義者の生来の侵略性が中国の参戦の原因だとしたが、最近の研究成果は、どちらの学説も正しくないとしている。毛沢東とその同僚たちは、朝鮮の主権をどうこうするという意味での、朝鮮に対しての戦略的構想は持っていなかった。戦争が始まる前には、彼らは朝鮮でソ連と対抗することに、より大きな関心を持っていた。また、米国と軍事的に対抗することを予期していなかった。彼らは長々と熟考し、大いにためらった後に、一種の先制攻撃的な動きとして戦争に突入した。

参戦を計画する引き金になった出来事は、台湾海峡の中立化とともに、米軍が朝鮮へ第一陣を派遣したことだった。その時から毛沢東は、朝鮮戦争への中国の参戦を計画するよう命じた。参戦の最小限の目的は、北朝鮮の崩壊を防ぐことだったが、併せて、朝鮮半島から米軍を全面的に追い出すという最大限の革命的目標もあった[38]。毛沢東は米軍あるいは韓国軍が三八度線の北に動くずっと前に、もし中国が介入しなかったら、北朝鮮は崩壊させられると考えていた。米国が鴨緑江まで前進するのを止めることは、付随的な要素だった。毛沢東の心の中では、そのことは奇襲の好機をつくり、世論を動員するチャンスをつくるものではあっても、参戦の主要な動機要因ではなかった。一九五〇年八月に北朝鮮による当初の進撃を米国が撃退すると、中国による介入の可能性が高まった。米軍が北朝鮮軍を仁川で包囲して戦争の流れを変え、次いで三八度線を越えると、中国の介入は不可避となった。

中国の戦略には一般的に三つの特徴が見られる。長期的な傾向を細かく分析すること、戦術的選択肢を慎重に研究すること、作戦上の決定を客観的に吟味すること、である。周恩来は米国が朝鮮に部隊を配備してから二週間後の七月七日と七月一〇日に、米国の行動が中国に与えるインパクトを分析するため、中国の指導者による会議を主宰することで、この戦略プロセスを開始した。参会者たちは、当初は台湾に進攻させるつもりだった部隊を朝鮮国境に配置し直し、東北国境防衛軍とすることで合意した。彼らの任務は「東北国境を防衛し、必要ならば、朝鮮人民軍の戦争作戦支援の準備をすること」だった。米軍が三八度線を越える二ヵ月以上前の七月末までに、二五万人以上の中国軍が朝鮮国境に集結した。[39]

政治局会議と中央軍事委員会が八月中、ずっと開催された。米軍による仁川上陸の六週間前の八月四日、軍事情勢はまだ侵攻した北朝鮮軍に有利で、最前線は依然、韓国の奥深くの釜山近郊にあったが、北朝鮮の能力に懐疑的な毛沢東は政治局でこう発言した。「もし米帝国主義が勝ったら、彼らは成功にのぼせ上がり、それからわれわれを脅す立場になる。われわれは朝鮮を助けなければならない。われわれは彼らを支援しなければならない。これは志願軍という形でやることができるし、われわれが選択した時にやることができる。しかしわれわれは準備を始めねばならない[40]」。同じ会議で周恩来は、同様の基本的分析を行った。「もし米帝国主義が北朝鮮を押しつぶしたら、彼らはごう慢さで膨れ上がり、平和は脅かされるだろう。もしわれわれが勝利を確実にしたいのなら、われわれは中国という要因を増強しなければならない。それは国際情勢に変化をもたらすかもしれない。われわれは長期的な見方をしなければならない[41]」。別の言葉で言えば、中国が抵抗することになったのは、依然前進しつつあった北朝鮮がそのうち敗北するだろうという判断からであり、米軍がどこに位置しているかということが理由ではなかった。翌日、毛沢東は軍最高司令官たちに対し「今月中に準備を完了し、戦争作戦遂行命令を待て[42]」と命じた。

八月一三日、中国陸軍第一三軍はこの任務について討議する軍高級幹部会議を開催した。会議参加者たちは、八月中という最終期限については留保を示しながらも、中国は「率先して行動し、朝鮮人民軍と協力し、喜んで前進し、敵の侵略の夢を打ち破るべきである[43]」との結論に達した。

この間に、参謀による分析と図上演習が行われた。その結果、彼らは、中国は米軍との戦争に勝てるという趣旨の、西洋人なら直観にそぐわないと考えるような結論に達した。そこで行われた議論によれば、米国は世界中で軍事的な関与をしているので、朝鮮に配備できるのは最大でも五〇万人に限定されるが、中国が動員できる軍隊は四〇〇万人に達する。戦場が中国に近いことは、兵站の面で中国にとって有利だった。中国の戦略立案者たちは、世界中の人民のほとんどが中国を支持するから、中国は心理的にも有利である、と考えた[44]。

核攻撃を受けるという可能性さえも、中国の戦略立案者たちをひるませることはなかった。おそらくそれは、彼らには核兵器の直接体験がなく、それを手に入れる方法もなかったためだろう。彼らは(これに反対する有力者も何人かいたが)ソ連に核能力があることを考えると、米国が核で報復することはありそうにないという結論に達した。また、朝鮮半島においては軍隊がジグソーパズルのように入り組んだ布陣になるため、朝鮮に侵攻した中国軍に米国が核攻撃を加えると、それは米軍をも同じように破壊しかねないというリスクもあった[45]。

周恩来は八月二六日、中央軍事委員会での発言で、中国の戦略を次のように取りまとめた。中国は「朝鮮問題を単に兄弟国家に関わる、あるいは中国北東部の利益に関連する問題の一つとして扱うべきではない」。そうではなくて、朝鮮は「重要な国際問題と考えられるべきである」。朝鮮は「まさに世界における闘争の焦点である。……朝鮮を征服したのち、米国は間違いなくベトナムやその他の植民地国家に向かう。それゆえ、朝鮮問題は少なくとも東方にとってはカギなのである[46]」と周恩来は論じた。周恩来は、北朝鮮が最近、後退したことで、「われわれの責務は今や、いっそう重くなった。……われわれは最悪に備えるべきであり、早急に準備すべきである」と結論付け、「われわれが参戦し、敵に奇襲をかけることができる」ように、秘密を守ることが必要だと強調した[47]。

こうした準備はすべて、マッカーサーによる陸海空軍合同の仁川上陸(ある中国の研究グループはこれを予言していた)の何週間も前に行われ、国連軍が三八度線を越える一ヵ月以上前に終了した。つまり、中国がこの戦争に参戦したのは、戦略動向を慎重に考慮した結果であって、米軍の戦術的展開への対応として行ったものではなかった。またそれは、神聖なる三八度線を守るという法律至上主義的な決意によるものでもなかった。中国の攻撃は、まだ現実とはなっていない危険性に対する先制攻撃戦略であり、米国の中国に対する最終目的についての判断に基づくものだったが、その判断は誤解であった。それはまた、中国の長期展望において、朝鮮の役割が極めて重大であることの反映でもあった。中国にとって朝鮮が重要だという状況は、現代の世界においても、おそらくいっそうその通りであろう。毛沢東が自らの方針に固執したのは、参戦が、金日成とスターリンの侵攻戦略に対する自らの不本意な同意を正当化する唯一の方法だとの信念に影響されたためだろう。参戦しなければ毛沢東は、台湾海峡に第七艦隊が現れ、中国国境に米軍が現れたことで、中国の戦略状況を悪化させたとして、他の指導者たちから非難されたかもしれない。

中国の介入には途方もなく大きな障碍があったため、毛沢東の指導はすべて同僚の承認を得る必要があった。林彪を含む二人の有力司令官がいろいろな口実をつけて東北国境防衛軍を指揮することを拒否したため、毛沢東は彭徳懐をその司令官とした。

毛沢東はすべての重要な決定に勝利し、中国軍を朝鮮に投入する準備は着々と進められた。一〇月に米軍とその同盟軍が鴨緑江に向けて進軍した。朝鮮を統一し、国連決議の下に朝鮮を組み込む決意だった。彼らの目標は、新たに生まれた状況を、法的には国連軍とされた軍事力によって守ることだった。二つの軍隊の、互いに相手方に向けた動きは、こうして、運命的なものとなった。中国側は一撃を準備し、他方、米国とその同盟国は、北への進軍の最後に待ち構えている挑戦に気付いていなかった。

周恩来は慎重に外交的お膳立てをした。九月二四日、彼は国連に、米国が「朝鮮に対する侵略戦争を拡大し、台湾への武力侵攻を進め、中国へのさらなる侵略を拡大[48]」しようとしていると抗議した。一〇月三日、周恩来はインド大使K・M・パニッカルに対し、米軍は三八度線を越えるだろう、と警告し「もし米軍が本当に越えたら、われわれはぼんやり座って、無関心でいるわけにはいかない。われわれは介入する。どうかこのことを貴国の首相に伝達して欲しい」と語った。[49] パニッカルは、自分は今後一二時間以内に三八度線越えが起きると見ているが、インド政府は私の電報を受け取ってから一八時間は「効果的な行動をとることができないだろう」と答えた。[50] 周恩来は「それは米国の問題だ。今晩の会談の目的は、ネルー首相が書簡の中で提起した質問の一つに対するわれわれの態度を知ってもらうことだ」と答えた。[51] この会談を、中国による平和への最後の嘆願と見なす向きが多いが、それはむしろ、すでに決定されたことを記録するためのものだった。

この時点で、スターリンが再び舞台に登場してきた。自分がけしかけ、しかも終わらせたくない戦いを継続させるために、「デウス・エクス・マキナ」[ギリシャの古代劇で、困難に陥った主人公救出のために舞台上部からつり下ろされてくる救いの神]として登場したのだった。北朝鮮軍は崩壊しつつあった。米軍の別の部隊が半島の反対側の元山近くに上陸すると、ソ連の情報機関は見ていた(それは間違っていたが)。中国側の介入準備は相当に進んでいたが、まだ引き返せないというわけではなかった。そこでスターリンは、毛沢東に宛てた一〇月一日のメッセージで、中国に介入するよう求めた。毛沢東が米国による介入の危険性に言及して決定を延期すると、スターリンは追いうちの電報を送った。もし米国が中国の介入に反撃したら、ソ連は全面戦争での軍事的支援を約束すると、スターリンは強調した。

もちろん私も、米国が、大きな戦争をする準備ができていないにもかかわらず、威信を考えて戦争に加わり、それが次には、中国を戦争に引き込み、それに伴って、相互援助条約によって中国と結び付いているソ連をも戦争に引き込むという可能性を、考慮に入れています。われわれはこれを恐れるべきでしょうか。私の意見では、恐れるべきではないと思います。というのは、われわれが共にあれば、米国および英国よりも強いからです。他の欧州の資本主義国(今は米国にどんな支援もできないドイツを除いて)は、まともな軍事力を持ちません。戦争が不可避なら、数年後になって日本軍国主義が米国の同盟国として復活し、米日が李承晩の支配する全朝鮮という形の、大陸へのおあつらえ向きの橋頭堡を持つ時ではなく、今、戦争をさせようではありませんか。[52]

この驚くべき通信文を額面通り見れば、スターリンは、朝鮮が米国の戦略圏の一部になることを防ぐために、ソ連は米国と戦争する用意があると主張しているように見える。統一された親米の朝鮮が——スターリンの目から見れば、遅かれ早かれ、蘇った日本がそのパートナーになるのだが——出現することは、そうした分析から言えば、欧州にNATOが出現するのと同様に、アジアにおける脅威だった。欧州とアジアの両方に対処するというのは、ソ連の能力以上のことだった。

結局、実際に米国と戦うかどうかが試された時、スターリンは毛沢東に誓った全面支援の約束を果たそうとしなかったし、米国とのどんな直接対決局面をも、スターリンは避けたのだった。スターリンは、決着を付けるには勢力バランスが非常に不利なこと、ましてや二正面戦争ではあまりに不利なことを知っていた。スターリンは米国の軍事力をアジアに釘付けにしようとし、中国のソ連支援に対する依存度が大きくなるような企てに中国を巻き込もうとしていた。スターリンの書簡は、まったく異なった理由からとはいえ、ソ連と中国の戦略立案家たちが、朝鮮の戦略的重要性をいかに重大に評価していたかを示している。

スターリンの書簡は毛沢東を窮地に立たせた。革命的連帯の実践の一部として、抽象的に介入を計画することと、それを実行すること、特に北朝鮮軍が崩壊の淵にあるという状況でそれを実行することは、別ものだった。中国の介入にはソ連からの物資補給支援と、特に航空支援が不可欠だった。というのは、人民解放軍にはこれといった近代的な空軍がなかったからだ。そのため、介入問題が政治局にかけられると、いつもとは違って相反する意見が出され、毛沢東は最終的な答えを出す前に、立ち往生することになった。そこで毛沢東は、林彪(彼は健康問題を理由に朝鮮派遣の中国軍の指揮を断った)と周恩来とを、支援の見通しの協議のためソ連に派遣した。スターリンは休暇でコーカサスにおり、休暇計画を変えようとはしなかった。周恩来がスターリンの別荘から北京へ連絡をとる方法はソ連のチャンネルしかなかったが(あるいは、それしかなかったがゆえに)、スターリンは周を静養先で受け入れた。

周恩来と林彪はスターリンに対し、物資補給の確約がなければ、中国は二カ月間準備してきたことを最終的には実行しないかもしれない、と警告するよう指示されていた。というのは、中国はスターリンが推し進めてきた戦争の主要な戦場になるからだった。戦争の見通しは、スターリンからの物資補給と直接支援が得られるかどうかにかかっていた。こうした現実に直面して、毛沢東の同僚たちは相反する意見を出した。反対者の中には、国内の発展を優先すべきだと主張する者までいた。毛沢東もこの時ばかりは、つかの間とはいえ、躊躇したように見えた。それは、中国軍が後戻りのできない行動を始める前に、スターリンからの支援を確実にするための策略だったのだろうか。それとも彼はまだ本当に決めていなかったのだろうか。

中国内部に意見の不一致が起きていた兆候は、一〇月二日夜に毛沢東からスターリンに送られた電報にまつわる不可解な状況に示されている。北京とモスクワの公文書館には、二つの相矛盾する電報が保存されているのだ。

毛沢東の電報の一つのバージョンは、毛沢東が手書きで起草したもので、北京の公文書館に保管され、毛沢東の自筆原稿集として「内部」(内部閲覧専用)発行された。これはおそらく、実際にはモスクワへは発信されなかった電報である。この中で毛沢東は、中国は「(中国人民)義勇軍の名の下に、米国やその追随者の李承晩と戦い、朝鮮同胞を支援するために、朝鮮に軍隊の一部を派遣することを決定した」[53]と書いた。毛沢東は、中国が介入しない場合の危険性について言及し、「朝鮮の革命勢力は重大な敗北を喫し、米侵略者はいったん朝鮮全体を占領すれば、野放しで暴れ回るだろう。これは東洋全体にとって好ましくないことだ」[54]と述べ「われわれは米国による宣戦布告と、それに続く米空軍による中国の主要都市や工業基地の多くへの爆撃、また米海軍によるわが沿岸地域への攻撃に備えねばならない」と指摘した。中国側の計画は、一〇月一五日に中国東北地区南部から一二個師団を派遣することだった。「初期の段階では」三八度線の北側に配備し、三八度線を越えてきた敵の部隊に「単に防御的戦闘をするだけだ」と毛沢東は書いた。その間に、「中国軍はソ連から兵器が届くのを待ち、装備が十分に整うや、朝鮮の同志たちと協力して、米侵略者の部隊を全滅させるよう反撃を加える」[55]。

一〇月二日付の毛沢東の電報の別バージョンは、駐中国ソ連大使を通して送られ、モスクワに届いたもので、ロシアの大統領公文書館に保管されている。その中で毛沢東はスターリンに、北京は部隊を送る準備はできていないが、モスクワとの協議後に(毛沢東はソ連が追加軍事支援を確約するよう促していた)、北京が戦闘に加わる可能性を示していた。

何年もの間、学者たちは電報の最初のバージョンを、唯一の実際に送られたバージョンとして分析してきた。二番目のバージョンが現れた時、どちらかが偽造ではないかと考えた人もいた。最も妥当と思われるのは中国人学者、沈志華による説明である。それによると、毛沢東は最初の電報バージョンを送ろうとして起草したが、中国指導部が大きく割れていたので、より曖昧な電報に替えたというのだ。二つの電報の食い違いは、中国軍が朝鮮へ向け進軍している時になっても、中国指導部は後戻りのできない最後の段階に入る前に、同盟国ソ連から最終的な支援の約束を取り付けるために、どこまで待つかをめぐって討議していたことを示している[56]。

二人の共産主義専制君主はパワーポリティクスの厳しい教育で訓練されてきた。二人はそれを今、互いに適用しているのだった。この場合、スターリンの方が典型的な強硬主義者だった。彼は毛沢東に(周恩来との共同電報の形で)冷たく、こう伝えた。中国の躊躇ぶりを見るなら、最もよい選択肢は北朝鮮軍の残存兵を中国に引き揚げさせ、金日成は中国で臨時亡命政権を構築することだ。病人と負傷兵はソ連が引き受けてもいい。ソ連のアジア国境に米国がいても、自分は気にしない、なぜなら自分はすでに欧州での分割ラインに沿って米国と対峙しているからだ、とスターリンは言った。

スターリンは、毛沢東が中国国境に米軍が存在することよりもっと望まないのは、中国東北地区の臨時朝鮮政府が現地に住む朝鮮族と接触を持ち、ある種の主権を主張して、しばしば朝鮮に軍事的冒険を仕掛けるようになることなのを知っていた。スターリンはまた、毛沢東がすでに引き返すことのできない地点を過ぎたことを、感じ取っていたに違いない。その時点での中国の選択肢は、鴨緑江の米軍をとるか、不満を抱くソ連をとるかであった。米軍は中国産業の半分に、すぐ手の届くところから直接の脅威を与えており、ソ連はおそらく旧満洲におけるソ連の「権益」を再び得ようと、援助を出し惜しみしているのだった。

一〇月一九日、ソ連からの補給供与の保証を待って数日間遅れた後、毛沢東は中国軍に朝鮮国境を越えるよう命じた。スターリンは米国との直接対決に巻き込まれないという条件付き(例えば、朝鮮ではなく、中国東北地区の上空援護)で、実質的な兵站面での支援を誓約した。中ソ双方が互いに抱く疑念には大変なものがあり、周恩来が北京と連絡の取れるモスクワに戻るやいなや、スターリンは態度を翻した。スターリンは、毛沢東が巧みに立ち回り、朝鮮での戦争に米国を縛り付けておくというソ連にとってのメリットが実現することなしに、人民解放軍の装備という負担をソ連が背負うことがないよう、周恩来に対し、中国軍が実際に朝鮮に入るまでは、どんな補給品も動かさないと伝えた。毛沢東は一〇月一九日に参戦の命令を出したが、実際にはソ連による支援の保証がないままだった。毛沢東の命令後、もともと約束されていたソ連の支援が再開されたが、用心深いスターリンは、ソ連による航空支援を中国領内に制限した。スターリンは毛沢東に宛てた早い時期の書簡では、朝鮮をめぐって全面戦争の危険を冒す用意があると何度も表現していたにもかかわらずである。

二人の共産主義指導者は、相手方が必要としているもの、不安を抱いているものを利用した。毛沢東はソ連から自国軍を近代化させるための軍需物資を得ることに成功した。ある中国筋は、朝鮮戦争の間に歩兵六四個師団、航空二二個師団のための装備を受け取ったと公言した。[57] そしてスターリンは、中国を朝鮮における米国との戦争に縛り付けたのだった。

米中対決

米国はこうした共産主義者の内輪の悪だくみを、手出しをすることもなく見守っていた。米国は三八度線で進軍を停止させるか、それとも停止せずに朝鮮統一までやるかの間で妥協点を探ることはしなかったし、また三八度線を越えた場合についての中国の一連の警告も無視した。アチソンは不可解なことに、そうした警告を公式の通告とは考えず、無視できると思った。彼は毛沢東を屈服させられると考えていたようだ。

これまでにあらゆる方面から公刊された多くの文書の中に、米国、ソ連、中国の間で外交的選択に関して何らかの重要な討議が行われたことを示すものはない。周恩来と中央軍事委員会あるいは政治局との多くの会合でも、そうしたことを示したものはなかった。一般的に考えられていることとは反対に、三八度線を越えるなという中国側のワシントンへの

「警告」は、ほぼ間違いなく、陽動作戦だった。その時点までに毛沢東は、北朝鮮を支援するために、朝鮮族からなる人民解放軍部隊を中国東北地区から朝鮮へ送り込み、かなりの軍事力を台湾の近くから朝鮮国境へ移動させ、スターリンと金日成への中国の支持を約束していた。

米中が直ちに戦闘することを回避できたかもしれない唯一のチャンスは、まだモスクワにいた周恩来に毛沢東が一〇月一四日に送ったメッセージで述べた、戦略構想についての指示に見ることができる。当時、中国軍は朝鮮国境を越える準備をしていた。

> もし十分に時間があったら、わが軍は防衛任務をさらに改善し続けるだろう。もし敵が平壌と元山の防衛に固執し、今後六カ月間(北へ)進軍することがなかったら、わが部隊も平壌と元山を攻撃しないだろう。わが軍が平壌と元山を攻撃するのは、わが部隊に十分な装備が揃い、十分に訓練され、空軍も陸軍も敵より明らかに勝った時だけである。簡単に言えば、われわれは六カ月間は攻撃開始については話さないということだ[58]。

もちろん、中国の空軍ないし陸軍のどちらにしても、六カ月で明らかに米国に勝るようになる、という可能性はなかった。

もし米軍が平壌―元山のライン(朝鮮半島の狭い首のような部分)で停止したら、それは毛沢東の戦略的関心に合致する緩衝地帯になっただろうか。もし米国が北京になんらかの外交的働き掛けを行ったら、なんらかの相違を生んだだろうか。毛沢東は自分の部隊を再装備するため、朝鮮に自ら介入することに、満足していたのだろうか。おそらく、毛沢東が周恩来に言った六カ月間の米軍の進軍停止が行われれば、外交的な接触のための、軍事的な警告のための、あるいは毛沢東かスターリンが考えを変えるための、機会を提供することになっただろう。一方で、それまで共産側の領土だったところを緩衝地帯にすることは、毛沢東の革命的あるいは戦略的責務の考え方の中には、ほぼ確実になかった。それでも彼は、孫子の門弟にふさわしく、一見矛盾した戦略を同時に追求した。米国にはどんな場合でも、そうしたことを行う余裕はなかった。米国は自らの軍事力と外交で朝鮮半島の狭い首のような部分に沿った境界線を守るよりも、国連が認めた鴨緑江沿いの境界線を選択したのだった。

こうして、三つの指導部のそれぞれが、世界的な紛争の要素を持つ戦争へと動いていった。戦闘ラインは前進したり、後退したりした。中国軍はソウルを奪取したが、また後方へ押しやられ、ついには軍事的な膠着状態に陥って、休戦交渉が二年近く続いた。その間、米軍は攻撃作戦を差し控えたが、それはソ連から見れば、ほぼ理想的な結果だった。ソ連の一貫したアドバイスは、交渉をできるだけ長引かせること、つまり、戦争をできるだけ長引かせることだった。一九五三年七月二七日に休戦合意が結ばれたが、それは本質的には戦争前の三八度線に沿って定められたものだった。

自らの目標をすべて達成した戦争参加国はなかった。米国は休戦合意によって、北朝鮮の侵略を成功させないという戦争目的を達成した。しかし同時に、休戦合意によって、核大国が非常に弱体化していた中国と戦って立ち往生し、最も遠い進軍地点から退却せざるを得なくなってしまったのである。米国は同盟国を保護するという信頼性を守ったが、同盟国内部における反抗の兆しと、国内的な不和という代価も支払った。事態を見守っていた人々は皆、米国内で起きた戦争目的に関する論議を忘れることはできないだろう。マッカーサー将軍は伝統的な一般原則を適用して、勝利しようとした。米政府は戦争を、米国をアジアに引き付けるための陽動と解釈して――それは間違いなくスターリンの戦略だったのだが――軍事的な引き分け(そして、おそらく長期にわたる政治的後退)という結果に甘んじようとしていた。米国が戦った戦争で、そうした結末は初めてだった。米国が政治目標と軍事目標とを調和させることができなかったことで、他のアジアの挑戦者たちが、米国では明快な軍事的成果のない戦争は国内的な問題を引き起こす、と信じることになったのかもしれない。そのジレンマは一〇年後、ベトナムの激動の中で、米国に再び打撃を与えることになる。

中国もその目標のすべてを達成できたとは、少なくとも通常の軍事的な意味では言えなかった。毛沢東は中国のプロパガンダが当初主張していたような、朝鮮全体を「米帝国主義」から解放することには成功しなかった。しかし毛沢東は、より大きな、そしてある意味では、より抽象的で、ロマンチックでさえある目標のために戦争に向かった。それは「新中国」に砲弾による試練を与え、毛沢東が中国の歴史的な軟弱さや受動性と感じているものを一掃すること、西側に対して(そしてある程度はソ連に対しても)中国は今や軍事力を持つ国家であり、自国の利益擁護のためには軍事力を行使すると証明すること、アジアの共産主義運動における中国の主導権を確実にすること、毛沢東が自分の好きな時に米国(毛沢東は、米国が最終的には中国侵略を計画していると信じていた)に打撃を加えること——だった。中国の新たなイデオロギーが主に提示したのは、戦略的概念ではなく、最強の国家に挑戦し、自らの進路を決めるという意思力だった。

広い意味で朝鮮戦争は、引き分け以上のものだった。それは新たに創建された中華人民共和国を、軍事国家、さらにはアジアの革命の中心として確立させた。それはまた、恐怖と尊敬に値する敵対者としての中国が、その後、数十年にわたって活用することになる軍事的信頼性をも確立させた。中国が朝鮮に介入したという記憶は、その後、ベトナムにおける米国の戦略を大きく制約することになった。中国は毛沢東の二つの中心的な目的を達成するために、戦争と、それに続く「抗米援朝」の宣伝活動、さらに粛清キャンペーンを使うことに成功した。二つの目的とは、党の支配に対する国内的な反対を取り除くことと、大衆の中に「革命的熱狂」と中国国民としての自尊心を植え付けることだった。西側による搾取に恨みを抱く毛沢東は、戦争を「米国のごう慢さをやっつける」ための闘争と規定し、その戦果は、何十年にもわたって軟弱で蹂躙されてきた中国人が精神的に復活する一つの形態として扱われた。戦争を終えた時、中国は疲弊していたが、自らの目にも世界の目にも、その容貌を一変させたのだった。

皮肉なことに、朝鮮戦争の最大の敗者はスターリンだった。彼は金日成に戦争へのゴーサインを出し、毛沢東には、大規模に介入するようせき立て、脅しさえした。米国が中国における共産主義者の勝利を黙認したのに鼓舞され、彼は金日成が朝鮮で同じパターンを繰り返すことができるだろうと計算した。米国の戦争介入はその目的を妨害することになった。彼が介入するよう毛沢東をせき立てたのは、そうすれば米中間に持続的な敵対関係が生じ、中国はモスクワに頼るようになると予想したからだった。

スターリンは、戦略的予測は正しかったが、悲しむべきことに、結果の評価で判断を誤った。中国によるソ連への依存はもろ刃の剣だった。ソ連が最終的には実施した中国の再武装で、中国が自力で行動できるまでの時間が短縮された。スターリンがあおった米中関係の不和は、中ソ関係の改善につながらず、中国によるチトー主義の選択を抑制することにもならなかった。それどころか、毛沢東は、自分が二つの超大国に同時に挑戦できると考えた。米ソの対立が非常に深刻だったことから、毛沢東は、冷戦下でのソ連からの支援に代価を支払う必要はないと判断し、その後に起きた一連の危機で見られたように、毛沢東は実際に、ソ連の承認もなく、ソ連による支援を脅しに使うことができた。朝鮮戦争の終了以降、ソ連と中国の関係は悪化していった。それは、スターリンが金日成の危険な冒険を奨励したことの裏にある不透明さ、中国を戦争に介入させようとした無慈悲さ、そして何よりも、返済すべき貸し付けとして行われた、ソ連による嫌々ながらの中国支援が、少なからず原因となっていた。その後一〇年も経たないうちに、ソ連は中国の主敵となった。そしてさらに一〇年が過ぎる前に、新たな同盟関係の逆転が起きるのだった。

1957年，モスクワで開かれた共産党会議に参加した中国，ソ連，東欧の指導者たち(ゲッティ・イメージズ)

1958年8月，北京でソ連のニキタ・フルシチョフと会う毛沢東．この時期，両国関係は非常に緊張していた(ゲッティ・イメージズ)

周恩来首相とインドのジャワハルラル・ネルー首相．1954年10月，北京で(コルビス)

1962年，ラダックをパトロールするインド軍部隊．インドと中国がヒマラヤにおける領有権を主張したことが一連の国境紛争につながった(コルビス)

第6章　中国と両超大国との対立

一九世紀後半のおそらく最も偉大な外交官であるオットー・フォン・ビスマルクはかつて、五カ国からなる世界秩序にあっては、常に三カ国のグループの一部となることが望ましいと言った。これを三カ国の相互作用に適用すれば、常に二カ国のグループにいた方が望ましいと考えることになる。

この真理は、中ソ米という三極関係の主役たちには、一五年間にわたって当てはまらなかった。その原因の一部は、毛沢東の前例のない戦略だった。外交政策において政治家は、しばしば利益の重なり合いを引き起こすことで、目的を果たすことがある。毛沢東の政策は、その正反対のことに立脚していた。彼は重なり合う敵意を利用することを学んだ。ソ連と米国の対立は冷戦の極めて重要な本質だった。米国と中国の敵意は、アジア外交に重大な影響を及ぼしてきた。しかし、二つの共産主義国家は、朝鮮戦争における短期間で不完全なケースを除けば、米国に向けたそれぞれの敵意を統合させることができなかった。それは、イデオロギー上の優位性や戦略地政学的分析をめぐって、毛沢東がソ連とますます張り合っていったことが原因だった。

伝統的なパワーポリティクスの観点から見れば、毛沢東はもちろん三極関係の中の対等なメンバーとして振る舞う立場にはなかった。彼ははるかに脆弱で攻撃されやすかった。しかし毛沢東は、核大国相互の敵対関係を刺激し、また核による荒廃にひるまない中国という印象を作り出すことで、中国を一種の外交的な聖域としたのだった。毛沢東はパワーポリティクスに、私がその前例を知らないような、新たな側面を付け加えた。毛沢東は、伝統的な勢力均衡理論が勧めるような、超大国のどちらかの支持を求めることは決してせずに、両超大国の双方に同時に挑戦することで、米ソが互いに相手に対して持つ恐怖心を利用した。

朝鮮戦争終結から一年ほどで、毛沢東は台湾海峡の危機で米国と軍事的に対立した。ほぼ同時に、彼はソ連とイデオロギー的に対立し始めた。彼は両方の対立を続けることに自信を持っていた。なぜなら毛沢東は、超大国のどちらも、一方が毛沢東を打ち負かすことを許さないと計算していたからだ。これは前の方の章で述べた諸葛亮の「空城計」の見事な適用だった。それは、物質的な脆弱さを心理的な有利性に変えるものだった。

朝鮮戦争の終結時に、国際問題の伝統的な研究者、特に西側の学者は、毛沢東は小休止の期間を求めるだろうと考えた。中国での共産主義者の勝利以来、はっきりした平穏な期間は一カ月もなかった。国内には土地改革、ソ連式経済モデルの導入、国内反対派の打倒といった、たくさんの劇的な課題が存在していた。同時に、依然まったくの途上国である中国が、先進的な軍事技術を持った核超大国との戦争に携わっていたのである。

毛沢東には、社会に小休止をもたらすことで歴史に名を残すつもりはまったくなかった。その代わりに彼は、中国を一連の新たな激動に駆り立てた。すなわち、台湾海峡における米国との二度の衝突、インドとの争いの始まり、ソ連との高まりつつあるイデオロギー上の、そして地政学上の論争だった。

これとは対照的に、米国にとっては、朝鮮戦争が終わり、ドワイト・アイゼンハワー政権が発足したことは、国内的な「正常」への回帰を示すもので、それはその一〇年の残りの期間ずっと続いた。朝鮮戦争は国際的には、可能な所ならどこででも、政治的な転覆活動あるいは軍事的な侵略によって拡張を図るという、共産主義的関与の典型となった。アジアの他の地域でも、それを裏付ける証拠があった。マレーシアでのゲリラ戦争、シンガポールでの左派による権力奪取の暴力的な企て、さらにはインドシナにおける戦争だった。米国の認識が部分的に間違っていたのは、共産主義を一枚岩と考え、この初期の段階においてさえ深刻だった二人の共産主義の巨人の間の猜疑を、理解できなかったことだった。

アイゼンハワー政権は攻撃の脅威に対して、欧州における米国の経験から借用した方法で対処した。マーシャルプランの例を踏襲して、共産主義圏と国境を接する国々の生存能力を補強しようとした。そして、中国と国境を接する東南アジアの新興の国々の間に、東南アジア条約機構(SEATO)という、北大西洋条約機構(NATO)方式の軍事同盟を創設した。アイゼンハワー政権は、欧州諸国とアジアの周辺部との、本質的な条件の相違を十分には考慮しなかった。戦後の欧州諸国は、精巧につくられた制度を持つ確立された国家だった。そうした国々の生存能力は、第二次世界大戦の荒廃によって起きた、期待と現実のギャップを縮めることにかかっていた。それは大掛かりなプロジェクトだったが、歴史が示したように、比較的短期間で達成可能なものだった。国内的な安定がおおむね確保されると、安全保障上の問題は、確立された国際的な境界線を越えて起こり得る軍事攻撃に対する防衛に収斂していった。

しかしながら、中国の外縁部のアジアでは、国家はまだ形成過程にあった。民族的、宗教的な分裂の中から、政治制度や政治的コンセンサスをつくることが課題だった。これは軍事的というより、思想的な仕事だった。安全保障上の脅威は、組織された部隊が軍事的境界を越えることよりも、国内的な反乱やゲリラ戦争によってもたらされた。インドシナではこれが特に課題だった。フランスの植民地経営が終わると、インドシナには国境争いを抱え、独立国家としての伝統が脆弱な四つの国家(北ベトナム、南ベトナム、カンボジア、ラオス)が残されていた。こうした紛争は、北京からも、モスクワからも、ワシントンからも細かくはコントロールできない、独自のダイナミズムを持っていたが、やはり米中ソという戦略的三極関係の政策の影響も受けていた。それゆえアジアでは、純粋な軍事的挑戦は、あったとしても、ごくごく少なかった。軍事戦略と政治的、社会的な改革が密接につながっていた。

最初の台湾海峡危機

北京も台北も、同じ中国のナショナル・アイデンティティについて、二つの競い合うバージョンを宣言していた。国民党から見ると、台湾は独立国家ではなく、中華民国亡命政府の本拠地だった。亡命政府は共産主義の権力簒奪者によって一時的に強制退去させられてはいるものの、国民党のプロパガンダがしつこく宣言しているように、大陸での本来あるべき地位を担うために戻るはずだった。北京の考えでは、台湾は反乱地域であり、大陸から分離して外国勢力と同盟することによって、中国の「屈辱の世紀」の最後の残滓となっているのだった。中台双方ともに、台湾と大陸が同じ政治的実体の一部であるという点では一致している。一致していないのは、どちらの中国政府が正統な統治者であるかという点である。

米国とその同盟国からは、中華民国と中華人民共和国とを別々の国家として承認しよう――いわゆる「二つの中国」による解決――という考えが、繰り返し浮上した。しかし中台ともに、この提案を大声で拒否した。相手側を解放するという神聖な国家責務を果たせなくなるというのが、双方が提案を拒否した理由だった。米国は当初の判断とは反対に、中華民国が「真の」中国政府だという台湾の立場を支持し、国連やその他の国際機関における中国ポストの資格は台湾にあると認めた。極東担当国務次官補のディーン・ラスク――のちに国務長官になった――は、一九五一年にトルーマン政権のこのスタンスについて、はっきりこう述べた。見かけとは異なり「北平(当時、国民党は北京のことをこう呼んだ)……政権は中国の政府ではない……中国のものではない。国家同士のコミュニティで、中国として語る資格はない[1]」。米国にとって、北京を首都とする中華人民共和国は、現実に世界最大の人口を擁しているにもかかわらず、法的そして外交的には実在しないものだった。これがその後の二〇年間、些細な変化はあったものの、米国の公式的立場として続いた。

米国はこうして、意図しないまま中国の内戦に巻き込まれた。国際情勢に関する北京の見方によれば、中国を分割し支配しようと、一世紀にわたって一連のたくらみをしてきた外国勢力に、最も新しく加わってきたのが米国だった。中国は、台湾が外国の政治的、軍事的支援を受けている別個の行政権力の下にある限り、「新中国」の建設計画は未完成だと考えていた。

蔣介石の主要な同盟国である米国は、国民党が大陸を再征服することをほとんど望まなかった。米国議会における台北の支持者たちは、ホワイトハウスに対し「蔣を解き放つ」よう繰り返し呼び掛けたが、国共内戦における共産党の勝利を逆転させる作戦を真剣に考慮する米国大統領はいなかった。共産党サイドがまったく誤解していたのは、この点に関してだった。

最初の直接の台湾危機は一九五四年八月に勃発した。朝鮮戦争での激しい敵対関係が終わって一年ちょっとの時期だった。危機が起きた理由は、大陸から退却した国民党が思いがけない領土を占拠していたことにあった。国民党軍は、中国の沿岸に沿って存在するいくつかの島々を本格的に要塞化して居座っていた。台湾よりも大陸の方にずっと近いこれらの沖合の島々には、金門島、馬祖島と、いくつかのより小さい岩礁が含まれていた。(2) 見方によっては、これらの沖合の島々は台湾防衛の最前線でもあったし、国民党が宣伝するように、最終的な大陸奪回のための前線基地でもあった。

これらの沖合の島々の特異な位置が、一〇年間に二度もの大きな危機を引き起こした。そのうち一回は、ソ連と米国の双方が、核兵器使用の用意があると脅し合いさえした。ソ連も米国も、それらの島々にはなんの戦略的利益も持っていなかった。後になって分かったことだが、中国にとっても、それは同じだった。その代わり、毛沢東は国際関係について総合的な主張をするために、これらの島々を使った。最初の危機では、米国に対する遠大な戦略の一部として使い、二度目の危機では、ソ連、特にフルシチョフに対抗するために使った。

金門島は中国の主要な港湾都市である厦門市から、最も近い地点で約二マイルしか離れていない。馬祖島も同様に福州市に近い[3]。これらの島は大陸から肉眼で見え、砲撃の射程距離に完全に入る。台湾は一〇〇マイル以上離れていた。一九四九年に人民解放軍が沖合の島々に対して行った急襲は、国民党の強い抵抗によって撃退された。トルーマンが朝鮮戦争の勃発時に第七艦隊を台湾海峡に派遣したことで、毛沢東は計画していた台湾進攻を無期限延期せざるを得なくなった。台湾の完全「解放」を支援して欲しいというモスクワに対する北京の要請は、巧みにかわされてしまい、これが中ソ離反の第一段階となった。

トルーマンの後任としてアイゼンハワーが大統領になり、事態はいっそう複雑化してきた。一九五三年二月二日に行った最初の一般教書演説で、アイゼンハワーは台湾海峡における第七艦隊のパトロール終結を宣言した。アイゼンハワーはその理由として、第七艦隊は中台双方からの攻撃を防いでいるのであり、この任務は、朝鮮で中国軍が米兵を殺している時でも、「実際には、米国海軍が共産中国の防御兵器の役割を果たすよう求められている」ことを意味していたと述べた。そして彼は、艦隊に海峡を出るよう命じた。なぜなら、米国には「朝鮮でわれわれと戦っている国を守る義務はまったくない」からだった[4]。

中国では、台湾海峡への第七艦隊の配備は、米国による本格的な敵対行動と見なされていた。今度は、逆説的ではあるが、艦隊の台湾海峡からの移動が新たな危機のお膳立てをすることになった。台北は金門島や馬祖島を、数千人の増派部隊や大量の軍事備蓄で強化し始めた。

中国も米国も、今やジレンマに直面していた。中国は台湾の奪還という公約を絶対に放棄しないものの、第七艦隊の存在という抗し難い障碍を前にして、公約の履行を延期することができた。艦隊の撤退後、沖合の島々に対するそうした障碍はなくなった。米国は台湾防衛を約束していたが、ジョン・フォスター・ダレス国務長官が「岩の集まり」と表現した沖合の島々をめぐる戦争となると、話は別だった。[5] アイゼンハワー政権がSEATO創設に続いて、公式に台湾との相互防衛条約の交渉を始めると、対立はいっそう先鋭化した。

毛沢東は挑戦に直面すると、一般的に最も予期しない、最も錯綜したコースを歩んできた。ジョン・ダレス米国務長官がSEATOの結成でマニラに飛んでいる時、毛沢東は金門島と馬祖島に対し大規模な砲撃を命令した。それは台湾がますます自治に傾いていることへの砲撃であり、アジアにおける米国の多国間防衛の約束を試すものだった。

金門島への最初の集中砲火は二人の米兵の命を奪い、米国は三つの空母戦闘群を台湾海峡付近に直ちに再配備することになった。再び中華人民共和国の「防御兵器」となることはないとの誓いを守りながら、米国は今や、国民党軍による大陸への報復砲撃や航空機による爆撃を是認した。[6] その間、統合参謀本部のメンバーが、危機がエスカレートした場合に備えて、戦術核兵器使用の可能性について計画を練り始めた。国連安保理で停戦決議を求める計画については、アイゼンハワーは少なくともしばらくは難色を示し、それから承認した。誰も鼻も引っ掛けなかった領土をめぐる危機が、グローバルな危機に拡大した。

しかしながら、この危機には明確な政治目標はなかった。中国は台湾を直接威嚇したわけではなかった。米国は台湾海峡の事態が変化することを望んでいなかった。その危機は、メディアが描いたような対決への突入ではなく、危機管理における微妙な演習となった。米中双方とも、政治的には軍事対立を公言しながらも、実際には抑止することを目的にした複雑なルールに従って、うまく立ち回った。孫子は台湾海峡の外交で健在だったのである。

その結果は、「戦闘的共存」であって、戦争ではなかった。朝鮮で起きたような、米国の決意を読み誤ることから起きる攻撃を防ぐために、ダレスとワシントン駐在の台湾大使は一九五四年一一月二三日、以前から計画されてきた米台間の防衛条約文書に仮調印した。しかし、つい先日、実際に攻撃を受けたばかりの領土の問題に関しては、米国の約束は曖昧だった。条約は特に台湾本島と澎湖諸島（台湾から約二五マイルのより大きな群島）だけに適用され、金門島、馬祖島や中国大陸に近いその他の領土には言及していなかった。そうした島々は「相互の同意によって決定されるかもしれない」[7]ものとして、後ではっきりさせることにして、棚上げされたのだった。

毛沢東は、司令官たちに米軍への攻撃を禁止し、一方で、米国が持つ最も威嚇的な兵器の威力を鈍らせるために、一つの意思表示をした。毛沢東は、こうしたことの場としては似合わない新任のフィンランド大使との北京での会談で、中国は核戦争の脅威には動じないと明言した。

中国人が米国の核による脅迫で屈服させられることはない。わが国には六億人の人口と、九六〇万平方キロの地域がある。米国は原爆を山のように持っていても中国を全滅させることはできない。たとえ米国の原爆が非常に強力で、中国に落とされたら、地球を突き抜けて穴をあけるか、地球を吹き飛ばすとしても、全体として宇宙にはほとんど意味をなさない。太陽系にとっては大きな出来事かもしれないが……。たとえ米国が航空機と核弾頭で中国への侵略戦争を始めたとしても、その時、中国は雑穀とライフルで、きっと勝利者となる。全世界の人民がわれわれを支持するだろう。[8]

中台双方とも囲碁のルールで動いていたため、大陸側は米華相互防衛条約から除外された間隙に向かって動き始めた。一月一八日、大陸側は大陳島と一江山島に進攻した。条約には明確には盛り込まれていない二つの小さな島々だった。中国も米国も慎重に、自らの行動の限界を守り続けた。米国はこれらの小島を守ろうとはしなかった。第七艦隊は実際には、島からの国民党軍の引き揚げを支援した。人民解放軍は米軍への砲撃を禁じられていた。

後で分かったことだが、核攻撃に関する毛沢東の言葉は米国に対してよりも、同盟国のソ連により大きなインパクトを与えた。というのは、それがフルシチョフをジレンマに直面させたからだ。ソ連の戦略的利益をまったく反映しておらず、しかも核戦争のリスクさえはらんだ大義のために、同盟国を支援しなければならなくなるかもしれない、というジレンマだった。フルシチョフは核戦争について、以前にも増して容認できないと語るようになっていた。戦争で人口の半分を失っても、結局は勝利することができるという毛沢東の発言は、少ない人口しかない欧州におけるソ連の同盟諸国を、よりいっそう怖がらせた。

米国側で、毛沢東の巧妙さと釣り合いが取れるのはアイゼンハワーとダレスだった。彼らには、核兵器に関して毛沢東がどれだけ耐えられるかを試すつもりはなかった。しかし二人とも、国益を守る選択肢を放棄するつもりもなかった。一月の最終週に二人は、米議会の上下両院で決議案を通過させる手はずをした。台湾本島、澎湖諸島および台湾海峡の「関連する陣地と領土」を守るために、米軍事力を行使する権限をアイゼンハワーに付与する決議案だった。[9] 危機管理の技能とは、報復を避けることのできるやり方で、相手が付いて来られないところまで賭け金をつり上げることにある。その原則に基づき、ダレスは一九五五年三月一五日の記者会見で、米国は共産主義者によるいかなる重大な新たな攻撃に対しても、戦術核兵器で対応する用意があると宣言した。中国は核兵器を持っていなかった。翌日、アイゼンハワーはその警告を確認し、民間人が被害を受ける状況にない限り、米国が戦術核を使用できない理由はない、「ちょうど、皆さんが弾丸やその他いろいろなものを使うような」[10] ものだと所見を述べた。進行中の危機において、米国が核による明確な脅しをしたのは、これが初めてだった。

毛沢東は、核戦争には動じないと宣言することにはやぶさかではなかったが、それを実行したかったわけではない。彼は周恩来に対し、退却のラッパを鳴らすよう命じた。周恩来は当時、非同盟諸国がインドネシアのバンドンで開いた第一回アジア・アフリカ会議に出席していた。一九五五年四月二三日、周恩来は休戦を提案した。「中国人民は米国との戦争を望んでいない。中国政府は極東の緊張緩和の問題、特に台湾海峡の緊張緩和の問題について米国政府と話し合うため、交渉のテーブルに着く用意がある[11]」。翌週、中国は台湾海峡での砲撃作戦を終結させた。

朝鮮戦争と同様に、台湾危機の結果も引き分けだった。双方とも短期的な目標は達成した。米国は軍事的脅威を屈服させた。協調した対抗勢力を相手にして、大陸の軍隊には金門島、馬祖島を占領する能力はないことを知っていた毛沢東は、後に、自分の戦略はもっとずっと複雑なものだったと説明した。毛沢東はフルシチョフに対し、中国は沖合の島々の占領を目指していたのではまったくなく、台湾が大陸とのつながりを絶つことを防ぐために威嚇を行ったのだと語った。

われわれがやりたかったのは、ただわが方の潜在力を見せることだった。われわれは蔣介石がわれわれからずっと遠くに離れてしまうことを望んでいない。われわれは彼を、わが方の手の届くところにとどめておきたい。(金門島と馬祖島に)彼がいることは、われわれが空軍や海岸の砲台によって彼に到達できることを意味している。もしそれらの島々をわが方が占領したら、われわれは、われわれのやりたい時にいつでも蔣介石を苦しめられるという能力を失うことになる[12]。

この筋書きでは、北京は「一つの中国」の主張を再確認するために金門島を砲撃したが、「二つの中国による解決」が浮上するのを防ぐために、行動を抑制したことになる。

戦略に対し、より杓子定規のアプローチをし、核兵器に関して実際の知識があったソ連にとっては、ほとんど象徴的なものにすぎない得点を上げるために、指導者が核戦争の瀬戸際まで行くなどということは、理解できないことだった。フルシチョフは毛沢東にこう文句を言った。「もし砲撃したなら、あの島々を取るべきだ。もし島を取る必要がないと考えたのなら、砲撃しても仕方がない。私にはあなたの政策は理解できない」[13]。一方的だが示唆に富む毛沢東の伝記によれば、この危機における毛沢東の真の動機は、非常に先鋭な核戦争の危機をつくり出し、ソ連が、自国に対する中国からの支援要請圧力を減らすために、始まったばかりの中国の核兵器開発計画を支援せざるを得なくすることだった[14]。台湾海峡危機に関する、直観とは相容れない多くの側面の一つに、ソ連が中国の核計画支援を決定したこと――後に、中国の沖合の島々に関わる二度目の危機の結果、取り消されたのだが――があった。それは将来起きる危機において、中国の核防衛を中国の手に委ねることによって、ソ連と、この厄介な同盟国との間に距離を置くためだった。

米国との外交的な幕間

危機がもたらした結果の一つは、米中間の公式対話の再開だった。中国と米国は、フランスと共産党主導の独立運動との間で起きた最初のベトナム戦争を和解させるために開かれた一九五四年のジュネーブ会議で、在ジュネーブの領事レベルの当局者による接触を維持することに不承不承、合意した。

その取り決めは、誤解による対立を避けるための一種のセイフティ・ネットの枠組みを提供した。しかし米中のどちらも、そうすることに確信があったわけではなかった。というよりむしろ、双方の確信は逆の方向に向かっていた。朝鮮戦争で、トルーマン政権は中国に向けたすべての外交的な働き掛けを中止した。朝鮮戦争がまだ終結していない段階で就任したアイゼンハワー政権は、中国を、最も妥協しない、最も革命的な共産勢力と考えた。そのため、この政権の主要な戦略目標は、起こりうる中国の侵略を封じ込めるための安全保障システムをアジアに構築することだった。中国に対する外交的提案は、それがSEATOや、生まれかけていた日本や韓国との同盟といった、いまだ脆弱な安全保障システムを危うくすることがないよう、提起されなかった。ジュネーブ会議でダレスが周恩来との握手を拒否したことは、モラル上の拒絶と戦略上の意図の両方を反映したものだった。毛沢東の態度は、ダレスやアイゼンハワーの態度を鏡に映したようなものだった。台湾問題は、特に米国が台湾当局を全中国の正統政府として扱っている限り、米中対立の変わらぬ原因であり続けた。中国は、米国が台湾からの撤退に同意しない限り、他の問題を協議しようとはしなかった。米国も、中国が台湾問題解決のための武力行使を放棄するまでは、台湾からの撤退について話し合おうとしなかった。そのため、米中外交が行き詰まることは当初から定められていたのだった。

かくして、第一次台湾海峡危機の後の米中対話は暗礁に乗り上げた。双方が基本的立場を維持している限り、話し合うことは何もなかったからだ。米国は、台湾の地位は北京と台北の交渉で解決されるべきであり、それには米国と日本も関わるべきだとの主張を繰り返した。中国はこの提案を、台湾は中国の一部だと明示した第二次大戦中のカイロ会議の決定を、見直す試みだと解釈した。中国は同様に、自国の領土に支配を確立するという、中国の主権に基づく行為を侵害するものだとして、武力行使の放棄を拒否した。一〇年間、中国の主要な交渉者だった王炳南大使は回想録の中で、この行き詰まりについてこう総括した。「振り返ってみると、当時、米国にとっても中国政策を変更することは不可能だった。こうした背景の下で、われわれは直接、台湾問題に取り掛かった。それは最も難しく、解決される可能性が最も小さく、そして最も感情的な問題だった。会談が成果を出せなかったのは当然だった[15]」。

会談では二つの合意だけが生まれた。一つは手続き問題に関するもので、現在のジュネーブでの領事級の接触を大使級に格上げすることだった(大使級にすることが重要なのは、大使は法的には国家元首の個人代表であり、たいていはより大きな自由裁量権と影響力を持っていたからである)。これは麻痺状態を制度化するのに役立っただけだった。一九五五年から一九七一年までの一六年間に、米国と中国の現地の大使の間で一三六回の会談が開かれた(ほとんどは、一九五八年から会談開催地になったワルシャワで行われた)。この間の実質的合意は、米中が、内戦によって自国に立ち往生した相手国の市民を帰国させることに関するものだけだった[16]。

その後、一五年の間、米国の政策は、台湾に対する武力行使の放棄を中国から公式に引き出すことに焦点を当て続けた。一九六六年三月、下院外交委員会で証言したディーン・ラスク国務長官は「われわれは何年もの間、共産中国が紛争解決のための武力行使を放棄する用意がないか、その兆候をずっと探し続けてきた。われわれはまた、米国が中国の第一の敵だという前提をやめる用意が彼らにないか、その兆しを探してきた。中国の共産主義者たちの態度と行動は、敵対的で硬直したものだった[17]」と述べた。

米国の外交政策ではこれまで、他の国に対して、武力行使の包括的放棄に匹敵するような、交渉のための厳格な前提条件を押し付けたことはなかった。ラスクは、一九六〇年代における、中国の激しい物言いと比較的抑制された国際的な行動とのギャップに気付いていた。それでも彼は、米国の政策は実際においては、その物言いに基づくべきで、イデオロギーは行動よりずっと重要である、と論じた。

中国の共産主義指導者たちが言うことは無視し、何をしたかによってのみ判断すべきだと言う人もいる。確かに彼らは、言葉よりも、行動する際の方が慎重である。ソ連に対してこうしろと求める時よりも、自分自身が何かやる時の方が、もっと慎重である。……しかし、だからと言って、われわれは彼らが宣言している将来に対する意図と計画を無視すべきだということにはならない⒅。

こうした態度に基づいて、一九五七年、米国は、中国が台湾への武力行使の放棄を拒否したことを口実に、ジュネーブ会談を大使級から一等書記官レベルに格下げした。中国は代表団を引き揚げ、会談は中断された。第二次台湾海峡危機がそれからまもなく起こった。その理由は、表面的には別のことだったが。

毛、フルシチョフと中ソの亀裂

三〇年以上、権力の座にあったスターリンが一九五三年に死去した。短い移行期間の後、ニキタ・フルシチョフが後継者になった。スターリン統治の恐怖はフルシチョフの世代に痕跡を残していた。この世代は、一つの世代のすべての指導者たちが一掃された一九三〇年代の粛清の中で、出世の階段を大きく上っていった。彼らは情緒的に常に不安にさいなまれるという代償を払うことで、高いポストへの突然の昇進を手に入れたのだった。彼らは指導グループの大規模な処刑を目撃し、それに加わり、同様の運命が自分たちを待っているかもしれないことを知っていた。実際、スターリンは死にかけている時にも、新たな粛清を開始しようとしていた。彼らにはまだ、制度化された恐怖を生み出すシステムを変更する用意はなかった。むしろ彼らは、一生を捧げてきた核心的信念を再確認しながら、また、失敗をスターリンによる権力乱用のせいだとして非難しながら、従来のやり方のいくつかを変えようとしていた（これが、以下に述べるように、フルシチョフの秘密演説として知られるようになったものの心理的な基盤だった）。

その見せ掛けとは裏腹に、新しい指導者たちは心の底では、ソ連は究極的な意味で競争には勝てないと知っていた。フルシチョフ外交の多くは「応急措置」を成し遂げようと模索することだったと言える。一九六一年の超高性能熱核反応装置の爆発［ソ連が一〇月三〇日に行った史上最大の五〇メガトン級の核実験」、ベルリンに関する最後通告の連発［フルシチョフ首相が米英仏に対して出したベルリンの非武装化を求める最後通告など］、一九六二年のキューバ・ミサイル危機——が、そうだった。この間の数十年を通して見ると、こうしたステップは、フルシチョフが、心の底では相当に手ごわいと考えていたある国との交渉ができるようになるための、一種の心理的均衡を探し求めるものだったと考えることができる。

中国に対するフルシチョフの姿勢は、フラストレーションを漂わせながらもへりくだったものだった。フラストレーションは、自信満々の中国指導者たちが、モスクワのイデオロギー上の優越性に挑戦していると思われるためだった。フルシチョフは中国との同盟による戦略上のメリットを理解してはいたが、中国式イデオロギーが引き起こすであろう影響を恐れていた。彼は毛沢東に好印象を与えようとしたが、毛が何を重要視するのかという法則を学ぼうとはしなかった。毛沢東はソ連の優越性に頓着することなく、ソ連の脅威を利用した。ついには、フルシチョフは中国との同盟という当初の約束から距離を置き、不機嫌なよそよそしさのうちに態度を変え、中国との最前線に沿ってソ連の軍事力を徐々に増やしていった。このことが、彼の後継者のレオニード・ブレジネフに、中国に対して先制的行動を行う可能性を探ろうという気持ちを起こさせたのだった。

イデオロギーが中国とソ連を結び付け、イデオロギーが両国を再び引き離した。中ソは疑問符の付くような歴史を数多く共有していた。中国の指導者たちは、ロシアの皇帝たちが領土に関して無理な要求をしたことを忘れることができなかったし、第二次世界大戦中にスターリンが、中国共産党を犠牲にして蔣介石と和解しようとしたことも忘れることができなかった。スターリンと毛沢東の最初の会談はうまくいかなかった。毛沢東が自国をソ連の安全保障の傘の下に入れようとした時、スターリンを納得させるのに二カ月かかった。しかも毛沢東はこの同盟のために、中国東北部と新疆で中国の統一を損なうような大きな経済的譲歩をしなければならなかった。

過去の歴史が出発点ではあったが、この同時代の出来事も果てしないほどの摩擦をつくり出していた。ソ連は共産主義の世界を、自分たちが主導権を握る単一の戦略的存在と考えていた。ソ連は東欧に衛星諸国をつくり、そうした国々は軍事的に、そしてある程度は経済的にも、ソ連の支援に頼っていた。ソ連政治局にとっては、アジアにおいても同様の形態の支配が広がるのが当然と思えた。

毛沢東にとっては、中国の歴史、自らの中国中心史観、自らの共産主義イデオロギーに関する定義に照らして、ソ連のこの考え方ほど嫌悪感を抱かせるものはなかった。文化的な相違が潜在的な緊張を高め、特に、ソ連の指導者たちが中国の歴史的な敏感さに概して無関心だったことが、事態を悪化させた。格好の事例は、フルシチョフがシベリアでの木材伐採プロジェクトに中国人労働者を供給するよう要請したケースだ。彼は毛沢東の神経を逆なでした。毛沢東は一九五八年、フルシチョフにこう言った。

同志フルシチョフ、ご存知のように、中国は発展途上で人口も多く、失業も広がっている国だから、安価な労働力の格好の供給源だという見方が長年なされてきた。しかしわれわれ中国人は、こうした態度は非常に侮辱的だと思う。あなたがそうした態度を取ることには、むしろ当惑を覚える。もしわれわれがその提案を受け入れたら、他の人々は……ソ連は西側資本主義国が抱いているのと同様の中国イメージを抱いていると思うのではないだろうか。[19]

毛沢東には熱烈な中国中心主義があったために、モスクワが取り仕切るソビエト帝国の基本的な考え方に賛同することができなかった。ソビエト帝国の安全保障と政治活動の中心は欧州だったが、毛沢東にとって欧州への関心は二次的なものだった。一九五五年にソ連がNATOに対抗する勢力として、共産主義国によるワルシャワ条約機構を創設した時、毛沢東は参加を拒否した。中国は国家利益の防衛を連合体に委ねようとはしなかった。

その代わりに、周恩来が一九五五年にバンドンで開かれたアジア・アフリカ会議に派遣された。会議は非同盟諸国の同盟という、新奇で逆説的な集団を創設した。毛沢東は、米国がアジアにおける覇権を追求する中で、中国に対して圧力をかける可能性があったため、それに対抗するものとして、ソ連の支援を求めた。しかし同時に毛沢東は、非同盟諸国を組織して、ソ連の覇権に対するセイフティ・ネットにしようとした。その意味で、二人の共産主義の巨人はほぼ最初から、互いに競い合っていたのである。

両者の根本的な相違は、それぞれの社会が、自分たちをどうイメージしているかという本質に関わるものだった。残虐な暴力と忍耐によって、外国による侵略から救われたロシアは、自分たちが他の社会に対する普遍的な啓示になると主張したことは一度もなかった。人口のかなりの部分は非ロシア人だった。ピョートル大帝やエカテリーナ大帝のようなロシアの偉大な指導者たちは、より進んだ外国人から学ぶために、外国の思想家や専門家を宮廷に招いた。これは、中国の朝廷では考えられないことだった。ロシアの指導者たちは自国民に対し、偉大さではなく、我慢強さを発揮するよう求めた。ロシア外交は異常と思えるほど、自らの卓越した軍事力に頼った。ロシアが同盟を結んでいる国で、ロシア軍が駐留していない国はほとんどなかった。ロシア外交には軍事力依存の傾向があり、定められた立場に執拗にこだわって、外交を塹壕戦に変えてしまいがちだった。

毛沢東が代表していたのは、何世紀にもわたって、世界で最も広大で、最もよく組織され、そして少なくとも中国人の見方では、最も慈悲深い政治制度を持つ社会だった。したがって、そうした社会の動向が国際的に大きなインパクトを持つ、ということは、中国では一般に通用する知恵であった。中国の指導者が自国民に、世界で最も偉大な人民になるように一生懸命に働けと訴える時、彼は自国民に優越性を取り戻すよう強く呼び掛けているのだった。中国人の歴史解釈では、その優越性は、ごく最近、そして単に一時的に、置き忘れてきただけだった。そうした国が下位のパートナーの役割を演じるのは、必然的に不可能だった。

イデオロギーに基づく社会では、正統性を決める権利を持つかどうかが極めて重大となる。ジャーナリストのエドガー・スノーに自分は教師であると言い、自らを偉大な哲学者と考えていた毛沢東が、共産主義世界の知的リーダーシップを譲ることは決してなかった。中国が正統性を決める権利を持つと主張したことは、モスクワが支配する帝国の結束を脅かし、マルクス主義についての、その国独自に近い別の解釈の扉を開くことになった。解釈のニュアンスをめぐる苛立ちとして始まったものが、実践と理論をめぐる論争に変質し、最後には現実の軍事的衝突になっていった。

中華人民共和国は自国の経済を、一九三〇年代、四〇年代のソ連の経済政策を手本とすることで始めた。一九五二年、周恩来は中国初の五カ年計画に関するアドバイスを求めてモスクワを訪問することまでした。スターリンは一九五三年初め、北京にコメントを送り、より均衡のとれた取り組みをして、計画している経済成長率をせいぜい年率一三―一四%に抑えるよう求めた。[20]

しかし一九五五年一二月には、毛沢東は中国経済をソ連経済と区別し、中国が直面し、かつ、同盟国ソ連とは違って克服した「ユニーク」で「重大な」課題を列挙した。

われわれには根拠地での二〇年の経験があり、三つの革命戦争で訓練されている。(権力を握る過程での)われわれの経験は並はずれて豊富である。……それゆえ、われわれは国家を非常に速く創建できたし、革命の仕事を完成できた(ソ連は一〇月革命で新たに建設された国家である。[21]彼らには軍隊もなければ、政府機構もなかった。党員も非常に少なかった)。……われわれの人口は膨大であり、われわれの立場は素晴らしい。(わが人民は）勤勉に働き、多くの困難に耐える。……結果として、われわれは社会主義に、よりよく、より速く到達できるのである。[22]

一九五六年四月に行った経済政策の演説で、毛沢東は実際的な相違を哲学的な相違に転換させた。彼は、中国の社会主義への道はソ連に比べ独特で、しかも勝っていると規定した。

われわれはソ連よりも、またいくつかの東欧諸国よりも、うまくやっている。ソ連は穀物生産で一〇月革命以前の最高レベルになかなか到達できないでいるし、東欧諸国の中には、重工業の発展と軽工業の発展の間に目立った不均衡が生じるというゆゆしい問題が起きている国もある。そうした問題はわが国には存在しない。[23]

中ソ間の実務的な緊急課題に関する概念上の相違が、イデオロギーの衝突に発展した。それは一九五六年二月、ソ連共産党第二〇回大会で演説したフルシチョフが、スターリンの一連の罪悪を批判し、その一部について詳述した時だった。フルシチョフ演説は共産主義世界を震撼させた。中国を含めて、共産圏の過去数十年の経験は、スターリンの無謬性を儀式的に肯定することを基礎にしていた。毛沢東は、同盟相手としてのスターリンの行動にどんなに苛立ちを抱いていたとしても、スターリンのイデオロギー上の特別の貢献を公式に認めていた。フルシチョフが演説をした時、ソ連は中国代表団を含めて、ソ連以外の代表団に会場に入ることを許さず、兄弟のようであったはずの同盟国に、正式のテキストを配ることさえ拒否し、代表団の間では、侮辱されているとの感情が高まった。この演説に対して北京がまとめた最初の反応は、中国代表団がフルシチョフ発言をまた聞きした不完全なメモに基づいていた。結局、中国指導部は米ニューヨーク・タイムズ紙の報道の中国語訳に頼らねばならなかった。[24]

中国が「スターリンの剣」を「捨てた」としてソ

連を攻撃するのに、ほとんど時間はかからなかった。スターリンが当初から恐れた中国版チトー主義は、スターリンの遺産のイデオロギー的な重要性を中国が擁護するという形で、鎌首をもたげてきたのだった。毛沢東はフルシチョフの非スターリン化の運動に、一種の「修正主義」との烙印を押した。それは新たなイデオロギー的な侮辱であり、ソ連が共産主義から離れ、ブルジョア的な過去へと後退しつつある、と主張するものだった㉕。

一定の団結を回復するために、フルシチョフは一九五七年、モスクワで社会主義国の会議を招集し、毛沢東がこれに出席した。彼が中国を出たのは、わずかにこれが二度目であり、そして、これが最後の海外滞在となった。ソ連はちょうど、初の軌道衛星スプートニクを打ち上げたところだった。ソ連の技術や国力が上昇基調にあるとの信念が会議を支配していた。当時は西側の多くの国も同じ考えだった。毛沢東はこうした考え方を取り入れ、「東風」が今や「西風」を圧倒すると、痛烈に宣言した。しかし彼は、米国の国力が明らかに相対的に衰退しているのを見て、同盟国ソ連を不快にするような結論を引き出した。それはすなわち、中国の立場は、自らの自主性を発揮できるように、徐々に強まっている、というものだった。毛沢東は後に主治医に言った。「彼らの真の目的は、われわれをコントロールすることだった。彼らはわれわれの手足を縛ろうとした。しかし彼らは、愚か者が自分の夢を語るように、希望的観測でいっぱいだった㉖」。

一九五七年のモスクワでの会議では、社会主義圏は資本主義世界との「平和共存」のために努力しようというフルシチョフの呼び掛けが、あらためて確認された。この目標が最初に採択されたのは、フルシチョフがスターリン批判の秘密演説を行った、あの一九五六年の会議だった。毛沢東は一九五七年の会議で、フルシチョフの政策に対する衝撃的な非難演説を行った。その中で、毛沢東は社会主義者の同僚に対して、帝国主義に対する戦いを呼び掛けた。演説には、核による破壊に中国は動じないという、いつもの内容も含まれていた。「われわれは戦争を恐れるべきではない」と彼は宣言した。

われわれは核爆弾やミサイルを恐れるべきではない。どんな種類の戦争が起きようとも――通常戦争であれ熱核戦争であれ――われわれは勝利する。中国の場合、もし帝国主義者が戦争を発動させたら、われわれは三億人以上を失うかもしれない。それがどうしたというのだ。戦争は戦争である。歳月は過ぎ、われわれは、これまでよりももっと多くの赤ん坊を生み始めるだろう[27]。

フルシチョフは毛沢東の演説を「非常に不穏なもの」だと感じ、毛が奇妙で野卑な言葉で核によるハルマゲドン[世界最終戦争]について述べた時の、聴衆たちのこわばった神経質な笑いを思い出した。演説後、チェコスロバキア共産党の指導者アントニーン・ノヴォトニーはこう文句を言った。「われわれはどうなるのだ。チェコスロバキアには一二〇〇万人の人口しかないんだ。われわれは戦争で最後の一人まで失ってしまう。再出発するにも、誰も残っていないだろう[28]」。

中国とソ連は今や、ひっきりなしに、しばしば公開で論争を行ったが、それでも正式な同盟国だった。フルシチョフは、同志的な関係を回復するには、ソ連からいくつかの新たな取り組みを行えば十分だと思っていたようだった。毛沢東の目から見れば、フルシチョフの平和共存政策は――特に核戦争の恐怖と結び付いて表明された時には――中ソ同盟と相容れないものであることを、フルシチョフは理解していなかった。あるいは理解していても、自らそれを認めることはできなかっただろう。毛沢東は、危機においては、核戦争の恐怖というものは同盟国に対する忠誠を打ち負かしてしまうと確信していた。

こうした状況の中で、毛沢東は中国の自主性を主張する機会を逃しはしなかった。一九五八年、フルシチョフは北京駐在のソ連大使を通じて、ソ連潜水艦との通信のために中国に無線局を建設すること、またソ連海軍が中国の港を使用する代償として、中国の潜水艦建造を支援することを提案した。中国は正式の同盟国であり、ソ連は中国の軍事力向上のために多くの技術を提供してきたのだから、毛沢東はこの提案を歓迎すると、フルシチョフは考えていたようだ。彼はどうしようもないほどに間違っていた。毛沢東はソ連の最初の提案に激怒し、駐北京のソ連大使を叱責した。ソ連は驚き、同盟国の傷つけられたプライドを癒すために、フルシチョフが北京を訪問することになった。

しかし、フルシチョフは北京入りすると、さらに魅力の少ない追加提案をした。それはソ連が太平洋側にある中国の不凍港を使う代わりに、中国に北極海のソ連潜水艦基地の特別利用権を提供するというものだった。「だめだ」と毛沢東は答えた。「その提案にもわれわれは同意しない。すべての国は、その軍隊を自国の領土にとどめるべきであり、他の国の領土に入り込むべきではない[29]」。毛沢東はまた、こう回顧した。「われわれの領土にはこれまで何年もの間、英国やその他の外国人がいた。誰であろうと、彼らの目的のためにわれわれの土地を再び使わせることはしない[30]」。

通常の同盟の場合、ある特定の問題で合意できなければ、普通は残った議題で相違を解決するよういっそう努力するものである。フルシチョフによる一九五八年の悲惨な北京訪問では、滞在期間中ずっと、中ソ双方が果てしなく不満をぶつけ合うことになった。

フルシチョフは、海軍基地問題をめぐる紛糾の原因は許可もなく政策を変更したソ連大使にあるとして、大使を非難することから始めたため、自らを不利な立場に置くことになった。毛沢東は、軍人と文民の指揮系統が厳格に区別されるという、共産主義国家の組織形態に精通していたため、フルシチョフの説明がまったく荒唐無稽であるということをたやすく見抜いた。フルシチョフが出来事を時系列に即して説明したことで、二人の会談は延長されたが、毛沢東はその中で、フルシチョフからいっそう屈辱的で馬鹿げた説明を引き出した。その内容は、指導者としてのスターリンのイメージに挑戦しようとしているフルシチョフの、指導者としての信頼性のなさを、中国の幹部たちに示す、といった類いのものであった。

それはまた毛沢東にとって、モスクワの尊大な行動が中国をどんなに深く傷つけてきたかをフルシチョフに伝える好機となった。毛沢東は一九四九―五〇年冬のモスクワ訪問の際に、スターリンが見せた恩着せがましい態度について文句を言った。

毛　……われわれの革命が勝利した後、スターリンはどんな性格を持った革命かを疑った。彼は、中国はもう一つのユーゴスラビアだと信じていた。

フルシチョフ　そうだ、彼はそれがありうると考えた。

毛　（一九四九年一二月に）私がモスクワに行った時、彼はわれわれとの友好条約を締結したがらなかったし、国民党[31]との古い条約を破棄したがらなかった。思い出したが、（ソ連側通訳ニコライ・）フェドレンコと（スターリンの中国への密使イワン・）コバレフが私に、国内を旅行して見て回るようにとの彼（スターリン）の忠告を伝えてきた。でも、私は彼らに言ってやった。私の仕事は食う、寝る、糞をする、の三つだけだ。スターリンの誕生日祝賀のためだけにモスクワにやって来たのではない。だから私は、もし友好条約を締結したくないのなら、そうすればいい、私は三つの仕事を遂行するさ、と言ってやったよ[32]。

互いのとげのある応酬は程なく、過去の問題を通り越して、喫緊の論争にまで及んだ。フルシチョフが毛沢東に、中国は本当にソ連を「赤い帝国主義者」と考えているのかと尋ねた時、毛沢東はソ連と同盟を結んだ代償がどんなに中国を苦しめたかを、はっきりさせた。「それは赤い帝国主義者とか白い帝国主義者とかいった問題ではない。スターリンという名前の男がいて、彼は大連港を取り、新疆と満洲を半植民地にし、四つの合弁会社をつくった。これらはすべて彼の善行なのだ[33]」。

だが、毛沢東は国家間の問題については、いかに不満を述べようとも、スターリンのイデオロギー的貢献を尊敬していた。

フルシチョフ　あなたはスターリンを弁護した。そして、スターリンを批判したとして、私を批判した。そして今はその逆だ。

毛　あなたは(スターリンを)別の事柄で批判したのだ。

フルシチョフ　私は党大会で、それについても話した。

毛　私は今も、いつも言っているし、あの時モスクワでも言ったのだが、スターリンの誤りを批判するのはもっともなことだ。われわれが賛成できないのは、批判に厳密な制限が課せられていないことだ。われわれは、スターリンの一〇本の指のうち、腐っているのは三本だと信じている[34]。

毛沢東は翌日、かしこまった部屋ではなく、水泳プールにフルシチョフを迎え、会合の雰囲気を決めた。泳ぎのできないフルシチョフは両腕に水泳練習用の浮き輪を付けざるを得なかった。二人の政治家は泳ぎながら話した。通訳はプールサイドを行ったり来たりしながら、二人の後をついて行った。フルシチョフは後日、文句を言った。「自分を有利な立場に置くのが毛沢東のやり方だ。もう、うんざりだ。私はプールから這い出して、へりに座り、足を水の中でぶらぶらさせた。これで私は上の方になり、毛沢東は下で泳いでいた[35]」。

一年後、関係はさらに悪化した。フルシチョフは米国からの帰途の一九五九年一〇月三日、気難しい同盟国にアイゼンハワーとの首脳会談の要点を伝えるため、北京に立ち寄った。フルシチョフの米国滞在に早くから強い疑いの目を向けていた中国指導者たちは、ちょうどヒマラヤで起きたばかりの中国とインドの最初の国境紛争で、フルシチョフがインドの肩を持ったため、いっそういきり立った。

外交が得意でないフルシチョフは、ダライ・ラマという敏感な問題さえ持ち出してしまった。中国側の逆鱗に触れるのに、これ以上ふさわしい話題はなかった。フルシチョフはその年の初めに起きたチベット蜂起――それが結局はダライ・ラマのインド北部への逃亡につながった――で、毛沢東が十分に強い姿勢を取らなかったと批判した。「客が言うべきでないことを言うのだが、チベットでの出来事はあなたの誤りだ。あなたはチベットを支配していたのだから、そこに諜報要員を配置し、ダライ・ラマの計画と意図について知っているべきだった」[36]。毛沢東が反論した後も、フルシチョフはその問題を追及し続け、中国はダライ・ラマを逃がすより、抹殺すべきだったと述べた。

フルシチョフ　……ダライ・ラマがチベットから逃亡した件だが、もし、われわれがあなた方の立場にいたら、逃亡させたりはしなかっただろう。彼には棺桶に入ってもらった方がよかった。なのに、彼は今、インドにいる。おそらく米国に行くだろう。社会主義国にとって、それは有利なことだろうか。

毛　それは不可能だ。われわれはあの時、彼を逮捕できなかった。彼が去るのを阻止することもできなかった。インドとの国境は広大で、彼はどこからでも、国境を越えることができたのだ。

フルシチョフ　逮捕とかいう問題ではない。彼を行かせたのは間違いだと言っているのだ。もし、あなたが彼にインドに逃げる機会を与えたら、ネルーがそれを使って何をするだろうか。われわれは、チベットでの出来事は中国共産党のせいであって、ネルーのせいではないと考えている[37]。

毛沢東とフルシチョフが会ったのはこれが最後だった。驚くべきなのは、存在を賭けた戦いに変わりつつあった中ソの緊張を、世界がその後一〇年間、むしろ二つの共産主義大国間の一種の内輪もめと見なしていたことだ。ソ連との緊張が高まる中で、毛沢東は米国との間でもう一つの危機を始動させたのだった。

第二次台湾海峡危機

一九五八年八月二三日、人民解放軍は沖合の島々に対して、新たな激しい砲撃作戦を開始した。砲撃とともに、台湾解放を呼び掛けた宣伝攻勢も行われた。二週間後、砲撃は一時やみ、それからさらに二九日間にわたって砲撃が実施された。最後には、月のうちの奇数日に、住民にははっきりと警告したうえで、また軍事的に重要な場所は往々にして避けながら、島への砲撃が行われるという、奇妙なパターンになっていった。毛沢東は年長の同僚に、これは通常の軍事戦略ではなく、「政治的戦闘」行動だと述べていた[38]。

この危機に寄与した要因のいくつかは、おなじみのものだ。北京は再び、米国による台湾防衛という公約の限界を試そうとした。砲撃はまた、前回の台湾海峡危機が終わった後に再開された米中対話を、米国が格下げしたことへの反発でもあった。しかし危機を推し進めた主な力は、世界における中国の役割を主張したいとの願望だったように思える。毛沢東は、危機の始めに指導部が静養先で開いた会議で、同僚たちに対し、金門島、馬祖島への砲撃は米国のレバノン侵攻に対する中国のリアクションであると説明した。米英軍はその年の夏、レバノンに上陸していた。

金門島への砲撃は、率直に言えば、ある目的のために国際的な緊張を作り出すという順番がわれわれに回ってきた、ということだ。われわれは米国に教訓を与えるつもりだった。米国は何年も、われわれをいじめてきた。今、われわれに好機が来た。米国に苦しい思いをさせてやろうではないか。……米国は中東で戦火を開始した。われわれは別の戦火を極東で開始した。彼らがどう出るか、見てみようではないか。[39]

その意味では、沖合の島々への砲撃は、ソ連との競争の中で中国が放った一撃だった。ソ連が中東での米国の戦略的な動きに対して何もしなかったことは、中国のイデオロギー的、戦略的な警戒と対照的だった。

毛沢東は中国の軍事的な決意を示しながら、中国は今や米国との会談に復帰し、「行動の場も、会談の場も」活用できると説明した。[40] それは、孫子の戦闘的共存の原則を、現代の攻撃的抑止に応用したものだった。

沖合の島々への砲撃で最も重要だったのは、超大国米国をあざけるという側面ではなく、中国の正式な同盟国であるソ連に挑戦するという側面だった。毛沢東の目から見れば、フルシチョフの平和共存政策は、ソ連を問題のある同盟国、そしておそらくは潜在的な敵国にさえするものだった。そのため毛沢東は、もし台湾海峡危機が戦争の瀬戸際まで行ったら、フルシチョフは平和共存という自らの新政策と、中国との同盟の、どちらかを選択しなければならなくなる、と判断していたようだ。

ある意味で、毛沢東は成功した。台湾海峡における中国の政策が、世界から見れば、表面的にはモスクワの祝福を受けて進められたことで、毛沢東の戦略に特別の切れ味が付与されたからだった。フルシチョフは第二次台湾海峡危機の三週間前に北京を訪問していた。潜水艦基地問題をめぐって惨憺たる結果に終わった、あの訪中だ。フルシチョフは四年前に起きた最初の台湾海峡危機の時も、開始のころに北京に滞在していた。どちらの危機の場合も、毛沢東はフルシチョフ訪中の前にもさなかにも、ソ連側に自分の意図を明かさなかった。ワシントンはどちらの場合も、毛沢東はソ連から支持されるだけではなく、その命令で行動していると考え、アイゼンハワーはフルシチョフ宛ての書簡でもこうした疑いを伝えた。北京はソ連という同盟国を自分の外交陣容に加えた形になった。それはソ連の意思に反したものだったが、実際には、ソ連は自分が利用されていることすら認識していなかった(毛沢東はフルシチョフに北京を訪問させ、自分の計画の中で割り当てられた役割を演じさせるために、「潜水艦基地危機」を作り上げた――という見解すらある)。

第二次台湾海峡危機は第一次危機と似ていたが、ソ連が、自分に恥をかかせようとしている同盟国のために、核による威嚇に加わったという点で、重要な違いがあった。

一九五八年の砲撃では約一〇〇〇人が死傷した。第一次台湾海峡危機と同様に、中国は注意深く調整された作戦戦略を用いながら、核戦争を挑発的にちらつかせた。毛沢東は当初、司令官たちに対し、米国側に死者を出さないような砲撃を求めた。司令官たちがそうした保証はできないと答えると、毛沢東は沖合の島々の空域に入らないように、また国民党の艦船だけを砲撃し、米艦船については、たとえあちらから砲撃を受けても反撃しないようにと命令した[41]。危機の前にもさなかにも、中華人民共和国の宣伝機関は「台湾解放」のスローガンを高らかに叫んでいた。しかし、人民解放軍の放送局が、中国側の上陸は「間近だ」とアナウンスし、国民党軍に対し、寝返って「台湾解放の大義に加わる」よう呼び掛けると、毛沢東はそれを「重大な誤り」だと断じた[42]。

毛沢東はジョン・フォスター・ダレスの中に、戦闘的共存というゲームのやり方を知る人物を見いだした。一九五八年九月四日、ダレスは「金門島、馬祖島などの関連地点」を含む台湾を防衛するという米国の公約を再確認した。ダレスは中国の限定的な目的を直感し、実際に、危機を限定的にしたいとの米国の意向を示した。「しかし、中国の共産主義者たちが言っていること、また、彼らのこれまでの行動にもかかわらず、彼らの目的が本当に、軍事力によって台湾と沖合の島々を征服するために総力を挙げることなのかどうか、まだはっきりしていない(43)」。周恩来は九月五日の声明で、紛争における中国の最終目標が大使級の米中対話の再開であることを表明し、中国の目的が限定的であることを確認した。九月六日、ホワイトハウスは声明を発表し、周恩来発言に留意するとともに、米中対話が再開されれば、米国の駐ワルシャワ大使が米国代表を務める用意があると述べた。

こうしたやりとりで、本来なら危機は終わるべきだった。しかし米中両国は、それまでに慣れ親しんだ劇の練習を繰り返すかのように、陳腐な脅迫を繰り返し、その後で、大使級会談の再開という、おなじみのデウス・エクス・マキナ[救いの神]にたどり着いたのだった。

米中ソの三極関係の中で、何が行われているか掌握していなかったのはフルシチョフだけだった。前年にはモスクワで、最近では北京で、毛沢東が核戦争に動じないと公言するのを聞いていたフルシチョフは、核戦争の恐怖と、もし中国側に立たなかったら重要な同盟国を失いかねないという恐れとの間で、苦悩していた。マルクス主義に身を捧げてきた彼は、イデオロギー上の同盟国が戦略上の敵になるということを理解できなかった。また、彼は核兵器について知りすぎていたため、核兵器を使うという脅しを多用する外交に、うまく溶け込むことができなかった。

政治家はジレンマに直面し困った時、すべての方策を同時にやってみようという誘惑にかられることがある。フルシチョフはアンドレイ・グロムイコ外相を北京に派遣し、自制を求めた。しかし、その要請が歓迎されないことを知っていた彼は、バランスをとるために、アイゼンハワーに送る予定の書簡の草稿を中国指導者たちに見せた。草稿は、台湾海峡危機がエスカレートすれば、中国を全面的に支持する――核による支持も暗示しながら――と脅していた。草稿はまた「偉大な友人であり、同盟国であり、隣国である中華人民共和国への攻撃は、ソ連に対する攻撃である」と強調し、ソ連は「中ソ両国の安全を守るためには……あらゆることをする」と警告していた[44]。

フルシチョフの試みは、どちらの取り組みでも失敗した。フルシチョフの書簡は九月一二日、アイゼンハワーによって丁重に拒否された。アイゼンハワーは、大使級会談に復帰したいという中国の意向を歓迎し、中国は台湾への武力行使を放棄すべきだとの米国の主張を繰り返しながら、中国に対して自制を勧めるようフルシチョフに求めた。フルシチョフが他人の書いた劇の俳優であるという現実に気付かないまま、アイゼンハワーは「この集中的な軍事行動は、あなたが北京を訪問してからほぼ三週間後の八月二三日に始められた」として、ソ連と中国は結託しているのではないかと指摘した[45]。

アイゼンハワーはほぼ同時期の一九五八年九月一一日に行った国民向け演説で、米国が沖合の島々の争いに介入したことを、一般化した言い方で正当化した。金門島、馬祖島への砲撃は、ヒトラーによるラインラント占領、ムソリーニによるエチオピア占領、あるいは(中国人をむかっとさせるに違いないたとえだが)日本による一九三〇年代の満洲征服に類似している、と彼は警告した。

北京で、グロムイコはやはりうまくやれなかった。毛沢東は書簡の草稿に対する反応として、核戦争の可能性や、どういう事態になれば、ソ連が核兵器で米国に報復すべきか、について公然と語った。毛沢東は戦争の危険性はすでに通り過ぎたことを知っていたから、いくら脅威を振りまいても安全だった。グロムイコは回想録の中で、毛沢東の虚勢に「唖然とした」と書き、毛の発言を次のように記した。

私は米国が、中国に対する戦争を発動するところまでやるかもしれないと思っている。中国はこの可能性を考慮に入れなければならないし、われわれはそうしている。だが、われわれには黙って従う考えはない。もし米国が核兵器で中国を攻撃したら、中国軍は国境地域から内陸部へ退去しなければならない。中国軍は米軍を中国内部に深く引き込み、そこで挟み撃ちにしなければならない。……米軍が中国の中央部に入り込んできて初めて、貴国は米軍に持てるすべてをぶつけることができる。[46]

毛沢東は米軍が中国の内陸深く引き込まれるまで、ソ連の支援を求めるつもりはなく、そのような事態は、すでに完結したシナリオでは起きないことを、知っていた。グロムイコが北京から送った報告は、フルシチョフに衝撃を与えたようだった。米中がすでに大使級会談で合意しているのに、フルシチョフはさらに核戦争を防ぐための方策を二つ取った。米国の侵攻に対する中国の恐れとフルシチョフが考えているものを鎮めるために、彼は福建にソ連の対空部隊を派遣することを提案した。[47] 中国は返答を遅らせ、危機がほとんど終わった時に提案を受け入れた。ただし、部隊受け入れはソ連軍が中国の指揮下に置かれるという条件付きであり、実現する可能性はほぼなかった。[48] フルシチョフはまた、九月一九日に別の書簡をアイゼンハワーに送り、自制を促すとともに、核戦争が迫っていると警告することで、その神経過敏ぶりを露呈した。[49] フルシチョフの二番目の書簡が届く前に、中国と米国は実のところ、すでに問題を解決していたのである。

一九五九年一〇月三日の会談で、フルシチョフは毛沢東に対し、台湾危機期間中のソ連の態度を次のように総括した。

> われわれの間では、内密に、台湾絡みで戦争はしないと言っていた。しかし外向けには、いわば逆のことを言い、台湾のために状況が悪化したら、ソ連は中華人民共和国を守ると言明した。米国は米国で、台湾を防衛すると宣言した。そのために、一種の戦争前夜のような状況が出現した。[50]

フルシチョフが賢明かつシニカルであろうとしたことで、毛沢東はフルシチョフを非常に無益なコースに誘い込むことができた。特に平和か戦争かの最終的な決断に追い込まれた時、戦略家はブラフがかけられているかもしれないことに気付かねばならないし、空虚な威嚇が自分の将来の信頼性にどのようなインパクトを与えるかも考慮しなければならない。毛沢東は台湾問題で、フルシチョフのはっきりしない感情を利用して、核による威嚇を行うようそそのかし、フルシチョフ自身が重要ではないと考えている問題のために、また彼を軽蔑している同盟国の指導者、毛沢東のために、フルシチョフは米国との関係を緊張させたのだった。核による威嚇についてフルシチョフは、実行する意図がなかったことを認めている。

こうした事態の動きに、毛沢東が当惑したのかどうかは、想像することしかできない。彼はソ連と米国を、互いに核戦争の脅しを掛けるよう煽り駆り立てた。しかもそれは、中国の政治的な活動範囲において、基本的には非軍事的な一角にある、地政学的な重要性が世界でも最も少ない不動産をめぐってだった。その上、毛沢東は、中国が米国やソ連と比べてまだ圧倒的に弱い時期を選んで、そうしたのであった。彼はこうしたことを、宣伝戦において重大な勝利を達成したと主張することが可能なやり方によって、やってのけた。そして中国の宣伝によれば、強い立場で米中大使級会談へ復帰したのだった。

危機の引き金を引き、それを終わらせて、毛沢東は、自らの目的を達したと主張した。

> われわれはこの軍事作戦を戦い、その結果、米国は対話をいとわないようになった。米国は扉を開いた。米国にとって状況は良くないように見え、もしわれわれと今、話し合わなければ、明けても暮れても、落ち着かないだろう。よし、それなら話し合いをしよう。全体状況から見れば、米国との紛争を話し合いや平和的手段を通して解決することは好ましいことである。なぜなら、われわれは皆、平和を愛する人間だからだ[51]。

周恩来はもっと複雑な評価をした。彼は第二次台湾海峡危機を、二つの中国の党［国民党と共産党］が、対立するイデオロギーの障碍を乗り越えて、しかも核大国が核戦争をちらつかせてやり合っている時でさえ、互いに水面下の交渉を行う能力があることを示したものと見た。ほぼ一五年後の一九七二年、周恩来はリチャード・ニクソン大統領の北京訪問中に、中国の戦略をニクソンに詳しく話した。

一九五八年にダレス国務長官は蔣介石に対し、金門島と馬祖島をあきらめるよう求めた。そうすれば、台湾と大陸を完全に分離し、そこに境界線を引けるからだ。蔣介石はそうはしたがらなかった[52]。われわれもまた彼に、金門島と馬祖島から撤退しないように忠告した。われわれは、奇数日には砲撃し、偶数日と祝日には砲撃しないという形で砲撃を行うことによって、彼に撤退することのないよう忠告したのだ。それで彼らはわれわれの意図を理解し、撤退しなかった。他の手段やメッセージは不要だった。この砲撃の方法だけで、彼らは理解した[53]。

しかしながら、こうした輝かしい成果は、この危機が世界に与えた大きなインパクトと釣り合いを保たねばならなかった。大使級会談は再開されるやいなや、暗礁に乗り上げた。毛沢東の複雑な駆け引きによって、米中関係は事実上、敵対的なものとして固定されてしまい、両国は一〇年以上そこから立ち直れなかった。米国では、中国が米国を西太平洋から追い出そうと決意しているとの見方が信仰のようになり、両国からより柔軟な外交という選択肢を奪うことになった。

危機がソ連指導部に与えたインパクトは、毛沢東が意図したものとは逆になった。ソ連は平和共存政策を断念するどころではなかった。ソ連は毛沢東の言葉遣いでパニックに陥り、毛による核の瀬戸際政策、核戦争が世界の社会主義に与えるであろうプラス効果に関する再三の表明、モスクワに一切相談をしないこと、などによって動揺した。この危機の余波の中で、ソ連は中国との核協力を中止し、一九五九年六月には、中国に原子爆弾のひな型を提供するという約束を撤回した。フルシチョフは一九六〇年、中国からロシア人技術者を引き揚げ、すべての支援プロジェクトを中止した。「われわれは、われわれの最も質の高い専門家たち――われわれ自身の農業や工業で訓練された人々――が、支援の代償として嫌がらせだけを受けている状況を、座視することはできない[54]」とフルシチョフは主張した。

毛沢東は、中国が国家の安全や領土保全で脅威を受けた場合には直ちに反応することを、いま一度、世界に示した。そのために中国の近隣諸国は、中国の国内的な激動――毛沢東は中国社会をそこに突っ込ませようとしていた――を利用する試みを思いとどまった。しかしそれはまた、中国の孤立が徐々に進むプロセスの始まりであり、毛沢東は一〇年後に、外交政策を再考せざるを得なくなる。

第7章　危機の一〇年

中華人民共和国が誕生してからの最初の一〇年間に、中国のタフな指導者たちは、彼らが征服した老衰状態の帝国の舵を取り、国際的な大国に変えていった。その次の一〇年は、国内での継続革命を加速させようとする毛沢東の試みが主流となった。継続革命の推進力は、精神的、イデオロギー的な活力は肉体上の限界を乗り越えるという、毛沢東の信条だった。その一〇年は、中国の指導者自身が命じた国内的混乱の中で始まり、その中で終わりを告げた。混乱がかくも網羅的だったため、中国は自らを世界の他の国々から隔絶させた。中国の外交官はほとんどすべてが北京に呼び戻された。中国の国内構造は二回にわたって徹底的にオーバーホールされた。最初は経済に関してであり、その一〇年の最初に大躍進が行われた。二番目は社会秩序に関してであり、この一〇年の最後に行われた文化大革命がそれだった。外交は時代遅れと見なされたが、戦争はそうではなかった。自ら招いた苦しみの中で、国益が挑戦を受けていると毛沢東が感じた時、中国は再び立ち上がり、荒涼としたヒマラヤにあるはるか西方の国境で戦争を始めた。

大躍進

党主席は神のように無謬だという主張を取り下げるなら、一体何が共産党の政治的正統性を構成するのか。中国の指導者たちは、フルシチョフの秘密演説を受けて、この問題に取り組まざるを得ないと感じていた。一九五六年二月のフルシチョフ演説後から数カ月のうちに、中国指導者たちは、おそらくは定期的にやってくる軌道修正のショックを和らげるために、自らの統治をより透明化する方向に向けて手探りで進み始めたようだった。毛沢東を崇拝するような文言は、共産党規約から削除された。共産党は経済分野における「急進性」に警告を発した決議を採択し、「階級闘争」の主要局面がもはや終わりに近づいたことを示唆した[1]。

しかし、そうした平凡なアプローチは、毛沢東の継続革命のビジョンとすぐさま衝突した。数ヵ月のうちに、毛沢東は政治的な軌道修正に向けた別の道筋を提案した。それは、中国共産党が自らのやり方に対して論議と批判を求め、知識人や芸術家に自由にしゃべらせ、「百花斉放、百家争鳴」させるというものだった。毛沢東がこうした呼び掛けをした本当の動機が何かについては、今も論争のテーマとなっている。百花斉放運動については、官僚主義的な隔絶を克服して、人民の声を直接聞こうという、党に向けた真摯な呼び掛けだという説明と、敵をうまくおだてて正体を現わさせるための計略だという説明とがあった。動機がどうであれ、大衆による批判は、戦術的調整のための提案という域を急速に超え、共産党システムへの批判となっていった。学生たちは北京に「民主の壁」をつくった。批判者たちは地方官僚による権力乱用に抗議し、ソビエト方式の経済政策で押し付けられた窮乏に抗議した。共産党支配の最初の一〇年を、それに先立つ国民党時代より悪くなったとする者もいた[2]。

当初の意図がどうであれ、毛沢東は自らの権威に対する挑戦を、長く我慢することはなかった。彼は急転換を行い、それを弁証法的アプローチの一側面であると正当化した。百花斉放運動は「反右派闘争」へと形を変えていった。それは、当初の論争への誘いの限界点を誤解した人々に対処するための闘争だった。大規模な粛清によって、何千人もの知識人が投獄され、再教育され、国内追放された。こうした経緯の果てに、毛沢東は批判者を一掃し、再び中国の比類なき指導者の地位に就いた。彼は自らの卓越性を利用して、継続革命を加速させ、それを「大躍進」に変えていった。

一九五七年にモスクワで開かれた社会主義政党の

会議で、毛沢東は中国の経済発展について、決定的な主張を行った。フルシチョフがソ連は一五年以内に経済的に米国を追い越すと予告したのに対応して、毛沢東は即興の演説で、中国は鉄鋼生産で同じ期間内に英国を追い抜くと宣言したのだった。[3]

この発言はほどなく指示として扱われた。一五カ年の鉄鋼生産目標——これはその後、ほとんどが即興の一連の発言によって、三カ年に短縮された[4]——に合わせて、同様に大胆な一連の農業の目標が設定された。毛沢東は、中国の継続革命をより活発な段階に進め、中国人民をかつてなく大きな挑戦に直面させようと、準備を進めていた。

毛沢東が行った多くの事業と同じように、大躍進も経済政策、イデオロギー的高揚、外交政策の側面が組み合わされていた。毛沢東にとっては、これらは得意な分野ではなかったが、中国革命という壮大なプロジェクトに相関した一分野だった。[5]

大躍進とは、文字通りの意味から言えば、工業と農業の発展に関する毛沢東の全面的な考え方を実行することが目的だった。国家が、財産も食料も労働も共有する「人民公社」に再編成されるにつれ、中国に残っていた私有財産や個人へのインセンティブのほとんどが撤廃された。農民たちは人海作戦で進めるプロジェクトのために、準軍隊式の集団に徴用された。作業の多くは間に合わせのものだった。

こうした運動は国内ばかりでなく、国際的にも、特にモスクワとの争いの関連で、意味を持っていた。もしも成功すれば、大躍進はモスクワが指示した漸進主義への反証となり、事実上、共産主義世界のイデオロギーセンターが北京に移ることになる。フルシチョフが一九五八年に北京を訪問した時、毛沢東は、発展の道として、より時間のかかる、より官僚的な、そしてより刺激に乏しい道を選択しているソ連より早く、中国は完全な共産主義を達成すると主張した。ソ連には、毛沢東の発言は衝撃的なイデオロギー上の異端として聞こえたのだった。

しかし毛沢東の設定した挑戦が客観的現実の範囲を逸脱し過ぎていたため、中国人民でさえ、今回だけはやり遂げられなかった。大躍進の生産目標は途方もなかった。しかも、これに反対した場合や、失敗した場合にどうなるかが非常に恐ろしかったので、地方の幹部たちは生産額をでっち上げ、北京には水増しした数字を報告することに専念した。こうした報告を文字通りに受け取り、中国政府は重工業品や武器類と引き換えに、ソ連向けに穀類輸出を続けた。最悪の事態をさらに悪化させたのは、毛沢東の打ち出した鉄鋼生産目標がそのまま実施に移されたため、生産割当額を達成しようと、役に立つ器具類をスクラップとして溶かすことが横行したことだった。しかし最後には、自然の法則や経済法則を無視することはできなかった。大躍進の請求書は残忍なものだった。一九五九年から一九六二年にかけて、中国は人類史上、最悪の飢饉の一つを経験し、二〇〇〇万人以上が死亡した。[6] 毛沢東は再び中国人たちに山を動かすよう呼び掛けたが、今回は、山は動かなかった。

ヒマラヤ国境紛争と一九六二年の中印戦争

人民共和国建国からほぼ一〇年の一九六二年までに、中国は朝鮮で米国と戦い、台湾の沖合の島々をめぐって、米国を巻き込んだ二度の軍事対決に関わった。中国は新疆とチベットを再び領土としたことで、(モンゴルと台湾とを除き)清朝時代のかつての辺境における主権を回復した。大躍進によってもたらされた飢饉が、ようやく克服されたばかりだったにもかかわらず、毛沢東は、中国側の定めた歴史的な境界線がインドから挑戦を受けていると考えた時、新たな軍事衝突を躊躇しなかった。

二つの領土が絡む中印国境危機は、ヒマラヤ高地が舞台だった。そこはチベットとインドの間にある、人を寄せ付けない山岳地帯の中の、人のまず住めない人跡未踏の台地だった。国境問題は根本的には、植民地の歴史の解釈から派生していた。

中国はヒマラヤ南麓に沿った清朝時代の国境を主

張した。この国境は、中国が「南チベット」と呼ぶ地域を囲んでいたが、インドはそこをアルナチャルプラデシュ州として統治していた。インド側が主張する国境は、比較的最近の事情に基づいていた。それは、チベットへ進出しようとしたロシア帝国との間で境界線を引こうとした英国の努力に端を発していた。これに関係する最新の文書は、一九一四年に英国とチベットの間で調印されたもので、英国側の交渉代表の名をとってマクマホン・ラインと呼ばれた、東部地区の国境線を定めたものだった。

中国はチベットと長期にわたって関係を持っていた。モンゴル人は一三世紀に次々と起きた一連の征服の中で、中国の農耕中心地域とチベットを征服した。そのため、チベットと中国は政治的に緊密な関係を持つようになった。その後、清朝はしばしばチベットに介入して、漢族以外の勢力が西方や北方からチベットに侵入するのを追い払おうとし、結局、北京はラサにいる「皇帝の代理人」によって宗主権を行使するという形式に落ち着いた。清朝以来、北京はチベットを中華皇帝が統治する「天下」の一部として扱い、敵対的な侵入者を排除する権利を保有した。しかし遠く離れていることや、チベットの遊牧民文化のために、完全な中国化は不可能だった。こうしてチベットは、日常生活に関してはかなりの自治を享受していた。

一九一二年の清朝の終焉までに、中国の統治能力が著しく衰えたため、チベットにおける中国政府の存在は縮小した。清朝崩壊直後に、インドの英国当局は中国とチベットの代表を避暑地シムラに招き、インドとチベットの国境画定を目的とした会議を開催した。中国政府には、こうした動きに対抗するだけの効果的な力がなかったため、中国が歴史的に主張してきた領土についてはどこであれ、割譲することに原則として反対すると主張するにとどまった。会議に対する北京の態度は、当時のインドにおける英国統治機関の所在地、カルカッタに駐在していた中国代表、陸興治の次のような発言に示されている。「わが国は現在、弱体化している。わが国の対外関係は複雑で困難な状況にあり、財政も困窮している。しかし、チベットは双方(中国南西部の四川省と雲南省)にとって極めて重要であり、この会議においてわれわれは、最大限に奮闘しなければならない」[7]。

会議で中国側代表団は、最終文書に仮調印しながら、署名は拒否するという方法で、このジレンマを解決した。チベットと英国の代表団は文書に署名した。外交慣習においては、仮調印すれば文書は確定され、交渉が終わったことを意味している。文書への署名は、それを発効させることになる。中国は、チベット代表には国境合意に署名する法的資格がないと主張した。チベットは中国の一部であり、主権を行使する資格はない、というのだった。中国はマクマホン・ラインの南の領土に対するインド管轄の正統性を認めなかったが、初めのうちは公然と争うことはしなかった。

西部における紛争地域は、アクサイチンという名で知られていた。そこはインドからは非常に近づき難い位置にあったため、一九五五年に中国がこの地域を横切って新疆とチベットを結ぶ新蔵公路を建設した時、インドはそれに気付くのに数カ月を要した。この地域の歴史的ないきさつも問題が多かった。英国は、アクサイチンを統治したことがあるようには見えなかったが、ほとんどの公的な地図の上では、そこを自国領だと主張していた。インドは英国からの独立を宣言した時、英国の領土的主張を継承した。その主張には、マクマホンによってすべての地図上に引かれた境界線とともに、アクサイチンも含まれていた。

二つの境界線はどちらも、戦略的に意味を持っていた。一九五〇年代には、中印双方の立場には、一定のバランスが存在していた。中国はマクマホン・ラインを、チベットに対する中国のコントロールを弱めるための、あるいはチベットを統治するための英国の計画の象徴と見なしていた。インドのジャワハルラル・ネルー首相は、インドの古典的仏教文化とチベット仏教との歴史的つながりを根拠に、チベットにおける文化的、心情的な権益を主張した。しかし首相は、チベットで実質的な自治が維持されるならば、チベットに対する中国の主権を認める用意もあった。こうした政策を進めるため、ネルーはチベットの政治的地位に関する問題を国連で協議するとの申し立てを支持しなかった。

しかし一九五九年にダライ・ラマが逃亡し、インドに亡命者として受け入れられると、中国は国境確定の問題をますます戦略的観点で扱い始めた。周恩来は東部境界に関する中国の主張と、西部境界に関するインドの主張とを交換する取引を提案した。別の言葉で言えば、アクサイチンに対する中国の主張をインドが認める代わりに、中国はマクマホン・ラインを交渉の基礎として受け入れるというものだった。

植民地から独立した国々のほとんどは、独立を達成した時の国境を維持しようとした。交渉のためにそれを投げ出すことは、際限のない論争と国内的な圧力を招くことになる。ネルーは、自分が首相に選ばれたのは、議論の余地なくインドのものと考える領土を安売りするためではないという信条から、中国側に回答しないことで、提案を拒否した。

一九六一年、インドはいわゆる前進政策を打ち出した。係争地をめぐって争ってはいないという印象を拭い去るため、インドは自国の前哨基地を前方に進めた。そのため、インドの前哨基地は、中国側が以前に、現在の境界線を越えて作った前哨基地に近づくことになった。インド軍の司令官たちには、中国軍はインド領への侵入者であるという論理に基づいて、自らの判断で中国軍に発砲する権限が与えられていた。最初の衝突は一九五九年に起き、毛沢東はこの時は危機を回避するため、中国軍に対して約二〇キロ撤退するよう命じた。衝突の後、インド軍は増強された。インドの戦争計画立案者たちは、中国軍はインドが前進しても抵抗しないという結論を出した。というより、中国はインド軍の前進を撤退の口実にしているのではないかと、インド側は考えた。インドの公式戦史の記述によれば、インド軍は「現在、われわれ(インド側)がいる位置から、われわれが認知している国境線の方へ、できるだけ遠くまでパトロールする。……そして中国軍がさらに前進するのを阻止し、わが領土内にすでに設置された中国側検問所をどれでもいいから支配する」よう命じられた⑧。

インド側のこうした考えは誤算だった。毛沢東は直ちに、先の撤退命令を撤回した。しかし彼はまだ慎重で、北京で開かれた中央軍事委員会の会合で「小さなことで忍耐を欠けば、大きな計画を台無しにする。われわれは状況に注意を払わねばならない⑨」と語った。それはまだ、軍事的対決を命じたものではなく、むしろ、戦略的計画を準備せよという一種の警戒警報だった。こうして、戦略的決定を行う際のおなじみの中国方式、すなわち、徹底した分析、細心の準備、心理的・政治的要因への注意、どうしたら驚愕を与えられるかという探求、素早い結論、という手順が始まった。

中央軍事委員会および最高指導者たちとの会談で、毛沢東はネルーの前進政策について警句を用いてコメントした。「心地の良いベッドで眠っている者は、他人のいびきでは簡単には目を覚まさぬものだ⑩」。別の言葉で言えば、ヒマラヤの中国軍はインドの前進政策に対応するにはあまりに受け身ということだった。中国側の認識では、インドの前進政策は中国領で起きていることだった(もちろん、それが紛争の本質だった。双方とも敵が自国領に入ってきたと主張していた)。

中央軍事委員会は中国軍に、撤退を中止して、もしインド軍が新たな前哨基地を作れば、その近くに前哨基地を作って包囲し、抵抗するよう命じた。毛沢東はそれを「そちらが銃を振り回せば、こちらも銃を振り回す。われわれは対峙し、どちらもが勇気を奮うことができる」と総括した。毛沢東はその政策を「武装共存⑪」と定義した。それは事実上の、ヒマラヤにおける囲碁の練習だった。

緻密な指示が出された。目標は依然、大規模な戦争を回避することだと明示された。中国軍は、インド軍が中国側の陣地から五〇メートル以内に近づかない限り、発砲する権限を与えられていなかった。五〇メートルより遠方に対する中国側の軍事行動は、より高位の当局者からの命令があって初めて始めることができた。

インドの計画立案者たちは、中国側が退却をやめたことに注目すると同時に、発砲を抑制していることにも気付いていた。彼らは再度前進してもうまくいく、との結論に達した。インドの目標は、中国軍が退却した後の無人の土地を奪うことではなく、「中国側がすでに占拠している前哨基地を押し戻す」ことに変わった。[12]

インドのさらなる前進を阻止し、流血の事態も避けるという、中国側が打ち出した方針の二つの目的はかなえられそうもなかった。そこで中国の指導者たちは、奇襲攻撃によってインドを交渉のテーブルに着かせ、報復合戦を終わらせることができるかどうかを検討し始めた。

そうした目的を達成しようとする過程で、中国の指導者たちは、米国が迫り来る中印紛争を利用し、大陸に向けて台湾に攻撃をかけさせるのではないかと懸念した。中国が抱いていたもう一つの懸念は、ラオスをベトナム戦争の基地にしようというハノイの努力を阻止しようとする米国の外交は、米国が最終的にラオス経由で中国南部を攻撃しようとしていることの前触れなのではないか、ということだった。中国の指導者たちは、米国が地域的な戦略的利害関係に、インドシナでやったほどまで(その時は、大規模なエスカレーションが始まる前だったが)関わってくるとは思っていなかった。

中国指導者たちはこの二つの懸念を解消する確証を得た。彼らによるこの懸念解消の過程を見れば、中国の政策がいかに包括的なやり方で立案されているかが分かる。台湾海峡における米国の意図を測る場としては、ワルシャワでの米中当局者協議が選ばれた。ワルシャワ協議担当の中国大使が休暇から呼び戻され、協議開催を要請するよう指示された。協議で大使は、北京は台湾が大陸への上陸準備をしていることに気付いている、と主張した。そうした準備についてまったく聞いていなかった——実際には何も行われていなかったのだから——米国大使は、米国は平和を望み、「現状では」国民党の攻撃は支持しないと答えるよう指示された。ワルシャワ協議で中国側の大使を務めていた王炳南は、回想録の中で、この情報は北京がヒマラヤでの作戦開始を最終決定する上で「非常に大きな役割」を果たしたと記した[13]。中国側がどのような政策を立案する場合に、今回のような特別協議の開催を要請するのかについて、米国政府が内部で検討したという証言はない。これが、政策決定における部分的アプローチと包括的アプローチの差異だった。

ラオス問題は自然に解決された。一九六二年のジュネーブ会議で、ラオスの中立化およびラオスからの米軍撤退が決まり、中国の懸念は取り除かれた。

こうした確信を手にして、毛沢東は一九六二年一〇月初め、戦争突入という最終決定を発表するため、指導者たちを招集した。

われわれは老蔣(介石)と戦争をした。日本とも戦ったし、米国とも戦った。こうした戦いのどれをも、われわれは恐れなかった。そしてどの戦争でもわが方は勝った。今、インドがわれわれと戦いたがっている。当然、わが方には恐れはない。われわれは屈するわけにはいかない。いったん屈すれば、福建省に等しい広大な土地を彼らに占領されるのと同じことになるだろう。……ネルーが頭を突き出し、わが方に対し自分と戦うよう言い張っている。われわれが彼と戦わないことは、あまり友好的とは言えない。礼儀には礼儀をもって報いることが重要だ[14]。

一〇月六日、基本的な決定が行われた。戦略計画は、大規模攻撃でインドに衝撃を与え、それによって国境交渉を推進させるか、あるいは少なくとも近い将来にわたって、インドによる軍事的な挑発をやめさせよう、というものだった。

攻撃命令のための最終決定を前に、フルシチョフから、戦争になった場合、ソ連は一九五〇年の友好同盟条約の条項に基づいて、中国を支援する、という連絡が届いた。ソ連の決定は、ここ数年の中ソ関係や、それまでクレムリンが中印問題で取ってきた中立的立場とは、まったく調和しないものだった。キューバへのソ連核兵器の配備問題が最終局面を迎えていることを知っていたフルシチョフが、カリブ海危機での中国の支持を確実にしておきたかったため、というのがもっともらしい説明だった⑮。キューバ危機が終わると、フルシチョフは二度とこの中国支援について口にしなかった。

中国側の攻撃は二段階に分けて行われた。予備的な攻撃は一〇月二〇日に始まり、四日間続いた。その後、一一月中旬に大規模攻撃が行われた。攻撃は清朝時代の伝統的な境界線に近い、ヒマラヤ外周の丘陵地帯にまで達した。この地点で人民解放軍は停止し、中国側が主張しているラインのずっと後方の、進軍開始地点まで退却した。係争地は今日も係争中のままである。しかし中印両国とも、現在の支配ラインを越えて、自国の主張を無理押ししようとはしていない。

中国側の戦略は、台湾海峡の沖合の島々をめぐる危機の時の戦略と似ていた。中国はマクマホン・ライン南方の領土を主張し続けてはいるが、一九六二年の中印戦争では、いかなる領土も勝ち取っていない。これは政治的判断によるものかもしれず、あるいは物資補給の困難さに関する現実認識を反映したものかもしれない。東部地域の領土は、占領したとしても、近寄りがたい地形を横切る、延び切った供給ラインを通じてしか、維持できないのだった。

戦争終結によって、毛沢東は、国内の飢饉がどうにか終息したという状況の中で、いま一つの重大な危機に耐え、そして今回は勝利を得たのだった。中印戦争でインドはある意味で、朝鮮戦争における米国の経験を再演した。中国を過小評価したこと、中国の能力についての情報機関の評価が疑問視されなかったこと、それに、中国が安全保障環境をどう解釈し、軍事的脅威にどう対応するかについて、掌握しそこねたことも重なっていた。

同時に、一九六二年の戦争で、中国にはもう一つの恐るべき敵が加わることになった。当時、ソ連との関係は修復可能地点を超えてしまっていた。ソ連が中国支援を申し出たのは、キューバにソ連の核が存在したわずかな期間だけにすぎなかった。

ヒマラヤでの軍事衝突がエスカレートすると、モスクワは直ちに中立姿勢を取った。中国の傷に塩をすり込むように、フルシチョフは、自分は評判の悪い平和共存の原則を推進しているのだ、と述べて、その中立を正当化した。中国共産党機関紙、人民日報は一九六二年一二月の社説で、共産主義国家が「ブルジョア」国家と争っている別の共産主義国家の側に立たなかったのは、これが初めてだ、と怒りを込めて指摘した。「共産主義者にとって、最低限必要なのは、敵とわれわれとを明確に区別し、敵には情け容赦なくし、同志には親切にすることである」[16]。社説はさらに、どこか悲しげな調子で「彼らの良心を試し、彼らのマルクス・レーニン主義がどうなったのか、彼らのプロレタリア国際主義がどうなったのか、尋ねてみよう」と、中国の同盟国に呼び掛けた[17]。

一九六四年までに、ソ連は中立という装いさえ拭い去った。キューバ・ミサイル危機に関連して、政治局員で党イデオローグのスースロフは、ソ連が最も困難な時に、中国はインドへ侵攻したと非難した。

まさにキューバ危機が最高潮に達した時に、中華人民共和国が中印国境で武力紛争を拡大させたのは事実である。その時以来、中国の指導者たちがどんなに当時の自分たちの行動を正当化しようとしても、彼らが自らの行動を通して、帝国主義の最も反動的な集団を助けたという事実の責任から免れることはできない[18]。

大飢饉をどうにか乗り越えたばかりの中国は、今や、すべての国境で敵を抱えることになった。

文化大革命

国家的緊急事態が起きかねないこの時期に、毛沢東は中国という国家と共産党を破壊することを選んだ。彼は伝統的中国文化の頑強な残渣に対して、最後の攻撃となると考えた運動を発動した。その残渣の破片から、新たな、イデオロギー的に純粋な世代が立ち上がると、毛沢東は予測した。それは内外の敵から革命の大義を守るために、十分な心構えのできている世代だった。彼は中国を、一〇年のイデオロギー的熱狂、容赦のないセクト政治、内戦に近い状態に駆り立てた。これがプロレタリア文化大革命として知られるものだった。

どんな組織も、次々に起きる大激変の波から逃れられなかった。北京からの政治宣伝で駆り立てられた「大衆」との暴力的な対峙の中で、国の至る所で地方政府が解体された。中国共産党や人民解放軍の著名な指導者たちが、革命戦争の指導者たちも含め、粛清され、公開の場で恥辱にさらされた。それまで長い間、中国の社会秩序のバックボーンだった教育制度は立ち往生し、若い世代が国を放浪して、毛沢東の「革命をやることで、革命を学ぼう」という呼び掛けに呼応することができるように、授業は無期限に中止された[19]。

突然、束縛を外されたこうした若者たちは、紅衛兵の各セクトに加わった。紅衛兵とは、イデオロギー的熱狂で結び付けられた若者の武装組織で、超法規的に、また通常の組織構造の外で(多くの場合、それに露骨に反対する形で)活動した。毛沢東はそうした活動を、「革命無罪」「司令部を攻撃せよ[20]」といった、曖昧だが扇動的なスローガンで支持した。毛沢東は若者たちが、今ある共産党の官僚主義や伝統的な社会慣習を暴力的に攻撃することを認め、「無秩序」を恐れず、ぞっとする「四旧」、すなわち古い思想、古い文化、古い風俗、古い習慣の撲滅のために戦うようけしかけた。毛沢東主義者の考えでは、この「四旧」が中国を弱体化させているのだった。[21] 人民日報は「無法を称賛する」という社説で、炎を煽った。それは、調和と秩序という中国の一〇〇〇年来の伝統を、はっきりと、政府公認で非難したものだった。[22]

その結果生じたのは、人間の、そして制度の、甚だしい惨状だった。中国の権力機関、公的機関は、共産党の最高階層を含め、一つ一つ、十代のイデオロギー的突撃隊による攻撃に屈服していった。それまでは学問や博学を尊敬する文明として知られていた中国は、下克上の世界となり、子供は両親に反抗し、学生は教師を残忍に扱い、書籍を燃やし、専門家や高官は、文字の読めない小作農から革命的実践を学ぶために、農場や工場に送られた。紅衛兵や彼らと組んだ市民たち――嵐を生きながらえようと、手当たり次第に紅衛兵のセクトを選んだ者もいた――が、中国の古い「封建的」秩序へ戻る兆しとなりそうなあらゆる目標へ怒りを向け、残酷なシーンが国中で展開された。

こうした攻撃目標の中には、何世紀も前に死んだ人々もいたが、彼らが歴史上の人物だからといって、攻撃の激しさが弱まることはなかった。北京の革命的学生と教師は孔子の郷里の村に押しかけ、中国に対する古代聖人の影響に決定的に終止符を打つと称して、古い書籍を燃やし、記念碑を打ち壊し、孔子とその子孫の墓を破壊した。北京では「重要文化歴史地点」に指定された首都の六八四三カ所のうち、四九二二カ所が紅衛兵の攻撃で破壊された。紫禁城は周恩来が個人的に介入したことで、ようやく救われたと報じられている。[23]

伝統的に儒教知識人エリートによって統治されてきた社会が、今や、知恵の源泉として、教育のない農民に頼ることになった。大学は閉鎖された。「専門家」と見なされた者はみな疑われた。専門的能力は危険なブルジョア的概念だった。

中国の外交姿勢はぐらついた。ソ連圏に対して、西側諸国に対して、自国の文化や歴史に対して、手当たり次第に怒りまくる中国を、世界はほとんど理解に苦しむという目で見ていた。海外にいる中国の外交官やその補助職員たちは、駐在国の市民に対して革命を呼び掛け、「毛沢東思想」を講義して熱弁をふるった。七〇年前の義和団の乱さながらに、紅衛兵の群れが北京にある大使館を襲った。英国外交公館は略奪され、逃げまどうスタッフは殴打され、性的な暴行を受けた。英国外相が陳毅外相に書簡を送り、英国と中国は「外交関係を維持しながらも……当面、互いの首都から外交使節団と人員とを引き揚げ」るよう提案したが、中国側からの返答はなかった。中国外相自身、国内闘争で批判を受けており、回答できなかったのだ(24)。最終的には、一人の大使——有能でイデオロギー的に申し分のなかったカイロ駐在の黄華大使——を除くすべての中国大使と、約三分の二の大使館スタッフが本国に呼び戻され、田舎での再教育を受けさせられるか、革命活動に参加させられた(25)。中国はこの時期、数十カ国の政府と派手な紛争を引き起こしていた。中国が本当に前向きな関係を保っていたのはたった一カ国、アルバニアだけだった。

文化大革命の象徴は、毛沢東の言葉の引用を集めた、小さな赤い「毛沢東語録」だった。一九六四年に林彪が編纂したものだった。林彪はその後、毛沢東の後継者に指名されたが、クーデターを試みたとされ、中国から逃げる際に、真相のはっきりしない航空機の墜落で死亡した。すべての中国人は「毛語録」を一冊、持ち歩かねばならなかった。紅衛兵たちは「毛語録」を振りかざしながら、北京の許可の下に、少なくとも黙認の下に、中国全土で公共の建物を「奪取」し、地方の官僚機構に暴力的に挑戦した。

しかし紅衛兵たちは、自分たちが純化しようとした幹部たちと同様、革命が自分たちの頭上に降りかかってくるというジレンマに免疫がなかった。公式の訓練ではなく、イデオロギーで結束した紅衛兵たちは、自らのイデオロギー的、個人的嗜好《しこう》を追求するセクトになっていった。紅衛兵のセクト間の戦闘があまりに激しくなったので、毛沢東は一九六八年には紅衛兵を公式に解体し、地方政府再建のために党と軍の忠実な指導者を配置した。

若者世代を農民から学ばせるために、遠く離れた田舎に送り込む「下放」という新たな政策がはっきりと打ち出された。この時点で、中国で指揮系統が機能している大きな組織は軍だけだった。軍は通常の業務範囲をはるかに超えた役割を引き受けた。軍人は破壊されつくした政府省庁を動かし、農場の面倒を見て、工場を経営した。これらすべては、国家の防衛という本来の任務に加えて行われた。

文化大革命が直接与えたインパクトは壊滅的だった。毛沢東の死後、第二世代、第三世代の指導者たち——ほとんどすべてが、さまざまな場面で被害を受けていた——が行った文革評価は、非難に満ちていた。一九七九年から一九九一年まで、中国の中心的指導者だった鄧小平は、文化大革命は組織としての中国共産党をほとんど壊滅させ、共産党への信頼を少なくとも一時的には破壊したと主張した(26)。

近年、個人的な記憶が薄れるにつれて、別の見解がためらいがちに現れ始めている。この見解は、文化大革命の中で大いなる悪行がなされたことを認めながらも、毛沢東はおそらく重要な問題を提起したのではないか——たとえ彼の出した答えが悲惨なものだったとしても——と、問い掛け始めている。毛沢東がはっきりさせようとしたとされる問題とは、現代国家、特に共産主義国家と、それが統治する大衆との関係である。主に農業中心の社会においては、そして初期の工業社会においても、統治が関心を持つのは、一般大衆が理解できる範囲内の問題である。もちろん貴族社会においては、ここで言う大衆の範囲は限られている。しかし、その統治に公式の正統性があるかどうかは別にして、もし統治がまったくの押し付けでないならば、命令を実行する人々による、何らかの暗黙の意志一致が必要である。統治が押し付けならば、そうした統治が歴史上の一定期間にわたって維持されることは、まずない。

現代において難題なのは、諸問題が非常に複雑になったため、法的な枠組みが徐々に理解不可能なものになっていることである。政治システムは命令を発するが、執行はその大部分が官僚機構に任される。その官僚機構は政治プロセスからも大衆からも切り離されており、周期的に行われる選挙によってさえ、コントロールされてはいない。米国においてさえ、重要な法律はしばしば数千ページにわたっており、甘く見ても、細部まで目を通している議員はごくごく少数である。特に共産主義国家では、官僚機構は、自分たちで定義した手順を遂行するに当たって、自分たちだけのルールを持つ自己完結型の単位で動く。政治階層と官僚階層の間には溝があり、これら二つの階層と大衆の間にも溝がある。このようにして、官僚主義的モメンタムによって新たな高級官僚階層が現れる恐れがある。一度の大規模な攻撃でそうした問題を解決しようとした毛沢東の試みは、中国社会を壊滅の瀬戸際に追いやった。中国人学者で政府顧問の胡鞍鋼は最近の著書で、文化大革命そのものは失敗だったが、それは一九七〇年代末から一九八〇年代の鄧小平改革の土台をつくったと論じた。胡鞍鋼は、現在の中国の政治制度における「政策決定システム」を、より「民主的で、科学的で、制度化されたもの」にする方法を探るため、文化大革命をケース・スタディとして使うよう提案している[27]。

失われた好機はあったのか

今になって振り返れば、米国は中国との対話開始を、実際よりおそらく一〇年は早く始められる立場にあったのではないか、と考える人がいる。中国における混乱は、重要な対話の出発点になり得たのだろうか。別の言葉で言うなら、一九六〇年代に米中関係改善の好機があり、それが失われたのだろうか。もっと早く中国への門戸を開くことができたのだろうか。

実際のところは、米国がより想像力豊かな外交政策を行ううえでの根本的な障碍は、毛沢東の継続革命の考え方にあった。毛沢東はこの段階では、平穏な時期というものを何としてでも阻止しようと決めていた。フルシチョフが公約した平和共存を毛沢東が断固拒否したことをめぐって、モスクワと血塗られた抗争が展開されている時に、中国が資本主義の大敵と和解しようと試みることは、想像もできなかった。

米国サイドでは、中国をより柔軟に認識しようという、ためらいがちな手探りがあった。一九五七年一〇月に、ジョン・F・ケネディ上院議員はフォーリン・アフェアーズ誌に発表した論文で「ソ連圏内での権威の分裂」に言及し、アジアにおける米国の政策は「おそらく硬直化し過ぎている」と指摘した。彼は、人民中国を承認しない政策は続けるべきだとしながらも、状況の変化に応じて、米国は「無能な全体主義の中国という壊れやすい概念」を再検討する準備をすべきだと論じた。彼は「われわれは、実際状況に変化が起きた時、それを無視したり、気付かなかったりして、政策をがんじがらめにしてしまうことがないよう、注意しなければならない」と警告した。㉘

ケネディの認識は鋭いものだったが、彼が大統領になった時、毛沢東は逆の方向への、次の弁証法的変化を遂げていた。それは、敵意を減らす方向ではなく、増す方向へ、国内の対抗者をますます暴力的に抹殺する方向へ、穏健な改革ではなく、制度的構造を破壊する方向へ向かうものだった。

ケネディ論文が書かれたころの一九五七年に毛沢東は反右派闘争を発動し、一九五八年には第二次台湾海峡危機（毛沢東はこれを「米国に教訓を与えるため」の試みと説明した）が起き、さらに「大躍進」㉙が続いた。ケネディが大統領になった時、中国はインドとの国境紛争で武力攻撃を行った。ケネディ政権はインドを、アジアにおいて共産主義の代替物を提起し得る国だと考えていた。これらの出来事は、ケネディが米国人に敏感に察知するよう助言した、和解や変化の兆候ではなかった。

ケネディ政権は大躍進によって引き起こされた飢饉の際に、中国の危機的な農業状況を緩和するための人道的支援を申し出た。「平和のための食料」確保の努力と説明されたこの援助は、支援を「本気で望んでいる」とする中国側の特別の要請が条件となっていた。毛沢東は自力更生でやることを決めており、外国支援への依存を認めることは問題外だった。ワルシャワの大使級協議の代表は、中国は「自らの努力で困難を克服している」と回答した[30]。

リンドン・ジョンソン大統領の政権末期には、政府高官たちやさらには大統領自身までもが、中国とより対決の少ない方向へ動くことを考え始めていた。一九六六年、国務省はワルシャワでの大使級協議で、より前向きの態度を取るよう交渉担当者に指示するとともに、協議以外の場で、非公式の社交的接触を始めることを許可した。一九六六年三月、大使級協議で米国代表は「合衆国政府は中華人民共和国とのさらなる関係発展を望んでいる」と述べ、オリーブの枝を差し伸べた。米当局者が公式の立場で中国に対して、一九四九年以降の公式国名を使ったのは、これが初めてだった。

ジョンソン大統領はついに、一九六六年七月に行ったアジア政策に関する演説で、平和的選択を打ち出した。「七億人の大陸中国が、彼らの統治者によって外部世界から孤立させられている限り、アジアに恒久平和は訪れない」と彼は述べた。東南アジアにおける中国の「代理人を通じた攻撃的政策」には反対すると強調しながらも、大統領は来たるべき「平和協力」や「今は互いに敵国と呼んでいる国々の和解」の時代に期待を示した[31]。

こうした見解が提案されたのは、中国側の、まだ定義されていない態度の変化に応じて、米国側に抽象的な希望が生まれたからだったが、具体的な成果は何もなかった。成果が生まれるはずがなかったのである。というのは、こうした提案が行われたのは、文化大革命の始まりとほぼ時期を同じくしていたからだ。文革で中国は、挑戦的敵対というかつての立場に戻った[32]。

この時期の中国の政策には、米国からの融和的アプローチを促すようなことは、ほとんどなかった。中国の政策は、そうしたアプローチを思いとどまらせるように、意図されていたのかもしれない。ワシントンは二回の台湾海峡危機で示したように、軍事的挑戦に抵抗するうえではかなりの戦術的手腕を見せたが、進展する流動的な政治の枠組みの中で、外交政策を形成することに際しては、ほとんど創意を見せなかった。

一九六〇年の米国の国家情報評価（NIE）は、中国への根本的な判断を示しており、それは、おそらくその後のそうした判断の基礎となった。

極東に中国の覇権を確立するという、共産中国の外交政策の基本原則には、この評価期間においては、ほぼ確実に、目に見える変化はないだろう。この政権は激しく反米的であり続けるであろうし、過度の対価を払うことなしにそれが可能であれば、いつでも、どこででも、米国の権益に打撃を与え続けるだろう。……北京は、そのごう慢な自信、革命的熱狂、世界に対するゆがんだ見方で、自国に対する危険を誤算することになるかもしれない㉝。

こうした支配的な見方を裏付ける証拠はたくさんあった。しかし、中国がどの程度までそうした見境のない目的を達成できるかに関しては、米国は分析しきれていなかった。大躍進がもたらした壊滅的な結果でぼろぼろになり、一九六〇年代の中国は疲弊していた。一九六六年には、中国は文化大革命に乗り出した。文革は事実上、中国の世界からの撤退を意味した。ほとんどの外交官が北京に呼び戻され、その多くは再教育に回された。文革は米外交政策にとって、どんな意味を持っていたのだろうか。文革が始まった後も、統一されたアジア圏について語ることが、どうすれば可能だったのだろうか。世界はモスクワや北京が指示した陰謀に直面しているというう、米国のインドシナ政策の基本的な前提はどうなるのだろうか。米国は、ベトナム問題や自国の国内的動揺で頭がいっぱいで、こうした問題に取り組む機会はほとんどなかった。

米国が一面的な見方に陥った理由の一つは、一九五〇年代に、中国を「失った」のは誰のせいか、という追及が各方面で行われる中で、多くの有能な中国専門家が国務省を去ったことだ。その結果、ジョージ・ケナン、チャールズ・ボーレン、ルウェリン・トンプソン、フォイ・コーラーといった、まことに非凡なソ連専門家グループが、これに釣り合う勢力を持たないまま、国務省の考え方を支配した。彼らは、中国とのどんな関係改善も、ソ連との戦争という危険を冒すことになると確信していた。

しかし、たとえ正しい質問がなされても、回答を検証する機会はなかっただろう。中国の政策立案者たちの中には、毛沢東に対して新たな状況に対応した政策に変えるよう求めた者もいた。一九六二年二月、中国共産党中央対外連絡部長の王稼祥は周恩来に書簡を提出した。その中で王は、平和的な国際環境があれば、全方向で対決するという現行の姿勢よりも、もっと効率的に中国が強い社会主義国を建設し、もっと急速に経済成長するのを助けることになるだろうと、主張した(34)。

毛沢東はそれに耳を貸さず、こう述べた。

わが党には「三和一少」を提唱する者がいる。彼らは、帝国主義者に対してもっと和やかにし、反動分子に対してももっと和やかにし、修正主義者に対してももっと和やかにすべきで、アジア、アフリカ、ラテンアメリカの人々の闘争に対しては、援助を減らすべきだと言っている。これは修正主義者の路線だ(35)。

毛沢東は、敵となる可能性のあるものすべてに、同時に挑戦する政策を主張した。彼は「中国はすべての国の帝国主義者、修正主義者、反動分子と戦うべきである」と反論し、「反帝国主義者、革命家、マルクス・レーニン主義の政党や党派にもっと支援を与えるべきである」と主張した(36)。

だが、一九六〇年代が経過していく中で、毛沢東も最後には、中国に対する危険の可能性が増えていることを認識した。中国は長大な国境に沿って、ソ連という潜在的な敵、中国が屈辱を与えたインドという敵、ベトナムにおける米国の圧倒的な展開と戦争の拡大、台北とインド北部チベット人居留地の自称亡命政府、日本という歴史的ライバル——と対峙し、太平洋の向こうには、中国を和解しがたい敵と見なす米国がいた。これまでのところ、こうした国々が互いにライバル関係にあることが、中国に対する共通の挑戦を何とか防いでいた。しかし、これらの国々の自制がいつまでも続くという方に永遠に賭け続けることのできる賢明な政治家は、いない。特に、ソ連は、強まり続ける北京からの挑戦に終止符を打つ準備をしているようだった。毛主席はまもなく、自分が大胆であるばかりではなく、賢明でもあり得るということを、示さざるを得なくなる。

文化大革命：1966 年 8 月，北京のソ連大使館前で毛沢東の発言を集めた「毛語録」を振りかざす紅衛兵たち(AP)

広州の情景：「大字報」には，中国の軍事的，イデオロギー的警戒が表明されている(ゲッティ・イメージズ)

第8章　和解への道

リチャード・ニクソンと毛沢東という、ありそうもない組み合わせの二人が、互いに接近することを決断した時、米中両国は激動の真っただ中にあった。中国は文化大革命の混乱で疲弊していた。米国の政治世論はベトナム戦争に対する反対運動が盛り上がり、緊迫していた。中国はあらゆる国境線で戦争の可能性に直面していた。特に北部国境ではソ連軍と中国軍の間で実際に衝突が起きていた。ニクソンがベトナム戦争を引き継ぎ、国内的にはそれを急いで終わらせなければならないという任務を背負ってホワイトハウス入りしたのは、暗殺と人種対立に彩られた一〇年間が終わった頃だった。

毛沢東は、西夷を互いに戦わせ、遠方の敵の支援を受けて近隣の敵を撃つという古代中国の戦略に立ち戻ることで、中国の危機に対処しようとした。自らが属する社会の価値観に忠実なニクソンは、ウィルソン流の平和原則〔一九一八年に発表した一四ヵ条の原則を指す〕に則り、中国に対して国際社会にあらためて加わるように提案した。ニクソンは一九六七年一〇月のフォーリン・アフェアーズ誌に発表した論文の中で「われわれには中国を国際社会の外に永遠に放置しておくほどの余裕は断じてない。中国は幻想を育み、憎しみを抱かせ、近隣諸国に脅威を与える。可能性を秘めた最も有能な一〇億人の国民が、怒りの中で孤立した状態で生活する場所は、この小さな惑星にはない」と述べた。(1)

ニクソンは外交調整の呼び掛けを超え、和解に向けたアピールにまで踏み込んだ。彼はこの外交的課題を、米国のスラム地域における社会改革問題になぞらえた。「いずれの場合でも、対話を始めなければならない。どちらの場合も、啓発活動が進められている間は攻撃的行動は抑制すべきである。特に、どちらの場合でも、われわれは社会から自ら身を引いている人々を、永遠に身を引いたままにさせておく余裕はない(2)」。

必要性があるために、政策に弾みがつくことがある。しかし、その方法が自然の成り行きで決まることはない。毛沢東とニクソンは、米中の和解は言うまでもなく、対話を始めるためにも、とてつもなく大きな障碍に直面していた。両国は二〇年間にわたり、互いを和解し難い敵と見なしてきた。中国は米国を「資本主義で帝国主義」の国家と分類した。つまりマルクス主義用語では、米国は資本主義の究極の形態であり、理論上は戦争によってだけその「矛盾」を克服することができるとされた。米国との対立は不可避で、戦争は起こり得るとされていた。

米国側の認識は、中国の見方を鏡に映したようなものだった。米国は世界革命の源として行動する中国を、西太平洋から米国を追放しようと固く決意していると見なしていた。一〇年間にわたる中国との軍事対立およびそれに近い状況は、それを実証しているかに見えた。米国人からは、毛沢東の方がソ連指導者よりも和解するのが難しいと見られていた。

こうした理由から、毛沢東とニクソンは注意深く動く必要があった。一歩踏み出せば、国内の支持基盤と狼狽する同盟国の怒りを招きかねなかった。文化大革命の真っただ中にあった毛にとっては、これが特に難題であった。

中国の戦略

当時、大方の観測筋は気付かなかったが、一九六五年を境にして毛沢東は、米国に対する口調を若干変更し始めていた。ほぼ神格化された毛の地位を考えると、ニュアンスの違いにも深い暗示が含まれていた。米国に毛自身の考えを伝える時に、毛が好んだ手段は、米国人ジャーナリストのエドガー・スノーとのインタビューだった。両者は一九三〇年代に延安の共産党支配地域で出会った。スノーは自著『中国の赤い星』の中で自らの経験を記し、毛を空想家の農民ゲリラとして紹介した。

一九六五年、文化大革命の準備段階で、毛沢東はスノーを北京に招き、驚くべき見解をいくつか披露した。もし米政府の誰かがその見解に注目していれば、きっと驚いたに違いない。毛はスノーにこう語った。「歴史の力によって米国民と中国国民が分断され、過去一五年の間、両国民の間で実質的にまったく意思疎通ができなかったことを、私個人としては当然のことながら、残念に思う。現在、この隔りはこれまでになく大きくなっているように見える。しかし、私自身は戦争という歴史上の大きな悲劇に行き着くとは思っていない[3]」。

この発言が、一五年にわたって米国との核戦争も辞さないとあからさまに公言し、それに恐れをなしたソ連とその同盟諸国が、中国と袂を分かったという、あの指導者から飛び出したのだった。しかし毛沢東は、ソ連が威嚇姿勢をとっていたために、当時誰も気付かないうちに、遠く離れた敵対国、つまり米国に接近するという、あの戦略を用いることを検討していたのである。

スノーとのインタビューが行われた時、米国は中国国境から程近い南ベトナムの領内に軍を増強させていた。米軍の挑戦は、毛沢東が一五年前に朝鮮で直面したものと似ていたが、毛は今回自制することを選択した。中国は支援を非戦闘的なものに限定し、物資や強力な精神的激励に加え、北ベトナム内での通信と社会基盤整備のために約一〇万人の中国後方支援部隊を送った[4]。毛はスノーに対し、中国は中国国内ならば米国と戦うが、ベトナムでは戦わないと明言した。「われわれは自分たちから戦争を始めるつもりはない。米国が攻撃すればわが方は反撃する、……すでに言ったように、われわれは米国を攻撃しないので安心してほしい[5]」。

米側がこのポイントを見逃さないように、毛沢東は中国としては、ベトナムが自らの努力によって「自らの状況」に対処しなければならないと考えていることを、繰り返し語った。「中国は自らの国内事情で多忙である。自国の国境を越えて戦うことは犯罪である。一体どうして中国が国境を越えて戦わねばならないのか。ベトナム人ならば自らの状況に対処することができる」[6]。

毛沢東は、自国の国境沿いの軍事紛争に対処する指導者ではなく、自然現象を分析する科学者のように、ベトナム戦争で起こり得るさまざまな結果について の考察を語った。毛は、朝鮮戦争の際には、朝鮮と中国の安全保障問題を終始関連付けていたが、今回はそうした見解とは好対照だった。毛主席にとって受け入れ可能な結末は、「[米国との]協議は開催してもよいが、韓国の場合と同様に、米軍はサイゴン周辺にとどまる」ことだった。言い換えれば、二つのベトナム国家の継続だった[7]。ベトナム戦争に取り組んだ米大統領なら誰でも、喜んでそうした結末を受け入れただろう。

スノーとのインタビューが、ジョンソン政権中枢で政策論議の話題になったり、中国とベトナムの歴史的緊張について、ベトナム戦争を遂行したどの政権(ニクソン政権を含む)かの内部で考察されたりした形跡はない。米政府は引き続き、中国がソ連よりも大きな脅威であると評していた。一九六五年、ジョンソン大統領の国家安全保障担当補佐官だったマクジョージ・バンディは、一九六〇年代における典型的な米国の中国観を表明した。「共産中国は(ソ連とは)まったく異なった問題であり、中国の核爆発(一九六四年一〇月の中国初の核実験を指す)と同国の近隣諸国への攻撃的な姿勢は、平和的なすべての人々にとって大きな問題である」[8]。

一九六五年四月七日、ジョンソンは、中国とベトナムの共同作戦に対抗することを主な理由にして、米国のベトナム介入を正当化した。「今回の戦争の向こうには、そしてアジアのあらゆるところには、もう一つの現実がある。それは共産中国の深まりゆく影である。ハノイの支配者は北京によって支援されている。……ベトナムでの戦いは、侵略を目的にした大きな構図の一部である」[9]。ディーン・ラスク国務長官はその一年後の下院外交委員会で同様の論点を繰り返した[10]。

毛沢東がスノーに説明したのは、世界革命に関する従来の共産党ドクトリンからの一種の離脱であった。「どこかで革命が起きれば、われわれはそれを支持するために声明を発表し、会談を行う。これこそがまさに帝国主義者がひどく嫌がることである。われわれは空っぽの言葉を発し、空砲を撃つことを好むが、軍隊を送ることはない(11)」。

毛沢東の発言を振り返って再吟味すると、誰かがこれらを真剣に受け止めていれば、ベトナムに関するジョンソン政権の戦略に影響を与えたのではないかと考える人もいる。他方で、毛はこの発言を決して正式な政策には取り入れなかった。その理由の一つは、自分が国内でイデオロギー純化の鬨《とき》の声を上げ、フルシチョフの平和共存政策を拒絶したことが原因でソ連と対立している時に、そうした政策を実行するには、一五年かけてやってきたイデオロギー教化を逆転させる必要があったからだ。毛は間違いなく、相手を偵察するつもりでスノーに話していた。しかし、スノーはそうした偵察に利用するうえで、理想的な伝達手段ではなかった。彼は少なくともどんな米国人よりも、中国に信頼されていた。しかし米国では、スノーは北京の宣伝要員と見なされていた。米側がいつものように直感的に考えたのは、中国の政策変更を示すもっと具体的な確証を待てばよいということだった。こうした状況は［スノーが毛に再度インタビューした］五年後にもう一度起きた。

冷静に戦略的計算をしてみるなら、毛沢東は中国を重大な危機的状況に陥らせようとしていた。米国かソ連のいずれかが中国を攻撃すれば、一方は［中国を支援せずに］傍観的態度をとる。中印国境紛争では、兵站面ではインドが有利だった。というのは、米ヒマラヤは中国の権力中枢から遠かったからだ。米国はベトナムに軍事プレゼンスを構築していた。日本は歴史的経緯からして友好的ではなく、経済復興を遂げていた。

その当時は、めったにはないことだったが、毛沢東が外交政策問題に関する選択でためらいを見せた時期の一つだった。一九六八年一一月、オーストラリア共産党指導者のE・F・ヒルと会談した際、説教を装ったいつもの断定的な物言いが影を潜め、毛は当惑を見せた(毛の機略は常に複雑なため、彼の狙いの一つは会談記録を読む中国指導部の人々に向けられていて、彼自身が新たな選択肢を模索していることを伝えたかった可能性もある)。毛は、第二次世界大戦が終結してからすでに、二つの世界大戦の間よりも長い期間が経過したので、何らかの世界的破局が今にも起ころうとしているのではないかと懸念していたようだ。「全体から見れば、現在は戦争も革命も起きていない。そのような状況は長くは続かない⑫」。彼はこう疑問を投げ掛けた。「帝国主義者が何をしでかすかご存知かな。つまり、彼らは世界戦争を始めるつもりなのか。あるいは、もしかすると、現時点では世界戦争を始めないかもしれないが、しばらくすればそれを始めるのだろうか。自国および他国でのあなたの経験に照らして、どう思うか⑬」。言い換えれば、中国は今、針路を選択しなければならないのか、あるいは、展開を見守りながらより賢明な針路を待つべきなのか。

とりわけ毛沢東は、後に自らが言う「天下大乱」の意義について知りたがっていた。

われわれは人民の意識を、われわれの考察に取り込まなければならない。米国が北ベトナムへの爆撃を停止した際、ベトナムにいた米兵は大喜びし、喝采すらした。これは彼らの士気が高くないことを示している。米兵の士気は高いのか。ソ連兵の士気は高いのか。フランス、英国、ドイツ、日本の兵士の士気は高いのか。学生ストは欧州の歴史上、新しい現象である。資本主義国家の学生は通常ストをしない。しかし今は、天下にあるすべてが大混乱をきたしている⑭。

要するに、中国とその仮想敵国との力の均衡はどういうものか。米国や欧州の兵士の士気について質問したことは、米戦略における米兵士の任務を逆説的に取り上げることによって、ソ連の拡張主義封じ込めという中国戦略の中で、中国兵士が与えられた任務を果たす能力があるのか、という疑念を示唆しているのだろうか。しかし、もし米軍の士気がくじけ、学生ストが全般的な政治意思の崩壊の予兆であるならば、ソ連が支配的な大国として台頭する可能性がある。中国指導部の中にはすでに、ソ連との和解に賛意を示した者もいた[15]。冷戦の結果がいかなるものになれ、おそらく西側の低い士気によって、革命イデオロギーが最後には勝利することが証明される。中国は資本主義を打倒する革命の波を頼りにすべきなのか、あるいは、資本主義者間の対立関係を操ることに専念すべきなのか。

毛沢東が、対談相手を試したのか、あるいは答えを知っているのに、それはまだ公表しないことにしたのか、そのどちらか分からないような質問を投げ掛けたのは、極めて異例のことだった。もう少し一般的な話題を話したあと、彼は会談を締めくくるにあたり、自ら思い悩む質問を投げ掛けた。

質問をしたい。私もこれに答える努力をするが、あなたもこれに答える努力をして欲しい。私は熟考するが、あなたにも熟考を願いたい。これは世界的な意義を持つ問題である。これは戦争についての問題である。戦争と平和についての問題である。起きるのは戦争だろうか、革命なのだろうか。戦争が革命を引き起こすのだろうか、革命は戦争を防ぐのだろうか[16]。

戦争が切迫しているならば、毛沢東は何らかの態勢を取る必要があった。実際、彼は戦争の最初の標的になる可能性があった。しかし、革命が世界を席巻すれば、毛は革命という、自分の生涯の信念を履行しなければならない。毛は死ぬまで、自分の選択を完全には決められなかった。

数カ月後、毛沢東は近い将来についての自らの針路を決めた。彼の医師は一九六九年の会話について報告している。「毛は私に難問を示した。彼はある日「次のことを考えてみろ。われわれの北と西にソ連、南にインド、東に日本がある。もしすべてのわれわれの敵が団結し、北、南、西、東からわれわれに攻撃を仕掛けてくるならば、われわれはどうすべきだと思うか」と私に言った」。毛の対話相手が当惑すると、毛主席は続けた。「もう一度考えてみろ。……日本の向こうには米国がいる。われわれの祖先は近隣諸国と戦う際には、遠方の国々と交渉することを勧めなかったか[17]」。

毛沢東は用心深く、二〇年間の共産主義者の政策を逆転させるために、二つの行動を起こした。一つは象徴的であり、もう一つは現実的な行動だった。彼は米国に関する新思考が生まれていることを中国国民に示唆する機会として、一九六九年一月二〇日のニクソンの大統領就任演説を利用した。その時ニクソンは、彼が以前に執筆したフォーリン・アフェアーズ誌論文の内容を要約して、中国との関係改善に微妙に触れていた。「この政権の期間に、われわれの意思疎通のルートが開かれることを、すべての国に伝える。われわれは開かれた世界を追求する。意見を広く募り、物資と人々の交流にも開かれている世界だ。偉大であろうがなかろうが、怒りを感じながら孤立して暮らす人々のいない世界である[18]」。

中国側の反応は、中国は孤立に終止符を打つことには関心があるが、その怒りをすぐには放棄しないことを示唆した。中国の新聞はニクソンの演説を転載した。共産党の支配が始まって以来、米国大統領の演説がこのように注目を浴びたことはなかった。だが激しい非難を和らげることはなかった。一月二七日付の人民日報の記事は米大統領を冷笑した。「ニクソンはロープのきわで、おこがましくも未来について語った。……墓に片足を入れた男が、パラダイスを夢見て自らを慰めようとしている。これは妄想であり、絶滅する階級の悶絶である[19]」。

毛沢東はニクソンの提案に留意し、十分真剣に受け止めたうえで国民の前に提示した。しかし彼はその提案によっても容易に接触することはできなかった。接触するには、より実質的なものが必要だった。なぜなら、中国の対米接近は、特に中ソ国境で毎週起きていた軍事衝突をいっそう危険な状況に拡大しかねないからだった。

ほぼ時を同じくして、毛沢東は、文化大革命の中で追放され、地方工場での「調査研究」――肉体労働のことを婉曲的にこう表現していた――を割り当てられていた陳毅、聶栄臻、徐向前、葉剣英の人民解放軍の元帥四人を呼び戻し、毛自身の決定によって実際に生じる結果がいかなるものかを検証し始めた[20]。毛はこの将軍たちに対し、中国の戦略的選択肢の分析を行うよう要請した。

それには元帥たちに対して、この要請が文化大革命の自己批判運動の一環として彼らを告発するための策略ではないことを納得させる、周恩来の保証が必要だった。一ヵ月後、彼らは中国が人材の追放でいかに多くを失ってきたかを実証するような、国際情勢に関する洞察に富んだ評価を提出した。彼らは主要諸国の能力と意図を検討したうえで、中国の戦略的課題を総括して次のように指摘した。

米帝国主義者とソ連修正主義者にとって、現実の脅威は両国間に存在する。その他のすべての諸国にとっては、現実の脅威は米帝国主義者とソ連修正主義者からもたらされている。中国に敵対するという旗印に隠れて、米帝国主義者とソ連修正主義者は互いに協力する一方で、同時に互いに闘っている。しかし、互いに協力し合っているにもかかわらず、両国の矛盾は解消に向かっていない。むしろ、互いに対する両国の敵意はかつてなく熾烈である[21]。

この総括は既存の政策を是認するものと解釈でき、毛沢東は引き続き両超大国に同時に挑むことができた。元帥たちは、ソ連があえて中国に侵略しないのは、戦争に対する国民の支持の欠如、長い補給線、不安定な後方地域、米国の姿勢への疑念――という難しさに、自らが直面しているためであると唱えた。元帥たちは要約の中で、米国の姿勢を「二頭の虎が戦う様子を、山頂に座って眺める」という中国のことわざで総括した㉒。

しかしその数カ月後の九月、彼らはこの判断を、ニクソンがほぼ同じ頃に下した判断と同じものに修正した。元帥たちの新たな見解では、米国はソ連による中国侵攻の際に、自らの役割を傍観者に限定しておくことができなくなる。米国は態度を明白にする必要があった。「米帝国主義者が一番見たくないのは、中ソ戦争でソ連修正主義者が勝利を収めることである。なぜなら、これによって(ソ連が)資源および人的資源で、米国よりも強力な大帝国を築くことになるからだ㉓」。言い換えれば、米国との接触は、当座は中国メディアの激しい非難を受けることになろうとも、中国の防衛にとって必要であるということだった。

元帥たちの鋭い分析は、文化大革命中の中国外交政策の大前提に対する挑戦という観点から言うなら、大胆なものではあったが、実質的にはむしろ注意深く結論付けられたものだった。元帥たちは一九六九年三月、中国が孤立に終止符を打ち、「積極防御による軍事戦略と積極攻撃による政治戦略とを採用する」「外交活動を積極的に遂行する」「反帝国主義と反修正主義の国際統一戦線を拡大する」ことによって、ソ連および米国の冒険主義を思いとどまらせるべきであると進言した㉔。

こうしたさまざまな提案は、毛沢東が中国を再び国際外交に参入させることを許容するものだったが、毛が考える、より広大な構想にとっては不十分であった。一九六九年五月、毛は元帥たちにさらなる分析と提言の作成を要求した。その頃には、中ソ国境沿いの衝突が激しさを増していた。中国はこの増大する危険にどのように対処すべきなのか。毛が元帥たちの私設秘書として任命した老練な諜報員で外交官の熊向暉が後に残した報告には、元帥グループが「戦略的見地から、中国はソ連の大規模攻撃を受けた際に米国カードを使用すべきか否か」という問題を議論したと記録されている㉕。陳毅はこのような例外的な手段の前例を探すうえで、最近の、スターリンがヒトラーと交わした不可侵条約の例を研究すべきだと提案した。

葉剣英は、はるかに古い前例である中国の三国時代を検証すべきだと提案した。漢王朝の崩壊に伴い、帝国は三つの国に分裂し天下の支配を争った。三国の争覇は、当時の中国では禁書となっていた一四世紀の叙事詩的な小説「三国志演義」に詳述されている。葉は、その中心人物の一人が採用した戦略を手本として引き合いに出した。「われわれは、魏、呉、蜀の三国が互いに対立していた時の諸葛亮の戦略的基本理念を、手本として参考にできる。彼は「北の魏に対抗するために東の呉と手を組んだ」のである」[26]。過去の中国を数十年にわたって非難してきた毛沢東は、失脚した元帥たちから、同盟関係の逆転につながる戦略的ひらめきを得るために、中国の「先人たち」を調べるよう勧められたのである。

元帥たちはさらに、可能性を秘めた米国との関係を戦略兵器と表現した。「大方の場合、ソ連修正主義者が中国への侵略戦争開始を決断するかどうかは、米帝国主義者の姿勢にかかっている」[27]。元帥たちは、理論的には優れているものの、政治的には危険をはらむ策として、暗礁に乗り上げていた米国との大使級会談の再開を進言した。彼らは、米ソ超大国のどちらもが同じように平和への脅威であるとする確立されたドクトリンに一目置いてはいたが、その進言がソ連を主な脅威と見なしていることには、疑いの余地がなかった。陳毅元帥は仲間の見解に補遺を提出した。彼は、米国が過去において中国の申し入れを拒んだものの、新大統領のリチャード・ニクソンは中国を「取り込む」ことに熱心のようだと指摘した。彼は自らが唱える「大胆なアイデア」[28]を提案した。それは米中大使級対話を、少なくとも閣僚級、できればより高位となるレベルに格上げすることだった。最も画期的だったのは、台湾返還が最初に解決されなければならないという前提条件を取り下げる提案だった。

まず、ワルシャワでの会談(大使級会談)が再開されれば、われわれは率先して、中米対話を閣僚級ないしはそれ以上の高位レベルで開催するよう提案する。そうなれば中米関係の基本問題や関連問題を解決できる。……二つ目として、より高位の中米会談は戦略的な意義を持っている。われわれはいかなる前提条件も提起すべきでない。台湾問題はより高位の会談によって徐々に解決できる。しかも、われわれは戦略的に意義ある他の問題についても米国と話し合うこともできる。[29]

ソ連の圧力が大きな後押しとなった。ソ連軍の集結が強化され、新疆国境で大規模な戦闘が起きるにおよんで、中国共産党中央委員会は八月二八日、中国のすべての国境地帯に駐留する中国軍部隊の総動員を命じた。米国との接触を再開することは、戦略的に必要不可欠なこととなった。

米国の戦略

リチャード・ニクソンが米大統領に就任した際、中国側のソ連に対する不安は、彼にとって極めて大きな戦略的チャンスの到来だった。しかしベトナム戦争について意見が分かれていた政権は、この点を直ちには理解できなかった。多くの政策エリートたちは、インドシナへの攻撃はソ連と中国が協調して行ったと考え、その攻撃からインドシナを防衛するために決定を下していたため、米中改善には二の足を踏んだ。大半のエスタブリッシュメント勢力は、ベトナム戦争が勝利なき戦争であるだけでなく、米政治制度が内包する固有の道徳的破綻を反映しているとの見解に達していた。そうした勢力の数は非常に多く、効果的な政策を困難にさせていた。

ニクソンを批判する人々の多くは、彼の前任者たちが地球の反対側に五〇万人の米兵を送り込んだ戦争を、無条件撤退で終結させるよう求めていたが、彼は無条件撤退で終結させられるとは思っていなかった。彼は前任者たちが下した政策決定によって当時ジレンマに直面していたが、その公約は重要視していた。ニクソンは、ベトナムへの関与がどれほど苦悩に満ちたものであろうと、米国は共産主義の侵略に対抗する世界中の同盟国の中で最強の国家であり、米国への信頼は極めて重要であると確信していた。私が国家安全保障担当補佐官、後に国務長官を務めたニクソン政権は、インドシナ地域の人々に自らの将来を決める機会を提供し、米国の役割に対する世界の信頼を維持するために、インドシナからの段階的撤退を模索した。

ニクソンを批判する人々は、外交政策への新しいアプローチを単一の問題に収斂させた。それは実質的には、米国の公約を信じて自ら関与した数百万人のインドシナの人々、さらには米国の要請を受けて参加した多数の国家を黙殺して、ベトナム戦争から無条件撤退することだった。ニクソンは戦争を終わらせるつもりだった。しかし、それと同様の強い信念で、米国が国際秩序を一つ一つ再構築するうえで、力強い役割を果たすつもりだった。ニクソンは、公約の堅持とベトナムからの撤退という極論の間で揺れ動くことから米政策を解放し、政権交代があっても持続可能な、国益という概念の中に米政策の基盤をとらえようとしていた。

こうした構想の中で、中国は重要な役割を果たした。米中首脳は異なった観点から、自らの共通目標を考えた。毛沢東は関係改善を戦略的責務と受け止め、ニクソンは外交政策と国際的リーダーシップに関する米国のアプローチを再定義する機会ととらえた。彼は中国との関係改善を利用して、米国が消耗戦のさなかにあっても、長期的な平和への見取り図を提示できることを、米国民に示すつもりだった。彼とその側近たちは、世界人口の五分の一を占める国家との接触を再開して、その国を取り込み、東南アジアの一角からの必然的に不完全なものとなる撤退で生じる苦痛を和らげようと努力した。

ここで、継続革命の提唱者である毛沢東と悲観的戦略家のニクソンの歩む道が交わることになる。毛はビジョンと意思力が、あらゆる障碍を克服すると確信していた。ニクソンは慎重な計画作りに専念したものの、慎重に考え抜かれた計画であっても、不測の、あるいは予測不可能な形で起きる宿命によって失敗する、という恐怖に取り付かれていた。しかし、彼はとにかく自らの計画を実行に移した。毛とニクソンは一つの重要な特質を共有していた。それは、自分の考察や直感から生まれた、最終結論についての大局的なロジックに従うという、積極的な意思であった。ニクソンはいっそう現実的になった。彼がよく言った格言の一つは「中途半端にやろうが、最後までやり通そうが、支払う代償は同じだ。だから最後までやり通した方がよい」というものだった。毛が生まれつきの活力で実行したことを、ニクソンは運命が与えた任務であり義務であると諦観して取り組んだ。しかしいったん着手すれば、彼は毛と同様に決然とそれを追求した。

中国と米国が和解の道を見つけたのは、時代の必然性を考慮すれば当然なことだった。それは、両国の指導者が誰になろうとも、遅かれ早かれ起きることだった。それが果敢に、しかもほとんど回り道もせずに進められたのは、実行に移した指導者のおかげだった。指導者は自らが行動する状況をつくり出すことはできない。指導者本来の貢献とは、与えられた状況が許す範囲を、最大限に活用して行動することにある。もし彼らがその限界を超えるならば、彼らは砕け飛ぶ。もし彼らが必要なところまで届かなければ、彼らの政策は停滞する。もし彼らが関係をしっかり構築すれば、彼らは歴史に残る一連の新しい関係を樹立する可能性がある。なぜなら、すべての当事者がそうした関係を自国の利益と見なすからだ。

最初の段階――ウスリー川での衝突

最終的には和解という結果になったが、米国と中国が戦略的対話への道を見つけるのは容易ではなかった。フォーリン・アフェアーズ誌掲載のニクソン論文と毛沢東に提出された四人の元帥の考察は、よく似た結論を出していたが、双方が実際に取った行動は、国内の複雑さ、歴史的な経緯、文化的な考え方によって妨げられた。両国の国民は二〇年間にわたり、敵意と疑惑にさらされており、彼らは外交上の革命に備えなければならなかった。

ニクソンの戦術上の問題は、毛沢東よりも複雑だった。毛は決断を下せば、断固としてそれを実行に移せる立場にあった。そして、毛の政策に反対する者は、かつて毛を批判した人々の運命がどうなったかを記憶していた。しかしニクソンは、中国は米国を弱体化させ、アジアから追放するために、あらゆる機会を利用するという想定に基づいた、二〇年来の米外交政策の遺産を克服しなければならなかった。彼がホワイトハウス入りした時には、この見解は確立されたドクトリンとして固まっていた。

このためニクソンは、中国側の外交提案が、北京の取り組みに大きな変化を伴わないプロパガンダだけに終わることがないよう、注意深く行動しなければならなかった。プロパガンダだけに終わる可能性は明らかにあった。なぜなら、この二〇年間に米国が中国側と接触した唯一の場所はワルシャワでの大使級会談だけで、一三六回の同会談は単調で不毛なリズムを刻んだだけだったからだ。さらに、あらゆる段階で米議会議員二十数人に詳細な状況説明をしなければならなかったし、新しいアプローチは、約一五もの国への状況説明で生じる敵対的な圧力の中で、その方向性を失う可能性があった。ワルシャワ会談について説明を受けていたこれらの国々には台湾も含まれていたが、依然として米国をはじめこれらの国々の大半が、台湾を中国の合法政府として承認していた。

シベリアと中国国境が接するウスリー川の珍宝島(ダマンスキー島)で、ソ連軍と中国人民解放軍とが衝突したことで、ニクソンの全体構想に好機が訪れた。もしソ連のアナトリー・ドブルイニン大使が私のオフィスに頻繁に現れ、何が起きたかについてソ連側の言い分を説明しなかったら、ホワイトハウスはすぐには、この衝突に注目しなかっただろう。冷戦時代の冷え切った時期に、ソ連がわれわれとの通常の対話からはあまりにも縁遠い出来事を――ましてや、衝突といったような事態について――われわれに状況説明するのは、前代未聞のことだった。われわれは、侵略したのはおそらくソ連側で、チェコスロバキア占領から一年足らずのことでもあり、ソ連側が状況説明する裏にはより大きな意図が隠されているとの結論を下した。この疑念はランド・コーポレーションのアレン・ホワイティングによる、国境衝突に関する研究によって確認された。ホワイティングは、衝突が起きたのがソ連の補給基地に近く、中国の補給基地から離れた場所だったことから、ソ連側が侵略したと推定され、次の段階は中国の核施設への攻撃だろうと結論づけた。もし中ソ戦争が差し迫っているならば、米政府はなんらかの立場を表明する必要があった。国家安全保障担当補佐官としての立場で、私は省庁間の検討を指示した。

事態が明らかになるにつれ、少なくとも珍宝島衝突に関しては、直接の原因の分析が誤っていることが分かった。それは分析としては誤っていたが、正しい結果につながった事例の一つだった。最近の歴史研究で明らかになったところによると、実は珍宝島衝突はドブルイニンが主張したように、中国側が仕掛けたものだった。中国はソ連国境警備隊に多数の死傷者を出すワナを仕掛けた。(30) しかし中国の目的は防衛的で、第7章で詳述した中国の抑止概念に沿ったものだった。中国側は、ソ連側が仕掛けたと見られ、北京がソ連による嫌がらせと見なしていた国境沿いでの一連の衝突を終結させるために、ソ連指導部に衝撃を与える特別の作戦を計画した。攻撃的抑止の概念には、戦争をやめさせるために、敵に軍事的な敗北をもたらさない程度の心理的な打撃を与えるという、先制戦略の発動が含まれていた。

現実には、中国の行動は反対の効果をもたらした。ソ連は国境沿いの全域で圧力を強化し、その結果、新疆国境では中国軍の大隊を掃討した。こうした雰囲気の中で、一九六九年の夏から、米国と中国はシグナルの交換を始めたが、それは追及されればしらを切ることが可能なものだった。米国は重要でない対中貿易制限のいくつかを緩和した。周恩来は、ヨットで中国領海に迷い込み拘束されていた米国人二人を解放した。

一九六九年夏、中国とソ連との間で戦争の可能性を示す兆候が強まった。中国国境沿いに展開するソ連兵は、一〇〇万人を超える四二個師団にも膨れ上がった。中級レベルのソ連当局者は各国の同じレベルの知り合いの当局者に、ソ連が中国の核施設を先制攻撃すれば各国政府はどのように反応するかを尋ね始めた。

こうした動きに対応して、米政府はソ連による中国への大規模攻撃の可能性について、検討を急がなければならなくなった。こうした検討は、冷戦時代の外交政策を指揮してきた人々の経験とは、矛盾するものだった。長い間、中国は二つの共産主義大国の中で、より好戦的と見なされてきた。米国が中ソ間の戦争でどちら側につくかは、検討されたことがなかった。中国の政策立案者たちが、米国がどのような態度をとりそうか必死に研究した事実は、中国が長期にわたって孤立していたため、米国の政策決定プロセスへの理解が鈍っていたことを示していた。

ニクソンはしかし、地政学を考慮に入れて政策を策定すると決めていた。そうだとすると、力の均衡に何らかの抜本的な変更が加わるなら、少なくとも米国の姿勢を変えることになり、もし変更が大幅ならば、政策まで変えることになる。たとえ、われわれが［中ソの対立から］距離を置くと決めたとしても、それは決断の放棄ではなく、意識的な決断でなければならなかった。一九六九年八月の国家安全保障会議でニクソンは、政策とまでは言えないが、一つの姿勢を選択した。彼は、現状ではソ連がより危険な国家であり、もし中国が中ソ戦争で「粉砕」されれば、米国の国益に反するという、当時としては衝撃的な主張を表明した。[31] これが実際に意味したことについて、当時は議論されなかったが、ニクソンの考えに精通した者にとっては、それは、中国問題に関しては地政学が他の考慮すべき事項に勝るということだった。私はこの政策を追求するため、ソ連と中国が衝突した際に米国は中立の態度をとるが、その枠組みの中で最大限、中国寄りの態度をとるよう指示した[32]。

それは米外交政策において革命的な瞬間だった。ある接触をせず、［ワルシャワ大使級会談で］二〇年間にわたって意味のある接触をせず、［朝鮮で］戦争し、［台湾と朝鮮という］二カ所で軍事的対立を続けている［中国という］共産主義大国が生き延びることが、米国にとって戦略的利益になると、米大統領が宣言したのだった。どうやって、この決定を伝えるのか。ワルシャワの大使級対話は数カ月間再開されていなかったし、このような重要な見解を示すにはレベルがあまりにも低すぎた。このため政権は非常手段をとり、二つの共産主義大国の衝突は米国の国益に影響を与える事態と見なすとの米側の決定を、公表することを決めた。

ソ連はさまざまな公開の場で、戦争も辞さないような好戦的な声明を発表しており、米当局者は米国が無関心で弱腰ではないことを伝えるよう指示を受けた。背景説明を求められた中央情報局（ＣＩＡ）のリチャード・ヘルムズ長官は、その中で、中国の核施設への先制攻撃に対してどのような態度をとるか、ソ連当局者が他の共産主義国の指導者に打診しているようだと明らかにした。一九六九年九月五日、エリオット・リチャードソン国務次官は米政治学会での演説でこう明言した。「二つの共産主義大国のイデオロギーの相違はわが国の問題ではない。しかしながら、われわれはこの反目が国際平和と安全保障の重大な侵害に拡大することを、深く懸念せざるを得ない[33]」。冷戦時代の基準で言えば、リチャードソンの声明は、米国がどのような方針を取ろうが、中立ではなく、自らの戦略上の権益に従って行動することを警告するものだった。

こうした方策が策定された時、その主たる目標は中国との国交樹立に向けた心理的な枠組みを作ることにあった。主要な関係者が公表した多数の文書に目を通したが、私は現在、ソ連はわれわれが考えていた以上に先制攻撃に近づいており、米国の反応が不明確だったことが、ソ連が攻撃を延期した主な理由だったとの見方に傾いている。例えば、一九六九年一〇月、毛沢東は攻撃が間近に迫っていると考え、すべての幹部(周恩来は政府を運営しなければならないので除外された)が全土に分散するとともに、当時は小規模だった中国の核戦力を警戒態勢に置くよう命じた。

米国による警告の結果か、共産主義世界自体の内部力学の結果かの、いずれかが原因で、二つの共産主義大国の緊張はその年のうちに緩和し、戦争が今にも起きるという脅威は減少した。ソ連のアレクセイ・コスイギン首相は九月に行われたホー・チ・ミンの葬儀のために、中国ではなく、ずっと長い経路となるインド経由でハノイに飛んだが、途中で帰路を突如変更し、自らが乗った飛行機を北京に向かわせた。この種の劇的な行動は、最後通牒を突き付けるか、さもなければ新段階の到来を告げるかの、いずれかの場合にとるものだった。そのどちらでもなかったし、見方を変えれば、両方とも起きたとも言える。コスイギンと周恩来は北京空港で三時間会談した。形の上ではまだ同盟関係にある国の首相を迎えるような、温かな歓迎ではなかった。周恩来は北部国境の係争地点からの相互撤退と、緊張緩和のためのその他の方策を盛り込んだ了解覚書の草案を作った。その草案はコスイギンがモスクワに戻る際に共同署名されるはずだったが、そうはならなかった。緊張は一〇月にクライマックスに達し、毛沢東は中国の最高首脳部に北京からの疎開を命じ、林彪国防相は軍を「第一級戦闘準備」の警戒態勢に置いた(34)。

こうして、中米接触を開始する余地が生まれた。双方はどちらが最初の公的な行動を起こしたか気付かれないように、最大限の努力を払った。なぜなら、米国には大統領の戦略を公式見解にするための議論の場がなかったし、中国は脅威に直面して弱さを露呈したくはなかったからだ。その結果、両国の動きは、米中双方が接触していないといつでも主張できるように錯綜したものになり、双方とも拒絶される可能性がある先手の責務を負う必要のない形をとり、さらには、今後のシナリオはまだ書かれていないのだから、それとは無関係に現在の政治関係を継続することもできる、という曖昧さを残したまま、メヌエットを踊るようなゆっくりした展開となった。一九六九年一一月から一九七〇年二月までの間、米国と中国の外交官が世界中のさまざまな首都で言葉を交わす機会が、少なくとも一〇回はあった。そもそも、それ以前には両国の外交官は常に互いを避けていたので、言葉を交わすなどは異例のことだった。われわれがワルシャワのウォルター・ストッセル米大使に次回の社交的な催しで中国外交官に接近し、対話の意向を表明するように指示したことで、行き詰まり状態が解消された。

この出会いの舞台は、ポーランドの首都で開かれたユーゴスラビアのファッションショーだった。出席した中国外交官は指示を受けておらず、その場から去ってしまった。この出来事についてのその中国大使館員の説明は、両国関係がいかに不自然であったかを示している。彼は数年後に受けたインタビューで、二人の米国人が部屋の向こう側で話しながら、中国側代表団を指差しているのを見たことを思い起こした。中国側は会話に引き込まれないよう、立ち上がりその場を去った。米国人は自らが受けた指示を実行しようと、中国人を追いかけた。必死になった中国人は速度を上げると、米国人は彼らを追って走り出し、ポーランド語(唯一の相互に理解可能な言語)で叫んだ。「われわれは米国大使館員だ。われわれはあなた方の大使と会談したい……ニクソン大統領は中国との対話を再開したいと言っている」[35]。

二週間後、ワルシャワの中国大使はワルシャワ会談の再開に備えて、ストッセル大使を中国大使館での会談に招いた。会談を再開すれば、基本的問題が持ち上がるのは不可避だった。双方は何について話し合うのか。そしてその目標は何なのか。

これは、米中両国指導部間の交渉戦術および交渉スタイルの違いを顕在化させた。少なくとも、一〇〇回以上におよぶ実のないワルシャワ会談を監督してきた米国の外交エスタブリッシュメントとの相違は明確だった。こうした相違は、双方が行き詰まりは自分たちの目的に役立つと信じている間は目立たなかった。中国は台湾を中国の主権下に戻すことを要求、米国は中国の両当事者間の紛争であるとし、台湾問題をめぐっては武力行使の放棄を提案した。

双方が進展を求める中で、交渉スタイルの違いは重要なものになった。中国の交渉担当者は政治的、軍事的、ならびに心理的な要素を、戦略構想全体の中に組み込むために外交術を使う。彼らにとっての外交術は、戦略的原則によって緻密に作り上げられたものである。彼らは交渉プロセスそのものには特定の意味を見いださない。彼らはまた、特定の交渉の開始を、事態が転換する出来事とは見なさない。彼らは自らの取り組みを円滑に運ぶために個人的つながりを活用するが、個人的な関係が自らの判断を曇らせることはあり得ないと考える。彼らは行き詰まっても、感覚的には困らない。彼らは行き詰まりを、不可避な外交過程と見なす。彼らは限定的な目標ないしは戦術に役立つ時に限って、善意の意思表示を重んじる。事を急ぐ交渉相手に対しては、根気よく長い目で見る姿勢をとり、時間を味方につける。

米外交官の態度は大きく異なる。米国民の一般的な見方では、軍事力と外交術とを、内容はどうであれ、行動面では別個のものとして考える。軍事行動はしばしば、交渉の条件を作り出すと見なされるが、いったん交渉が始まれば、交渉自体は内在的論理によって進行すると見られている。このため、交渉開始の時点で、米国は韓国での軍事作戦を縮小し、ベトナムでの爆撃停止に合意したのだった。いずれのケースでも、圧力の代わりに安心感を与え、実態がないインセンティブを実態のあるインセンティブに代えたのだった。米国の外交術は概して、一般的なものよりも特定の、抽象的なものよりも現実的なものを選ぶ。外交術は「柔軟である」ことが求められる。そのため、新提案によって行き詰まりを打開しなければならないと感じ、新提案を引き出そうとして予期せぬ新たな行き詰まりを生じさせることもある。こうした戦術は、信念を持った交渉相手が引き延ばし戦略のために利用することがよくある。

ワルシャワ会談の場合、米国のこうした傾向が逆効果を生んだ。中国がワルシャワ会談に戻ってきたのは、毛沢東が、米国とのハイレベル対話を行うべきとした四人の元帥の提言に従うとの、戦略的決断を下したからだった。しかし米外交官たちは(米大統領とは対照的に)、そうした打開をもくろんでいなかったし、想像さえしていなかった。むしろ、彼らはその時点で、事態の打開とは、一三四回の会談を通じて培ってきたプロセスを活発化させるものと考えていた。そうした中で彼らは、両国が互いに相手国に持つ金融請求権の解決、双方の刑務所に収容されている囚人の問題、貿易、軍縮、文化交流といった、両国間に累積されてきた現実的問題を反映した議題を設定した。米側交渉担当者は、中国がこうした議題を議論する態度を見せれば、行き詰まりが打開されると考えていた。

互いに聞く耳を持たなかった対話は、一九七〇年の二月二〇日と三月二〇日に再開された二回のワルシャワ会談で進展を見せた。ホワイトハウスの国家安全保障担当補佐官として、私は、われわれの大使館員が逃げようとする中国大使館員に伝えようとしたこと、すなわち、米国が「中国当局者と直接会談するために北京に代表を派遣するか、中国政府からの代表をワシントンに迎え入れることを検討している」ことを繰り返し伝えるよう、われわれの交渉チームに指示した。中国の交渉担当者は公式的には、穏当な形ではあったが、台湾に関して通常の立場を繰り返した。しかし、台湾についての型通りの返答の中に、前例のない動きが含まれていた。それは、中国が大使級のワルシャワ・チャンネル以外での会談、あるいは「中国と米国間の緊張を緩和し、抜本的に関係を改善する」ための他のチャンネルを通じた会談を、検討する用意があるということだった[36]。中国側の返答は、会談開催の条件として台湾問題の解決を挙げていなかった。

ワルシャワの米国側交渉担当者は、このような広範なアプローチを回避しようとした。提案が最初に行われた際に、彼らは一切反応しなかった。その後、彼らは、米中関係の全面的見直しという中国側提案を、二〇年にわたるとりとめのない対話から生まれた米側にとっての懸案を話し合う機会にすり替え、会談議題を設定した(37)。

ニクソンは毛沢東に劣らず、こうしたやり方にイライラしていた。ニクソンは交渉チームが提出した計画を見て「彼らは赤ん坊が生まれる前に、殺してしまう」と語った。しかし彼は、交渉チームに対し地政学的な話し合いに入るよう指示するのは控えた。

それは、中国の姿勢が明確になる前に、各国への状況説明によって猛反対が起き、さまざまなことを保証する必要が生じることを懸念したからだった。毛沢東の姿勢はいっそう二面性を帯びていた。一面では、彼は米国との関係改善を模索したいと考えていた。しかし、こうした米中のやりとりが行われたのは、一九七〇年の初めだった。その頃、ニクソン政権は、北ベトナムによる南ベトナム攻撃を支援する基地および補給路を混乱させるために、米軍をカンボジアに派兵することを決定し、それに反対する大規模デモに直面していた。毛沢東の疑問は、このデモはマルクス主義者が長年待ちわび何度も失望させられてきた、正真正銘の世界革命の始まりとなるのかどうかという点だった。中国が米国に接近するとするなら、中国は世界革命が成し遂げられるという時に、米国に接近するのだろうか。一九七〇年には、こうした展望を最後まで見極めることに、毛の計画の大半が費やされた(38)。毛は米軍のカンボジア侵攻を口実に、一九七〇年五月二〇日に予定されていたワルシャワ会談の次回会合をキャンセルした。会談は再開されなかった。

ニクソンは官僚的な制約を受けずに、自らが直接指示できる場を模索していた。毛沢東は自らが断固たる決断を下した際には、その決断が必ず米政府の最高レベルに到達する方策を探し求めていた。双方は、米中の動きがまだ熟さぬうちに露見することで、ソ連の攻撃を受けたり、相手側が拒絶するきっかけとなり、構想全体が挫折することがないよう、慎重に行動しなければならなかった。ワルシャワ会談が完全に失敗して、米政府の現場レベルは、北京との交渉に伴う混乱と国内的なリスクから解放され、安堵しているようだった。ニクソンと毛沢東がハイレベルの対話の場を模索している年に、米外交主流勢力の低位レベルが、ワルシャワ会談の内容とか、会談再開を提案する論題などをホワイトハウスで持ち出すことは一切なかった。

中国が五月二〇日に予定されていた会談をキャンセルして約一年が経過し、米国と中国の指導者は、［米中関係改善の］目標については一致していたが、それが二〇年間にわたる隔絶という深い隔たりに妨げられたことに気付いた。問題はもはや単なる、交渉に対する中国と米国のアプローチの文化的違いではなかった。ニクソンのアプローチは、毛沢東のアプローチとの違いよりも、配下の外交官のアプローチといっそう違っていた。ニクソンと私は、ソ連、中国、米国という三極関係によって生まれる戦略状況を探求したかった。われわれは［外交主流勢力という］不満分子を排除するのではなく、地政学上の対話を行う機会を実現しようと努力した。

米中双方が互いの周りを回っている中で、双方が選んだ仲介者は、当面の課題についての双方の認識の多くを、相手側に伝えていた。ニクソンは一九七〇年七月に行った世界一周の訪問の機会を利用して、自分は中国指導者とのハイレベルの交流を求めていると、パキスタンとルーマニアの首脳に伝え、この件を北京に伝達するのは自由であると述べた。私は国家安全保障担当補佐官として、パリの黄鎮・中国大使の知り合いで、私の長年の友人であるジャン・サントニー元ハノイ駐在フランス大使に同じ論点を伝えた。つまり、ホワイトハウスは中国の非同盟運動での友好国（パキスタン）、ソ連からの独立を模索していることで知られるワルシャワ条約機構加盟国（ルーマニア）、戦略的独立を公約し独自の動きをする北大西洋条約機構（NATO）加盟国（フランス、すなわちサントニーがフランス政府にわれわれのメッセージを伝えるという想定で）を選択したのだった。中国はノルウェー（NATOの加盟国）のオスロ、および不思議なことにアフガニスタン（おそらく、われわれの注意を必ず引き付けるように、あり得ない場所を選んだのだろう）のカブールにある中国大使館を通じて、われわれにヒントを伝えてきた。われわれはオスロを無視した。それは、オスロの大使館には必要なサポート要員がいなかったからだ。またカブールも当然ながら、さらに遠かった。われわれは大使館を通じた対話をもう一度行うつもりはなかった。

中国はフランスを通じた直接のアプローチを無視したが、その後、ルーマニアおよびパキスタン経由の申し入れに応えてきた。しかし、その前に、毛沢東はわれわれが的外れであることを、巧妙かつ間接的にわれわれに伝えてきた。一九七〇年一〇月、毛沢東は、ニクソンのホワイトハウスが毛のシンパと見なしていたエドガー・スノーと、新たなインタビューを行うことを承諾した。毛はこの機会を重視していることを示すために、一九七〇年一〇月八日に開催された共産党の国共内戦勝利を祝うパレードの観閲席で、スノーを自らの隣に座らせた。主席の隣に米国人がただ立つというだけで、米国との接触を受け入れるだけでなく、それが優先事項であることを表していた。またこれを中国国民に示す意図もあった。

インタビューは複雑なやり方で進められた。スノーには間接引用だけを使用できるという制限付きで、インタビューの記録文が与えられた。彼はさらに、三カ月遅れで記事を発表するよう指示された。中国側は、スノーが米政府に記録文を事前に提供し、そうなれば、発表された記事はすでに準備が進んでいるプロセスを補強することになると考えたに違いない。

しかし一九六五年のインタビューが米政府に影響を与えられなかったのと同じ理由で、今回のインタビューも意図したようには役立たなかった。スノーは長年の中華人民共和国の友人だった。そのために彼は、米外交政策の主流勢力の間では、北京の宣伝要員であるとして見限られていた。彼のインタビューの記録文は政府のハイレベル、ましてやホワイトハウスにまでは届かなかった。何カ月も後に記事が発表されたときには、他の米中の接触によって、記事は意味のないものになっていた。

インタビューの記録文がわれわれに届かなかったことは残念である。なぜなら主席はその中で、いくつかの革命的な宣言を表明していたからだ。中国は一〇年近くにわたり、外の世界と自らを切り離してきた。インタビューの中で毛沢東は、あらゆる政治的信念を持つ米国人を中国訪問に招待することを近く始めると告げていた。ニクソンは「観光客か大統領として」歓迎されるだろう。なぜなら主席は、次期米大統領選挙が二年後にあるので、「中国と米国の問題はニクソンとの間で解決されるべきだろう」と結んでいたからだ[39]。

毛沢東は米国非難をやめ、米大統領を対話に招くことに転じた。そして彼は中国の国内情勢について驚くべきコメントを付け加え、この対話が新しい中国との間で行われることを示唆した。

毛沢東はスノーに対し、文化大革命を終結させつつあると語った。彼は道徳面と知識面での刷新を意図したものが、弾圧に変わってしまったと語った。「外国人が中国は大混乱状態にあると報道しても、それはウソをついているのではない。それは真実だった。（中国人同士の）戦いは、最初は槍で、次いでライフル、さらに迫撃砲で続いている……[40]」。スノーの報道によると、毛沢東は自分の周りに築かれた個人崇拝を嘆いた。「人々が三〇〇〇年にわたる皇帝崇拝伝統という習慣を克服することは難しい、と主席は言った」。「偉大な舵取り」など、彼に帰せられた称号は「早晩すべてなくなる」。彼が残したい唯一の称号は「先生」だった[41]。

これらは驚くべき言明だった。共産党すら破壊した激動によって祖国を震撼させ、個人崇拝だけが団結の礎として残された状況下で、毛沢東は今や、文化大革命の終結を表明したのだ。文革が宣言されたのは、毛主席が教義上の制約や官僚的な制約を受けずに統治できるようにするためだった。文革は既存の構造をずたずたにすることによって、また毛の当時の言葉によると、「権力を剝奪され再教育を受けた党員ら「囚人」を虐待すること」によって、維持されてきた[42]。

こうしたすべての状況を受けて、中国の統治は一体どこへ向かうのだろうか。あるいは毛沢東は、独特の曖昧でぼやかした言い方で、一人の外国人ジャーナリストに対して、統治が様変わりすることを伝え、それによって、米中関係、さらには中国と世界の関係の新たな段階を促進させるという、主要目的を果たすために語ったのだろうか。スノーが記しているように、毛沢東は「中米間では、一切の先入観は必要でない。相互尊重と平等もあり得る」と言明している。「彼は、両国の国民に大きな希望を持っていると述べた[43]」。

ニクソンは米国の外交政策の伝統から離れ、中国を国際的な仕組みに復帰させるために、地政学的な考慮に基づいて、緊張を緩和するよう求めた。しかし、中国中心主義の毛沢東にとっては、発想の中心は国際的な仕組みではなく、中国の将来であった。中国の安全保障を実現するためには、彼は喜んで中国の政策の重心を変更し、同盟関係を破棄した。しかしそれは、国際関係理論の名においてではなく、中国が米国から学ぶことができるような中国社会の新たな方向のためであった。

中国は、米国が責任と富とを五〇州に分散させ、普及させることによって発展した、その方法を学ばなければならない。中央政府がすべてを行うことは不可能だ。中国は地域や地方のイニシアチブに依存すべきである。すべてを彼(毛)に任せるのは(彼が両手を広げても)不可能である[44]。

つまり毛沢東は、道徳的な潔癖さという儒教の原則を反映した、中国における統治の古典的な原則を再確認した。彼はインタビューの中で、虚言癖を酷評し、それに関して米国ではなく、当時力を失った紅衛兵を非難した。「真実を語らなければ、その人は他者から信頼を勝ち取れないし、誰もその人を信じない、と毛沢東は断じた[45]」とスノーは記している。かつての攻撃的な急進主義観念論者が、今や、儒教の賢者の姿で現れたのだった。毛の最後の文言は、もしいつものような、冷笑的な二重の意味がないとするならば、新しい環境に対する諦観を表しているようであった。「毛沢東は言った、自分は破れ傘を手にして世界を歩き回る孤独な行脚僧にすぎない、と[46]」。

孤独な先生として、毛沢東本来の哲学的な仕事に復帰するという最後の部分には、毛が大躍進や文化大革命の生みの親だった頃に示した、いつもの冷笑以上のものがあった。なぜなら、後に中国人の解説者数人が指摘したように、スノーが英語テキストで引用した部分は、中国の有名な対句の一行目にすぎなかった[47]。二行目と合わせて読めば、対句は冷笑というよりは、不気味さを示している。対句の二行目「無《ウー》髪《ファー》無《ウー》天《ティエン》」は言わなかったのか、あるいは、少なくとも翻訳はされなかった。文字通り、漢字は「髪も無ければ天も無い」を意味する。すなわち、行脚僧は剃髪しており、彼は傘をさしているので、頭上の空も見えないという意味である。しかし、音読みの中国語では、その行はだじゃれでもある。少し異なって発音すれば、この行は「無法無天」となり、新しい意味に解釈できる。少し意訳すると「人と神の法に挑戦する」「神を恐れず法も守らず」「平然と法を蹂躙《じゅうりん》する」となる[48]。

言い換えれば、毛沢東が最後に語ったことは、当初の見かけよりもはるかに広範で巧妙だったと言える。毛は自らを流浪する古典的な賢者として仕立てただけでなく、自らが思い通りに振る舞える存在であることを示した。毛沢東は英語を話すインタビュアーをからかったのだろうか。彼はスノーが、西欧人の耳にはほとんど理解できないだじゃれを、理解できると考えたのだろうか(毛は西側をときどき過大評価した。また西側も彼をときどき過大視した)。文脈から考えると、毛沢東のだじゃれの部分は国内向けで、特にこれまで嫌悪してきた米国との和解に反対しかねない指導者に向けられた可能性がある。

こうした対立は後に、米国が中国に門戸を開いた直後に起きた、林彪によるクーデターとされる危機に発展した。毛沢東は世界をもう一度ひっくり返すつもりであることを、事実上宣言した。そうした使命の遂行に当たっては、毛は「人や神の法」に束縛されないし、自らのイデオロギーの法則にも拘束されない。それは疑いを挟むような人に対して、身を引くように警告していた。

毛沢東のインタビューのテキストは、ワシントンでは無視されたものの、北京の高官レベルの間には確実に配布された。スノーは、中国が公式にイニシアチブを開始できるように、記事の発表を遅らせるよう要請を受けた。毛沢東は、第三者とのやりとりを介したメヌエットのようにゆったりとした進行をすっ飛ばし、最高級レベルで米政権に直接呼び掛けることを決めた。一九七〇年一二月八日、一通の書簡が周恩来からホワイトハウスの私のオフィスに届けられた。前世紀の外交慣習がよみがえったかのように、パキスタン大使がイスラマバードからその書簡を持ってきた。それは手書きの文書として届けられた。北京からの書簡は、仲介者を通じて受け取った[米国の]メッセージ内容に同意していた。同書簡では、ニクソンが数週間前にホワイトハウスを訪問したパキスタンのヤヒア・カーン大統領に対し、米国はソ連との交渉の中で「中国非難のコンドミニアム」には参加せず、中国とハイレベルの接触の準備をするために、双方が都合のよい場所に特使を派遣する用意がある旨を語ったことに、留意していた。[49]

周恩来は、従来のメッセージには回答しなかったが、このメッセージは「首脳から、首脳を通じて、首脳に宛てた」最初のメッセージであるので回答した、と言っていた。[50] この回答が、毛沢東および当時、毛の後継者に指名されていた林彪によって承認されたことを強調したうえで、周恩来は「過去一五年間にわたり米国の外国部隊に占領されてきた」「台湾と呼ばれる中国領からの立ち退き(原文のまま)」について話し合うために、特使を北京に招待していた。[51]

周恩来の書簡は狡猾な文書だった。周は正確には、何について話し合うことを提案していたのだろうか。台湾の中国への復帰なのか、同島の米軍の存在についてなのか。［米台の］相互援助協定については一切触れていなかった。それが何を意味しようとも、この二〇年間で北京から届いた台湾に関する最も温和な発言であった。それは、ベトナムへの支援部隊が大半を占める台湾駐留米軍だけに適用されるのか。あるいは、もっと広範な要求を暗示しているのか。いずれにしても、これまで中国が非難してきた「独占資本主義者」[52]の代表を招待することは、すでに議論の場がある台湾について話し合いたいというよりも、何らかのより重大な緊急事項があることを反映しているのに違いなかった。それが中国の安全保障に関係していることは確実だった。

ホワイトハウスは、実際に直接交渉を行う可能性を残した返答を選択した。われわれは返事の中で、特使派遣については原則的に承諾したものの、その使命は「中華人民共和国と米国との間に横たわる広範な問題」と規定した。言い換えれば、米特使は議題を台湾に限定することには同意しないということだった。[53]

パキスタン経由のチャンネルが効果的に機能しない場合に備えて、周恩来はルーマニア経由でも同様のメッセージを送った。理由は明らかにされなかったが、それはパキスタン経由のメッセージが届いた一カ月後の一月に到着した。このメッセージの中でも、「毛主席と林彪のチェックを受けている」ことが伝えられていた。[54]メッセージでは、中国と米国間の唯一の未解決問題として台湾を記述しており、まったく新しい要素も盛り込まれていた。それは、ニクソン大統領は共産国家の首都であるベオグラードとブカレストをすでに訪問しているのだから、北京でも歓迎を受けるという点だった。過去一五年間の軍事衝突に照らし、台湾が中国と米国間の唯一の問題として議題に挙げられたのには重大な意味があった。言い換えれば、ベトナム戦争が和解の障碍にはならないことは明白だった。

われわれはルーマニア経由のチャンネルを通じて

返事を送り、特使派遣の原則は承諾したが、ニクソン大統領に対する招待は無視した。こうした接触の初期段階では、大統領の訪問を受諾することは、訪問をこちらが懇願しているように見られ、言うまでもなく、あまりにも危険だった。われわれは混乱を避けるために、パキスタン経由のメッセージで使った表現と同じ言い回しで、米国は台湾を含む双方にとって関心のあるすべての問題について話し合う用意があるとの趣旨に沿って、適切な議題についての米側の定義を伝達した。

周恩来は［一九七〇年］一〇月にヤヒア・カーン大統領、一一月にルーマニア副首相と会った。毛沢東は一〇月初めにスノーを接見した。米中間でこうしたメッセージが数週間のうちに行き交ったことは、外交が戦術を超え、大団円に向けた調整が進められていることを示していた。

われわれが驚き、少なからず困惑したのは、三カ月間も返事がなかったことだった。それはおそらく、米軍の空軍力の支援を受けた南ベトナムが、南に展開する北ベトナム軍にとっての重要な補給ルートだったラオス南部を走るホーチミン・ルートに、攻勢を掛けたのが理由だった。毛沢東はまた、ベトナム反戦デモを基盤とした米国革命の可能性についても、考えを巡らせていたようだった。(55) おそらく中国は、単なる戦術的動機に振り回されないことを示すペース、そして中国側の対米改善への熱意や、ましてや弱みを見せないためのペースで、行動したかったのが、返事の遅れた理由だったろう。最も可能性があったのは、毛が国内の支持基盤を調整するのに時間が必要だったことだ。

われわれが中国から再び連絡を受けたのは、四月初めになってからだった。中国はわれわれが開設したチャンネルを使わず、対米関係を改善したいという中国側の願いをさらけ出したり、米政府の動きに左右されたりしない、独自の方法を選んだ。

これが、ピンポン外交として語り草となったエピソードの背景である。中国の卓球チームが日本で開催された世界卓球選手権大会に参加した。中国のスポーツチームが国外で競技したのは、文化大革命の開始以降、これが初めてだった。近年明らかになったところによると、中国と米国のチームによる対決が間近に迫ったことで、中国指導部内には白熱した議論が起きた。中国外務省は当初、大会全部に参加しないか、少なくとも米チームとは接触しないことを進言した。周恩来はこの件について毛沢東の再考を促し、毛は二日間考えた。ある晩、夜半になって、不眠症の周期的症状が起きた後、毛沢東は睡眠薬の影響でもうろうとなりながら「机にもたれかかって」いた。突然、彼はしわがれ声で看護婦を呼び、外務省に電話し「米チームを中国訪問に招待する」ように伝えることを命じた。看護婦は「睡眠薬を服用したあとの言葉は効力がありますか」と毛に尋ねたことを記憶している。毛は「そうだ、有効だ。すべて有効だ。早く行動しないと手遅れになる」と応じた[56]。

毛沢東からの命令を受け、中国人選手たちは卓球試合の機会を利用し、米チームを中国訪問に招待した。一九七一年四月一四日、若い米国人選手たちは自分たちが周恩来の列席する人民大会堂にいることに、目を見張っていた。それは北京駐在の外国大使たちの大半がこれまで成し遂げた業績を上回るものだった。

「あなた方は、米中両国人民の関係に新たな一章を開いた」と周恩来首相が断言した。「われわれの友好の始まりは、間違いなく大多数の両国人民の支持を得られる」。選手たちは自分たちがハイレベル外交に放り込まれた事実に呆然となり、返事をしなかった。そのため周恩来は、スピーチの終わりに、われわれが後に周がよく使うと分かった言葉「そう思いませんか」を付け加え、一斉に拍手が沸き起こった[57]。

中国外交では普通のことだが、毛沢東と周恩来はさまざまな段階で活動していた。その一つの段階がピンポン外交であり、一月の米側のメッセージに対する回答となっていた。それによって中国は、これまで最高機密の外交チャンネルだけに限定してきた

［米中関係改善の］進路を、おおっぴらに進めることを示した形になった。その意味では、これは［方針の］再確認だった。しかし、それはもし機密のやりとりができなくなった場合には、中国の外交政策がどうなるのかという警告でもあった。そうなれば中国は、ベトナムがやっていたような、公然たるキャンペーンを進めることができる。それは今日、「草の根外交」と呼ばれているものであり、ベトナムは草の根外交の目標をベトナム戦争に置き、また「平和の機会が失われた」という主張に基づき、米国社会で高まる反対運動に訴えかけていた。

周恩来はまもなく、外交チャンネルが依然として好ましい選択肢であることを伝えてきた。四月二九日、パキスタン大使は北京から四月二一日付の手書きメッセージを持参した。メッセージは、「当時の状況」によって長い沈黙が生じたと説明し(58)、その状況なるものが国内的なものか、国際的なものかについては説明しなかったが、特使受け入れの気持ちをあらためて表明していた。周は北京が考えている特使について詳述し、私かウィリアム・ロジャーズ国務長官、あるいは「さらには米国大統領本人でも」と、名前を挙げた(59)。周は関係回復の一つの条件として、紛糾する可能性がはるかに小さい問題である台湾および台湾海峡からの米軍撤退だけに言及し、台湾復帰は除外した。

その頃には、この外交交渉の機密性はほとんど失なわれ、もくろみが台無しになりかねない状況となった。これまでの中国との交渉であれば、ここですべて台無しとなっていただろう。ニクソンは北京とのチャンネルをホワイトハウスに限定することを決断した。他の政府機関は一二月と一月に届いた周恩来からの二件のメッセージについて、知らされていなかった。四月二八日の記者会見で、国務省スポークスマンは台湾の主権が「将来、国際的に解決されなければならない未解決問題」であるとする米国の立場を明らかにした。そして、ロンドンでの外交会議に出席していた国務長官は、翌日、テレビに出演した際、スノーのインタビューについて論評し、ニクソンへの招待が「まったくの思いつき」であり「真剣」なものではないと退けた。彼は中国の外交政策が「拡張主義」であり「ややパラノイア的」であると評した。中国が何らかの方法で国際社会に参加することを決め、「国際法のルール」に従った場合にのみ、交渉の進展やニクソンの訪中は可能になる、ということだった[60]。

対話の再開に向けて進展を続けることは、ある意味で中国の戦略上の緊急事項であった。未解決問題として台湾に言及したことは、中国政府スポークスマンによって「欺瞞《ぎまん》」であり「中国人民の問題への明らかな介入」と非難された。しかし、激しい非難の中では、卓球チームの訪問が米中両国民の友好における新たな発展であることも、再確認していた。

五月一〇日、われわれは周恩来のニクソン招待を受諾したが、幅広い議題を取り上げるというこだわりを、あらためて表明した。われわれからのメッセージでは「そうした会談では、双方は互いの基本的懸案を自由に持ち出すものである」としている[61]。首脳会談を準備するために、ニクソン大統領は国家安全保障担当補佐官である私が、周恩来との秘密準備会談で大統領名代となるべきだと提案した。われわれは特定の日付を伝えた。その日付にした理由は、高度な政策からではなかった。晩春および初夏の期間に、閣僚やホワイトハウスは一連の移動を計画しており、高官向けの航空機が利用可能な日が限られていたからだった。

六月二日、われわれは中国の返事を受け取った。周恩来は、ニクソンが中国の招待を「大変喜んで[62]」受諾したことを毛沢東に報告し、提案された期日に準備会談を行うため、北京で私を迎えると伝えてきた。われわれは林彪の名前がこの連絡からなくなった事実に、ほとんど注意を払わなかった。

一年足らずの間に米中外交は、和解不可能な紛争から、大統領本人の訪問準備のために大統領特使が北京を訪問するまでに進展した。それは、二〇年にわたるレトリックを回避し、冷戦時代の国際秩序の再構築につながる地政学的対話という、基本戦略目標に重点を置くことによって実現した。ニクソンが専門家[外交官]の助言に従っていたならば、彼は中国側の招待を利用して従来の議題に立ち戻り、ハイレベル会談開催の条件として中国側の熟慮を促そうとしただろう。そうなれば、これは拒絶と見なされただけなく、活発化した米中接触の全プロセスは、両国の抱える国内および国際的な圧力によって、ほぼ確実に押しつぶされていただろう。ニクソンが米中関係に新たな理解をもたらすことに貢献したのは、彼がそうした理解が望ましいと考えたからというより、むしろ彼が新たな理解に、中国的思考に結び付く概念的基礎を付与することができたからである。ニクソンにとって、中国との関係改善は全体の戦略構想の一部であり、互いの不満を持ち出すことではなかった。

中国指導者も同様のアプローチを追求した。既存の国際秩序へ復帰するようにとの訴えは、彼らにとって無意味であった。なぜなら、彼らは構築に一切関与していない既存の国際秩序を、自分たちにとって適切だとは考えていなかったからだ。彼らは自国の安全保障が、独立国家で形成するコミュニティの法的取り決めで守られるとは、決して考えていなかった。米国は今日に至るまでしばしば、中国との関係改善を変わらぬ友好関係を結ぶことだと受け止めている。しかし、中国指導者は「勢」の概念を習って育った。それは絶え間なく変化する事態を把握する技術だった。

周恩来が米中両国民の友好の再確立について書いた時、彼は国民関係の最終的な状態ではなく、新たな国際均衡を促進するために必要とされる考え方を述べた。中国の書物で、米語の語彙にある法的な国際秩序を崇める言葉に出会うことはめったにない。むしろ、中国が求めていたのは、一種の戦闘的共存を通じて、安全保障と進歩を見いだせる世界であり、いつでも戦うという気持ちが共存の概念と同等に誇れる世界だった。こうした世界に向け、米国は共産中国へ最初の外交特使を派遣し、踏み込むことになった。

北京での周恩来と著者：20 年以上に及んだ米中敵対の後，われわれの仕事は協力への道筋を探ることだった(米議会図書館，ヘンリー・キッシンジャー・アーカイブ)

北京での周恩来と著者：1971年の秘密訪問の期間中，周恩来は現代的なイデオロギー上の公約と中国外交の長い伝統とを結び付けた(米議会図書館，ヘンリー・キッシンジャー・アーカイブ)

1971年10月に北京を訪問した際，上海コミュニケ草案作成交渉の休憩時間に卓球をする著者と側近のウィンストン・ロード(ホワイトハウス・フォト・オフィス・コレクション)

第9章　関係の再開

——毛沢東、周恩来との最初の出会い

ニクソンの大統領時代で最も劇的な出来事は、ほとんど人に知られることなく起きた。というのは、ニクソンは北京への特使派遣を成功させるには、秘密裏に遂行しなければならないと決断していたからだ。公に特使を派遣することになれば、米政府内部の複雑な決済手続きが必要になり、台湾(依然として中国政府として承認されていた)を含む世界中からも、しつこい協議要請を招くことになる。こうしたことは、われわれがその態度を探るために派遣されることになっている中国との「関係改善の」展望を台無しにしてしまうことになる。ガラス張りでやることは重要な目標ではあるが、より平和な国際秩序を構築するための歴史的な機会もまた逃すことはできなかったのである。

こうして私のチームは、発表されたように大統領に代わり、事実調査のためにサイゴン、バンコク、ニューデリー、ラワルピンディを経由して北京に向かった。私の同行者には、北京に向かうことになっている中核グループに加え、さまざまな米当局者の一団が含まれていた。中核グループは、私自身、側近のウィンストン・ロード、ジョン・ホルドリッジ、ディック・スミサーに加え、シークレットサービス要員のジャック・レディ、ゲイリー・マクラウドだった。劇的な結末を迎えるためには、まず各都市をめぐる退屈な訪問を切り抜ける必要があった。あまりにも退屈で無味乾燥なために、メディアがわれわれの動きを追跡するのをあきらめるように仕組まれた訪問だった。われわれはラワルピンディで四八時間姿を消した。それはヒマラヤ山麓のパキスタンの避暑地で、休息をとったふり(私が仮病を使った)をするためだった。ワシントンでは大統領と私の一番の側近であるアレクサンダー・ヘイグ大佐(後に将軍）だけが、われわれの本当の目的地を知っていた。

米国代表団が一九七一年七月九日、北京に到着した際、われわれには中国側の情報伝達の巧妙さについての経験はあったが、中国の交渉のやり方については経験はなく、ましてや訪問者を迎える中国流のスタイルについては無知だった。共産外交についての米側の経験は、ソ連の指導者たち、主に外交術を官僚的な意志を試す場に変える傾向があるアンドレイ・グロムイコとの接触がベースになっていた。彼は交渉では完璧なまでに的確で、内容ではなかなか譲らなかった。ときどき自制を働かせていたと気付いた人もいた。

秘密訪問の際の中国側の歓迎やその後の対話でも、緊張感はなかった。準備段階の作業で、われわれは中国側のメッセージの間隔が延びたり縮んだりすることにしばしば当惑したが、これは文化大革命に関係があると推測していた。ホスト側には、ゆったりした落ち着きをかき乱すものは何もないようで、まるで中華人民共和国史上初の米大統領の特使を歓迎することが、まったくの自然の出来事のようだった。

実際に、われわれが出くわしたのは、他の共産主義国家との交渉過程で慣れ親しんできた杓子定規な形式よりも、伝統的な中国外交に近いスタイルだった。中国の政治家は歴史的に、もてなし、儀式、さらには入念に築いた個人関係を、国政術の手段として利用することにたけていた。それは、集まれば潜在的に優れた軍事能力を発揮する人々に囲まれた中で定住型の農業文明を守るという、中国の伝統的な安全保障の課題にうまく適合した外交術だった。中国は、報奨、処罰、それに優れた文化能力をうまく組み合わせた術を使いこなすことで生き残り、ほとんどの場合に勝利してきた。この意味で、もてなしは戦略的な側面を持つものだった。

われわれのケースでは、この歓待は代表団が北京に到着した時ではなく、イスラマバードから向かう途中で始まった。驚いたことに、英語を話す中国人外交官グループが付き添いのためにパキスタンに派遣され、見知らぬ訪問地までの五時間の空旅の間、われわれの緊張感を和らげたのだった。彼らはわれわれより先に搭乗しており、人民服を敵のユニフォームとして訓練を受けてきた随行の護衛官を驚かせた。このチームは旅の間、自分が調査してきたことの一部を試し、いろいろな振る舞いをやって見せ、さらに周恩来首相のために、訪問者の個人的特質に関する情報を収集することができた。

この中国人チームは、四人の元帥による報告書の結果、米国との国交樹立の考えが初めて議論に上った二年前に、周首相によって選抜されていた。チームには外務省から三人が選ばれ、そのうちの一人は、後にニクソン訪問の際の議定書作成チームに加わった唐龍彬だった。もう一人は大使経験者の章文晋で、中国で「西欧、米国、オセアニア問題」と呼ばれる分野の専門家だった。彼は後に明らかになるが、驚くほど言語に堪能だった。チームの中の若い二人のメンバーは事実上、毛沢東の名代を務め、毛に直接報告した。この二人は毛の兄弟の孫娘に当たる王海容と、並外れて有能なブルックリン生まれの通訳、唐聞生(ナンシー・タン)だった。唐の家族は革命に参加するために中国に移住し、彼女は一種の政治顧問の役割も務めていた。後になって判明したことであるが、これら外務省の役人たちは最初に接触された際、元帥たちと同様の反応を示した。彼らは、今回の任務が革命への忠誠心のテストではなく毛沢東の直接命令であるという、周恩来の個人的な保証を求めた。

軍事委員会副主席の葉剣英——毛沢東から中国の戦略的選択肢を分析するよう要請を受けた四人の元帥のうちの一人——は、われわれが正午に北京空港に着陸した時、われわれ一行を出迎えた。それは人民解放軍が、新たな中米外交を支持していることを象徴していた。葉はブラインドを下ろした車長の長い中国製リムジンに私を乗せ、北京西部の壁で囲まれた庭園内にある国家迎賓館の釣魚台へと向かった。この場所はもともと、皇帝が魚釣りをする湖として使われていた。葉は代表団に対し、周首相が四時間後にわれわれを歓迎し、第一回目の会談のために迎賓館に来るので、それまで休息をとるよう勧めた。

周恩来がわれわれに会いに来るということは、少なからぬ厚意を示していた。通常の外交手続きでは、特に両国代表団団長の外交儀礼上の地位があまりにも大きく違っている場合には、訪問団側はホスト国の公共的な建物で接見される(周首相の地位と比べ、私の国家安全保障担当補佐官の地位は、三階級下の内閣の次官級に相当した)。

われわれは、ホスト国の中国が異常なほどのんびりとしたスケジュールを組んでいるのに、すぐに気付いた。あたかも、中国は二〇年以上も孤立を生き延びてきたので、実質的な合意締結をまったく急いでいないことを示唆しているかのようだった。われわれは北京にほぼ四八時間滞在する計画だった。パリでベトナムとの会談に臨まなければならず、さらに北京訪問に使用したパキスタン大統領専用機のスケジュールを変えることもできないため、滞在延長はできなかった。

訪問プログラムを見ると、周恩来が来るまでの四時間に加え、四時間にわたる紫禁城の訪問が計画されていることに気付いた。このため、自由になる四八時間のうち、八時間がこれらに割かれることになった。その後分かったことだが、周は翌日の夕方には面会できないことになっていた。周はその夕方、北朝鮮政治局員の訪問を受ける予定になっており、スケジュールの変更はできなかった。この訪問はわれわれの秘密訪問を隠すためのものではなかったようだ。戦争状態ないしは戦争に近い状態のまま、二〇年間にわたり有意義な外交接触を持たなかった米中両国間の最初の対話だったが、二晩の休息に一六時間を割くとすると、残る時間は二四時間足らずになる。

事実、公式の交渉会談ができたのは二回だけで、私が到着した日が午後四時三〇分から一一時二〇分までの七時間、翌日が正午から午後六時三〇分までの六時間だった。最初の会談は、中国の外交慣習の判断で米国がホスト役となり、迎賓館で行われた。二回目は人民大会堂で、中国政府がわれわれを受け入れた。

中国側が見せた平然とした態度は、一種の心理的圧力とも言える。確かに、われわれが進展なく北京を去れば、自らの閣僚メンバーに代表団のことを伝えなかったニクソンは、大いに困ることになる。しかし、この二年間にわたる中国外交についてのわれわれの解釈が正しいとするなら、もし中国側が米国代表団にひじ鉄を食らわせば、われわれを招待する気持ちに毛沢東を仕向けた危急の事態は、手が付けられなくなる可能性があった。

双方にとって対立はまったく意味がなかった。だからこそ、われわれは北京を訪問したのだ。ニクソンはベトナムでの事態を超えて、米国の見方を提示したかった。毛沢東の決断は、ソ連に中国の軍事占拠を思いとどまらせることにあった。双方とも失敗の余裕はなかった。互いが危険の度合いの深刻さを承知していた。

互いの分析が珍しく一致し、双方は国際秩序に関する相互の認識について探り合うことに大半の時間を割くことを決めた。訪問の究極目標は、これまで敵対してきた両国の外交政策が調整可能かどうかを決めるプロセスを開始することだった。そのため実際に、最終的に行われたのは、実務的な外交対話というより、ときには国際関係の二人の教授による会話のように、考え方を伝え合う対話という形での現実的な外交だった。

周恩来が到着した際、われわれが交わした握手は——少なくとも、ニクソンが中国を訪問し、公の場で歓迎を受けるまでは——一九五四年にジョン・フォスター・ダレス国務長官がジュネーブ会議で周恩来との握手を拒否して以来の、象徴的なしぐさとなった。米側の握手拒否については、中国側は握手しようとしまいと大差ないと何度も主張していたが、実際には侮辱としてうずいていた。われわれはそれから迎賓館の会議室におもむき、緑色のベーズ張りのテーブルを挟んで対面して着席した。この席で米国代表団は、革命、戦争、激動、外交工作を通じて毛沢東に半世紀近く寄り添い、執務してきた並外れた人物を初めて個人的に知ることになった。

周恩来

およそ六〇年間にわたる公人としての生活の中で、私は周恩来よりも人の心をつかんで離さない人物に会ったことはない。彼は小柄で気品があり、聡明な目をした印象的な顔立ちで、相対する人物の心の中の見えない部分をも直感する、けた外れの知性と能力によって他を圧倒した。私が彼に会った時、彼は首相を二二年近く務め、四〇年間にわたり毛沢東の同僚だった。彼は毛の大胆なビジョンを具体的な計画に置き換え、毛と毛の膨大な行動計画の素材となっていた国民との間を取り持つ、欠くことのできない人物だった。同時に彼は、少なくとも毛の情熱に穏健化の余地があるところでは、こうしたビジョンの行き過ぎを和らげたので、多くの中国人から感謝されていた。

指導者相互の違いは、その個性に反映されていた。毛沢東はあらゆる会合を支配し、周恩来はそれを補完した。毛の情熱は反対者を圧倒したが、周の知性は反対者を説得するか打ち負かすことができた。毛は冷笑的だったが、周は洞察力があった。毛は自らを哲学者と思っていたが、周は自らの役割を行政官ないしは交渉者と見ていた。毛は歴史を進めようとしたが、周は歴史の流れを利用することを甘受した。周がしばしば繰り返した言葉に「操舵手は波に乗らねばならない」があった。二人が一緒の時、序列の高低は明白だった。単に公的な意味ばかりでなく、周の異常なまでの慇懃な振る舞いが示す深い意味でもそうだった。

後になって、周恩来は毛沢東のやったことに抵抗したのではなく、その一部を軟化させることに力を尽くしたにすぎないとして批判された。米代表団が周に会った時、中国は文化大革命の真っただ中だった。外国で教育を受けたコスモポリタンで、西側と現実的に関わることを提唱していた周は、文革の明白なターゲットだった。彼は文革を推進する人物か、それとも阻止する人物なのか。確かに、政治的に生き残るために周がとった方法は、彼自身としては好まなかったかもしれない政策遂行に、自らの行政手腕を発揮することだった。おそらくそのために彼は、一九六〇年代に彼と同時代の指導者のほとんどを見舞った粛清を、逃れることができたのだった(結局、彼はますます攻撃を受け、一九七三年末には事実上解任されてしまった)。

王子[第一人者]のアドバイザーは、王子のある政策に異議を唱える場合には、異議によって事態を変えられるという利点と、自分が彼から排斥される可能性とのバランスを、どうとるかというジレンマにしばしば直面する。王子の支配的な行動を修正する能力を保持するために、彼の政策に加担することの道義的責任を、どこまで考慮すべきなのか。今、完全無欠だと思われていることが、時間の経過とともに、微妙に異なったものになるかもしれないという要素を、人はどのように判断するのだろうか。大げさな(そしておそらくはうまくいかない)身ぶりと、それに対抗して、それを緩和しようとする流れの、それぞれの積み重ねによる影響は、均衡することがあるのだろうか。

文化大革命で自分自身と家族が相当の被害を受けた鄧小平は、文革における周恩来の役割を後になって評価した際、このジレンマに踏み込んだ。「首相がいなければ、文化大革命はもっと悪くなっていただろう。また首相がいなければ、文化大革命はあれほど長引かなかったろう(1)」。鄧は少なくとも公には、周の側に立ってこれらの問題を解決した。鄧は追放から戻った後の一九八〇年に行った、イタリアのジャーナリスト、オリアナ・ファラチとのインタビューの中で、次のように語った。

周首相は一生を通じて、勤勉に、労をいとわずに働いた人です。彼は生涯を通じて、一日一二時間以上、ときには一六時間以上も働きました。われわれはかなり早い時期に知り合いました。それはわれわれが一九二〇年代にフランスで働きながら学んでいた頃でした。私にとっては、彼はいつも兄のようでした。われわれは同じ頃に革命の道を歩み始めました。彼は同僚や人民から大いに尊敬されていました。われわれが「文化大革命」で迫害を受けた時、彼は幸いにも生き残りました。彼の立場は極めて難しく、多くの心にもないことを話し、多くの心にもないことをやりました。でも、人々は彼を許しました。なぜなら、もし彼がこうしたことを行わず、こうしたことを話さなかったら、彼自身も生き残ることができず、［文革の影響を］薄める役割を果たすこともできず、損失を軽減することもできなかったからです。彼はかなりの人々を守ったのです[2]。

反対の見解もある。鄧小平は周恩来が政治生命を保ったことを、究極的には評価したが、すべての専門家が鄧の見解と同じではない[3]。

私と周恩来との関係で言えば、これまで敵対してきた米中両国の新たな関係には多くの落とし穴が付随していたが、周の鋭敏なやり方は、こうした落とし穴を克服するうえで、大いに役立った。米中関係改善は冷戦の一つの戦術的側面として始まったが、新たな世界秩序の展開にとって中核をなすまでになった。米中ともに相手側の基本的信念を変えられるという幻想を抱くことはなかった。われわれの対話が実現したのは、まさにそのような幻想を一切持たなかったからである。しかし、われわれは共通の目標を明確にし、その目標が双方の政権の任期中に変わることはなかった。これは政治家として最高の褒美を要求できるものである。

周恩来と私が、ベーズのテーブル越しに着席し、和解を始めることが本当に可能なのかを探り合っていた時は、これらすべては依然として遠い将来のことだった。周はゲストである私に冒頭発言を促した。私は両国を分断してきた問題の詳細には立ち入らず、もっぱら哲学的な観点から、米中関係の進展に発言を集中させることに決めていた。私の冒頭発言はいくぶん美文調だった。「多くの訪問者がこの美しく、われわれにとっては神秘的な土地に……」。この時点で周が割り込んできた。「あなた方はここが神秘的でないことが分かります。慣れ親しめば、以前よりも神秘的ではなくなります」[4]。

互いの神秘性を解き明かすことは、われわれの課題を定義するうえでよい方法ではあったが、周恩来はその先へ進んだ。この二〇年で初めての米特使に対する発言の中で、彼は友好の回復が新たに生じた関係の主な目標の一つであると言明した。これは、彼が米国の卓球チームと会見した際にすでに明らかにした点だった。

私にとって二回目となる三カ月後の訪問で、周恩来は友好関係が既成事実かのように私の代表団を歓迎した。

わずか二回目の会談だが、私は言いたいことを言っている。あなたと(ウィンストン・)ロード氏はこうしたことに慣れているが、(ダイアン・)マシューさん(私の秘書)と新たな友人(私の軍事アシスタントのジョン・ハウ海軍中佐を指して)はまだ慣れていない。あなた方はおそらく、中国共産党が三つの頭と六本の腕を持っていると考えていただろう。しかし、驚くことなかれ、私はあなた方と同じだ。あなた方が情理を持って、正直に話し合うことのできる人物なのだ[5]。

一九七三年二月、毛沢東も同じことを指摘した。彼は私を書斎に招き入れ、米国と中国はかつて「二つの敵」だったが、しかし「われわれは今後、われわれの間の関係を友好と呼ぶ」と語った[6]。

それはしかし、友好というものを、冷静に感傷を交えずに理解したものだった。中国共産党指導部には夷狄管理の伝統的な手法が残っていた。そうした手法は、相手側を「古い友人」として中国「クラブ」に入会させて喜ばせるが、古い友人というのは、意見の相違が生まれればいっそう面倒になり、対立すれば苦痛を伴なう立場である。中国外交官は中華外交を展開する時、相手が中国側の望むことを提案するように誘導し、結果的に、それを黙認することで相手に個人的な恩恵を与えたように見せることができた。

同時に、個人的関係の重視は戦術の範囲を超えて行われた。中国外交は一〇〇〇年に及ぶ経験から、国際問題においては、個々の問題をはっきり解決することが、大方の場合、関連する新たな一連の問題を生み出すことを学んでいた。このため中国外交では、関係を継続させることが重要な任務であり、おそらく公式文書よりも重要だと考えていた。これとは対照的に、米国外交官には問題をそれぞれの性質に応じて処理できるよう、自己完結した単位に分割する傾向がある。こうした仕事では米国外交官も、良好な人間関係を重んじる。両者の違いは、中国指導者が「友好」を個人的資質ではなく、長期にわたる文化的、民族的、あるいは歴史的なものに結び付けるのに対し、米国人は相手の個人的資質を重んじることにある。中国人が強く主張する友情では、無形の価値を培うことで長期的関係を永続させようとする。一方、米国人は社会的な接触を重視し、友情を通じて進行中の活動をよりやりやすくしようとする。また、中国指導者は友人を支援したという評価を得るために、一定(無制限ではない)の代価を支払う。例えば、ニクソンが辞任し、あちこちで相手にされなくなった直後に、毛沢東は彼を招待した。日本の田中角栄元首相が一九七四年のスキャンダルで辞任した際にも、同じことが行われた。

中国人が無形の価値を重視する好例は、一九七一年一〇月の訪問時に交わした周恩来とのやりとりである。私は大統領訪問の先遣隊チーム派遣を提案し、その中で、双方が対処すべき重要問題が多数あるので、技術的問題で足を引っ張られることがあってはならないと再確認した。周は私が示した作業上のポイントを、「その通りだ。相互信頼と相互尊重。この二点だ」と、文化的な枠組みに変えて返答した。私が機能性を強調したのに対し、周は事態の背景を重視した。

中国指導者というと、いつも思い起こされる文化的特徴の一つは、彼らの歴史観である。それは、西側とは異なる範疇で時間を考える能力、いやむしろ、その必要性である。中国指導者個人がどれほどのことを達成しようとも、それは彼が属する社会の経験全体からすれば、ごく短い期間に成し遂げられたものにすぎず、社会の経験全体に対するこの期間の割合は、中国の指導者の場合、世界のどの指導者よりも小さいのである。中国の歴史は長く、スケールが大きいので、中国の指導者はほぼ無限に近い歴史の厚みを利用して、対等の地位にいる交渉相手を一定程度謙虚にさせることができた（話の中で、歴史として紹介された事柄であっても、ときとして、何かのたとえ話であるかのように解釈されてしまう）。相手方の外国人は、自分は自然の法則に逆らっており、自分の行動は悠久の中国の歴史の脚注として記される運命にある、という気持ちにさせられてしまう。

　北京にわれわれが到着した際の初めてのやりとりで、周恩来は一種の歓迎プレゼントとして、米国に中国よりも長い歴史を与えるという雄々しい努力をしてくれた。しかし、次の言葉で彼は伝統的な観点に立ち戻った。

　われわれは太平洋の両側に位置する二つの国であり、あなた方には二〇〇年の歴史があるが、われわれの歴史は新中国建国から二二年しか経っていない。だから、われわれはあなた方よりも若い。われわれの古代文化についてだが、それぞれの国がそれぞれの文化を持っている。米国とメキシコにはインディアン、南米にはインカ帝国があり、これらは中国よりもなおさら古い。彼らの彫刻が保存されずに失われたことは残念だ。中国の長い歴史には、一つの良い点がある。それは文字言語であり、歴史的文物に基づいた四〇〇〇年の遺産が盛り込まれている。これはわが国の統一と発展の役に立つものである。[7]

要するに、周恩来は国際関係への新しい取り組みを概説し、儒教の下で進化し、現在は共産主義のおかげとされている特別な道徳的資質について強調したのだった。

毛主席がたびたび言うことだが、われわれは絶対に超大国にはならない。われわれが目指すのは、大国だろうが小国だろうが、すべての国が平等であることだ。それは単に二カ国が平等であるという問題ではない。もちろん、われわれ二カ国が、平等という考えに基づいて見解を述べ合い、共通点を見いだす努力をし、交渉のテーブルにわれわれの相違点を提示することは良いことである。比較的長期間にわたる国際社会の緊張緩和を真に達成するには、相互に平等に基づいて取り組まなければならない。それをやり遂げるのは簡単ではない。[8]

マキャベリならば、こう論じるだろう。特定の事象にも適用可能な普遍的理論を得ようと努めることは、安心を必要としているがそれを懇願したくはない国にとって、利益になることだと。周恩来が、たとえ強大になったとしても、中国は権力に関するこれまでの考え方をせずに、国際問題に対する独自の取り組みを維持すると主張したのは、これが一つの理由だった。

われわれは、わが国が大国であるとは見なしていない。われわれの経済は発展してはいるが、他国と比べれば相対的に遅れている。もちろん、あなた方の大統領は今後五年から一〇年で、中国は急速に発展すると発言した。われわれは全力を尽くし、目標を高く掲げ、より良く、より速く、より経済的な方法でわれわれの社会建設を推進するが、そんなには早く達成できるとは考えていない。

われわれの回答の二番目の部分は、われわれの経済が発展しても、われわれは自らを超大国とは見なさないし、超大国の列に加わらないということだ。[9]

中国が追求するのは諸国間の平等だけであるとの主張は、中国が中華と称された皇帝の歴史から脱却することを明確に示すものだった。それはまた、中国が対抗軍事力を必要とする潜在的脅威ではないことを米国に保証する、一つの方策でもあった。中国の国際的な行動が、大国の論理を超越した規範に基づくという信念は、儒教の教えからきたものだった。新たな関係の基礎として、こうした規範が激動の時代の圧力に適合できるかどうかが、試されるのだった。

秘密訪問にとっての第一の課題は、最初の会談を進展させるための十分な信頼を築くことにあった。ハイレベルの外交交渉は、ほぼ必ず、日常的な問題をすべて片付けてから始まる。秘密訪問が通常とは異なる特徴は、二〇年にわたって一切の接触がなかったために、短期間には解決不可能と見られていた二件を除き、解消すべき日常的な問題がなかったことだ。その二件とは、台湾とベトナムだった。問題はこれらの件をどのようにして棚上げにするかにあった。

二つの問題とも変則的であった。今では夢のような話だが、一九七一年には、米国は北京を中国の首都とは認めていなかった。中国と米国は互いの首都に外交官がおらず、互いに直接に連絡を取り合う手段がなかった。駐中国米大使は台北におり、駐米中国大使は台湾を代表した。米国の外交官も当局者も北京に駐在していなかった(いわゆる連絡事務所はこの一八カ月後に設置された)。

二番目に変則的なのは、ベトナム戦争だった。私の任務の一部は、米国が中国国境近くで中国の同盟国と戦っている戦争について、中国側の理解を得ることにあった。周恩来と私のどちらもが、私が北京を訪問したことが北ベトナムにとっては耐え難い打撃であり、ハノイを孤立させるという影響を与えることを承知していた。だが周も私も、こうした観点からこの問題を話し合ったことは一切ない[10]。

台湾問題は、両国の内政に深く組み込まれており、それまで外交上の動きを阻害してきた二つの前提条件によって制約されていた。北京の立場は、「一つの中国」の原則」を米側が受諾することが、あらゆる進展につながる前提条件というものだった。米国の前提条件は、米国がこの問題を話し合う前に、中国が台湾問題の平和的解決を誓約することだった。

この議題についての初めての会談で、周恩来はその難題を解消した。会談前のやりとりでは、周は双方があらゆる話題を自由に取り上げるという原則をすでに受け入れていたが、台湾問題を議論し、おそらく最初に解決すべきであるという立場は、まだ放棄していなかった。最初の話し合いで、周は私が提案するいかなる話し合いにも応じることを示唆した。言い換えれば、台湾はもはや話し合う必要がなく、ましてや最初に解決すべき問題でもないということだった。さらに彼は、逆にリンケージも承諾した。すなわち、台湾に関連した問題の解決を他の問題、例えばインドシナと絡めてもよいということだった。

キッシンジャー　首相に尋ねたいのは、首相がどのように話し合いを進めることを提案するかです。われわれは二つのうちの、いずれかの方法で進めることができます。それぞれが両国に関する問題を述べ、その回答は後まで置いておくか、あるいは一つずつの問題を進めていくのか。どちらがよいでしょうか。

周　あなたの意見はどうですか。

キッシンジャー　どちらにしたいという強い意見はありません。可能な一つの方法は、周首相が台湾に関する自らの見解について述べたので、われわれはインドシナについてわれわれの見解を述べる。それから、私は台湾についての彼［周］の発言に対する私の受け止め方を述べ、彼［周］はインドシナについての私の見解に対する彼の受け止め方を述べる。あるいは、われわれはそれぞれの問題を一つずつ取り上げる。

周　どちらでもよいでしょう、あなたが決めることです。あなたは発言したいことを言えばよい。あなたは台湾問題について、あるいはインドシナについて、あるいは両方について最初に発言できる。なぜなら、あなたは両方がリンクしていると考えているかもしれないからです。

キッシンジャー　二つの問題は一定程度リンクしていると考えます⑪。

われわれはこの会談で、台湾からの米軍撤退を、インドシナでの戦争が解決したらという条件付きにすることにした。

周恩来が第一日目の長い最初の会談の中で明確にした、台湾に関する彼の現実的な立場はよく知られているものだった。なぜなら、われわれは一三六回行われたワルシャワ会談で、それを聞いていたからだ。米国は「中華人民共和国を中国の唯一の合法政府として認め、いかなる除外も設けず」、さらに台湾を「中国の不可分の一部」であることを認める必要があった⑫。

「物事の当然の論理」として、米国は「一定の期間内に、台湾および台湾海峡にあるすべての米国の軍事力を撤退させ、すべての米軍施設を撤去」しなければならないことになる⑬。こうしたプロセスの進展に伴って、中国が合法性を認めていない米国―中華民国の防衛条約はやがて「存在しない」ことになる⑭。

中国を秘密訪問した時点では、中国の国家のあり方に関して、北京と台北との間に違いはなかった。中台ともに「一つの中国」の原則に同意し、台湾当局は独立の動きを禁じていた。したがって、米国にとっての問題は、「一つの中国」の原則に同意することではなく、統一中国の首都として北京を承認することを、米国の国内事情に合った時間枠で実現することだった。秘密訪問は、米国が「一つの中国」という概念を段階的に受け入れ、中国がその実行時期については極めて柔軟な姿勢を示すという、デリケートなプロセスをスタートさせることになった。共和、民主両党の後継大統領は、均衡のとれた行動を実現しようと巧みに努力した。彼らは北京との関係を徐々に深める一方で、台湾の経済と民主主義が繁栄する状況をつくり出した。中国の後継指導者たちは、「一つの中国」という自国の観点を強く主張したものの、米国との対決になるまで強要することはなかった。

周恩来は、私が台湾問題で取った、直ちに誓約することは一切避け、性急さも示さないというパターンと同様のやり方を、ベトナム問題で取った。周は私の提案を聞き、鋭い質問を発した。だが、彼は道義的な圧力すら掛けず、ましてや脅すようなことは一切しなかった。中国がベトナムに提供するすべての支援には歴史的な由来があり、イデオロギーや戦略的なものではない、と彼は説明した。「われわれが彼らに負っている恩義は、われわれの祖先がつくったものである。われわれは解放後には責任がなくなった。なぜならわれわれは旧体制を打倒したからだ。しかし、われわれは依然として彼らに、深くて大きな同情を感じている」[15]。同情は当然ながら、政治的ないしは軍事的な支援とは同義ではなかった。それは、中国が軍事的に関与したり、外交的にわれわれに圧力を掛けたりはしないことを、微妙な方法で伝えたものだった。

二日目の人民大会堂での昼食時、周恩来は突然、文化大革命の問題を取り上げた。米国は間違いなく外部から文化大革命を観察していると周は言い、遠回りではあったものの、中国と米国の指導者が会談できるところまで中国を導いてきた道程を、客人には理解して欲しいと述べた。

毛沢東は共産党を浄化し、官僚機構を打破しようとしている、と周恩来は説明した。この目的を達成するために、毛は党と政府の外部にある組織として紅衛兵を創設した。彼らの使命は体制を真のイデオロギーに戻し、イデオロギー的に純化することだった。この決定によって、さまざまな紅衛兵組織が次第に自立的で矛盾した政策を追求し、混乱をきたすようになった。周の見方では、まさに行き着くところまで来て、この拡大する混乱の中で、自衛のためにさまざまな機関、さらには地方までもが自前の紅衛兵組織を創設した。こうした紅衛兵の分派同士が戦う光景は、共産主義者の、中国の団結に関する信念と確信とを普遍の真理として育った国民にとっては、まさに衝撃的だった。この時点で毛主席は、中国全土が官僚主義を打破しその罪状を明確にしたとして、人民解放軍に秩序回復を要請した。

周恩来はこうした説明を行うには微妙な立場にあり、毛沢東の指示を受けて説明したに違いなかった。彼は明らかに、文化大革命から一線を画そうとしていたが、この会談記録を読むであろう毛には忠実であった。その時点で私は、条件付きの支持という表現を使って毛との一定の距離を示唆した周の要点を、私なりに以下のように要約した――文化大革命の際には大きな混乱があった。ある時点では、紅衛兵が周を彼のオフィスの中に閉じ込めた。その一方で、周には、この革命に新たな活力を注入する必要があると見ていた毛主席のような先見性はなかった[16]。

この二〇年間に米国から初めて訪問した代表団に対して、どうしてそのような話をしたのだろうか。その理由は、米中関係を正常化させるにとどまらず、われわれの交渉相手［中国］が友好関係と呼んでいる領域にまで進展させることが目的だったからだ。しかし、その友好関係はより正確に言えば、戦略的な協力関係であった。そのためには、中国が混乱を克服し、それゆえに信頼が置ける国家であることを示すことが重要であった。周恩来が示唆したのは、文化大革命をうまく乗り切ることで、中国は団結した国家としていかなる外国の敵とも対決することができ、それゆえソ連の脅威に対抗する潜在的なパートナーであるということだった。周は昼食後の公式会談で、この点を明確にした。会談は人民大会堂内の福建省の間で行われた。大会堂のそれぞれの部屋は、中国の省名をとった名前が付けられている。福建は北京と台北のどちらの行政区分でも省で、台湾といわゆる沖合の島々もかつては同省に所属していた[17]。周はこの部屋を使ったことが何を象徴するのか言及しなかったし、米側もそれを無視した。

周恩来は、考えられるすべての敵が団結して中国に対抗しても、中国は断固戦うという説明から始めた。

あなた方は理論を語ることが好きだ。最悪なのは、中国が再び分割されることだ。あなた方はソ連と結託して、ソ連が黄河の北側全域を支配し、あなた方が揚子江(長江)の南側全域を支配する。さらにこの二つの河川にはさまれた東部地域は日本に任せる……。

もしこのような大きな策略が行われることになれば、中国共産党と毛主席はどう対処するつもりだろうか。われわれは長期間にわたり人民戦争で反撃し、最後の勝利まで長期の戦いを遂行する覚悟ができている。これには時間がかかるだろうし、もちろんわれわれも人命を犠牲にせざるを得ないが、これはわれわれが考えておかなければならないことだ[18]。

最新の中国の歴史の記述によると、周恩来は毛沢東から「天下大乱だが、情勢は素晴らしい」と「誇示」するように特に指示されていた[19]。毛はソ連による侵攻を心配していたが、そうした懸念を表明したくなかったし、ましてや支援を求める様子も見せなかった。天下大乱について周に語らせたのは、考え得る最大の脅威とそれに対抗する中国の不屈の精神をともに示すことによって、米国に支援を要請することで、自分が懸念を抱いているということを見せずに、米国から支援の態度を引き出そうとした、毛独特のやり方だった。米情報当局は、そうした天変地異の事態を予測さえしていなかったし、米国の政策立案者も中ソの対立がそのようにグローバルなものとは考えていなかった。米国が収集した情報では、ソ連による攻撃という、特別に重大な懸念の存在を特定できていなかったため、中国は支援を懇願しているように見られるのを避けることができたのだった。

表向きには単純明快に見えたが、実は周恩来の発言は巧妙なやり方で、戦略的協力についての議論を持ちかけたものだった。大西洋地域で、米国は迫り来る脅威に対し友好国と同盟を結んでいた。友好国は口頭での約束を法的に義務化することによって、[米国に]保障を求めようとした。中国の指導者はこれとは反対の方向をとった。中国には核の脅威に直面しても単独で立ち向かい、主要国すべてが結託しても、それに対抗する長期のゲリラ戦を戦うという覚悟が、いかにできているかを示すことが、その後の一〇年間にわたって、中国側の標準的な発言になった。中国の主要目標は自力依存を武器にし、さらにはそれを、米中の同様の認識に基づく相互支援の一策に転化させることにあった。中国と米国の相互義務は法的文書ではなく、共通の脅威に対する認識を共有することによって確立されるものだった。中国は外部からの支援は求めないが、それは共通認識を持つことで自然に生まれるものだった。外部からの支援は、相手側が問題について中国と見方を共有していないか、あるいはもはや共有しないということになれば、なくなることになる。

二日目の会談の最後の最後に、すなわち、その晩は周恩来は北朝鮮高官の訪問で会談は不可能、さらに、変更不能なわれわれの出発の最終期限まで一八時間ほどという状況で、周はニクソン大統領訪問の問題を持ち出した。周と私の二人はその点に遠まわしに触れたものの、詳細については避けていた。その理由は双方のどちらも、拒絶されたり懇願していると見られたくはなかったからである。最後に周は手続き問題としてこの話題に移るという、洗練された解決策をとった。

周　訪問の発表についてあなたはどう考えますか。

キッシンジャー　どの訪問ですか。

周　あなただけの訪問にするか、それともニクソン大統領の訪問を含めますか。

キッシンジャー　われわれは私の訪問を発表したうえで、毛主席がニクソン大統領を招待し、大統領は招待を原則的に受諾した、ないしは次の春のような一定の時期の訪問を受諾したと発表できます。どちらがいいですか。私は両方とも一緒に発表する方が効果があると思います。

周　それなら、双方が発表の草案作りをする数人を指名しますか。

キッシンジャー　われわれは双方が話し合ってきた流れに沿って草案作りをすべきです。

周　両方の訪問についてですね。

キッシンジャー　それでいいです。

周　やってみましょう。……私は六時に約束があり、一〇時まで続きます。私の執務室は自由に使ってください。または、話し合いのためにあなた方の宿舎に戻ることもできます。あなた方は夕食を食べ、休息をとり映画も見られます。

キッシンジャー　一〇時に会いましょう。

周　了解しました。私があなた方の宿舎に行きます。深夜まで作業しましょう。[20]

コミュニケは結局、誰が誰を招待すると言い出したのかをめぐり膠着状態になり、その夜は完成できなかった。両国とも、相手側がこの招待に熱心であるように見せたがった。われわれは妥協した。草案は毛沢東の承認が必要だったが、毛は寝てしまっていた。「ニクソン大統領が中華人民共和国を訪問したい意向を表明したことを承知していた」周恩来が「招待する」ことを表明し、ニクソンがこれを「喜んで」受諾したという形式を、毛は最終的に承認した。

　われわれは、わが方の出発の最終期限である七月一一日、日曜日午後ぎりぎりになって、ニクソン大統領の訪問に関する声明の草案文言を完成させた。「われわれの発表は世界を揺るがすだろう」と周恩来が言い、興奮をひた隠しにしながら、代表団は世界を揺るがすまでの数時間の空の旅に出発した。私はサンクレメンテにある「西のホワイトハウス」と呼ばれた別荘にいるニクソンに説明した。そして、七月一五日、ロサンゼルスと北京から同時に、秘密訪問と招待の両方が公表された。

中国でのニクソン――毛との会談

秘密訪問から七ヵ月後の一九七二年二月二一日、ニクソン大統領は底冷えのする北京に到着した。地政学的な好機を見いだし、それを大胆につかみ取った、頑迷な反共主義者である大統領にとって、輝かしい瞬間だった。この日を迎えるまで舵取りをしてきた不屈の精神と彼が踏み出す新しい時代の象徴として、ニクソンは大統領専用機「エア・フォース・ワン」から、周恩来と会うため、一人で降りることを望んだ。中国軍軍楽隊が米国国歌を演奏する中、さっぱりした人民服姿で周は風の強い駐機場に立っていた。ダレス国務長官の握手拒否を帳消しにする、象徴的な握手が正式に交わされた。歴史的に重要な出来事にしては、不思議なくらい静かだった。ニクソンの車列が北京に入ると、街路には見物人の姿はなかった。そして彼の訪問は夜のニュースの最終項目で報じられた。[21]

始まりと同じように異常だったのは、最終コミュニケも特に台湾に関する重要なパラグラフでは、まだ完全合意に至っていなかったことだ。祝賀は時期尚早であり、祝賀を行えばおそらく沈着冷静であるはずの中国側の交渉姿勢は弱くなっただろう。さらにまた、中国がニクソンに米国民を元気づける機会を与えたので、同盟国ベトナムが激怒していることを、中国指導者は承知していた。ベトナムの同盟国である中国の首都で、ベトナムの敵のために公式の行事を行えば、すでに薄弱な中越関係に、とてつもなく大きな緊張をもたらすことになる。

われわれを招いた側は、到着後数時間のうちに毛沢東との会談にニクソンを招待することで、抜け落ちた歓迎行事の埋め合わせをした。「招待する」という言葉は、毛との会談がどのようにして行われることになったかを示す正確な言葉ではなかった。会談の約束は一切予定になかった。会談はまるで自然現象のように決まった。それは皇帝が客の拝謁を許す時と同じだった。毛がニクソンを招待することが最初に分かったのは、われわれの到着直後に、周恩来が私にレセプションルームで会いたがっていると の連絡を、私が受けた時だった。彼は「毛主席が大統領に会いたいと思っている」と私に伝えた。ニクソンが呼び出されたという印象を避けるため、私は晩餐会の式次第について技術的な問題を持ち出した。周はいつになくイライラして答えた。「大統領を招待したのは主席であり、主席は彼にすぐ会いたがっている」。大統領訪問の冒頭にニクソンを歓迎することで、毛は会談がまだ始まる前に、内外の観衆に対して、彼自身が訪中を威信をもって支持していることを伝えようとしていた。周に伴われて、われわれは中国製の車で毛の住居に向かった。米国の警備担当者の同行は認められず、報道関係には後で知らされた。

毛沢東の住居には、北京の東西を結ぶ道にある幅の広い門を通って近づいて行った。共産革命の前から建つ古い市街壁がそこから続いていた。中南海の中は、道路が湖に沿って伸び、反対側は高官の住居が連なって建っていた。すべてが中ソ友好時代に建てられたもので、迎賓館と同じ重厚なスターリン時代の様式を映していた。

毛沢東の住居も同じように見えたが、他からいくぶん離れて建っていた。目につく警護も権力を示す設備もなかった。小さな控え室は、卓球台でほとんどふさがれていた。それは問題とはならなかった。なぜなら、われわれは毛の書斎に直接招き入れられたからだ。部屋はあまり広くはなく、壁三面に本棚があり、その中にはかなり乱雑な状態で手書き原稿が詰め込まれていた。テーブルの上は本でいっぱいで、床にも本が積み上げられていた。簡素な木製のベッドが隅にあった。世界で最も人口の多い国の全権を掌握する支配者は、従来のような威厳というシンボルで権威を誇示する必要のない、哲学者である王として認められることを望んでいた。

毛沢東は半円形に並べられた肘掛け椅子の、中央部にあった椅子から立ち上がった。毛を支えるための付添い人が、必要な場合に備えて近くに控えていた。われわれは、彼が数週間前に心臓と肺の衰弱性の病気を患い、動くことも困難だったことを、後日知った。毛は体の不調を乗り越え、異常なまでの意思力と決意とを発散させていた。彼はニクソンの手を両手で握り、最も優しい微笑みをニクソンに投げ掛けた。この場面の写真はすべての中国紙に掲載された。中国人は情勢や政策の方向性を伝えるために、毛の写真を上手に使った。毛がしかめ面をすれば、嵐が近づいていた。彼が訪問者に向かって指を振る写真の時は、若干つけ込まれた教師が示す留保を意味していた。

この会談でわれわれは初めて、からかいが多分にまじり、言葉を省略する毛の表現方法を知った。大半の政治指導者は箇条書きの形で自らの考えを提示する。毛は一種ソクラテスのようなやり方で、自分の考えを進行させた。彼は質問し、見解を述べることから話を始め、論評を求めた。それから彼は次の見解を示した。皮肉まじりの言葉、見解表明、質問提起を網の目のように張り巡らすことで、方向性は生まれるが、拘束力のある言質を与えるのはまれだった。

毛沢東は最初から、ニクソンと哲学的対話や戦略的対話を行うつもりはなかった。ニクソンは、上海から北京まで大統領一行に付き添うために派遣された(大統領専用機は上海に立ち寄り中国人ナビゲーターを乗せた)喬冠華外務次官に対し、自分は毛主席と哲学を論じることを楽しみにしていると述べた。毛はそれを受け入れなかった。毛は私[キッシンジャー]を指す]だけが哲学博士であると断言し「彼[キッシンジャー]が今日のメインスピーカーになるように頼んではどうか」と、付け加えた。いつものくせであるかのように、毛はゲストの間の「矛盾」を楽しんでいた。この皮肉まじりのはぐらかしは、大統領と国家安全保障担当補佐官との間に亀裂を生むのに役立ったかもしれない。つまり大統領というものはほとんどが、自分の国家安全保障担当補佐官に人気を食われることをよしとしないのである。

ニクソンはいくつかの国々の名を挙げ、それらの国々が提起した難題について議論したいと、毛沢東に示唆したが、毛は受け入れなかった。ニクソンは次のように主要問題を提起した。

われわれは例えば、この部屋の中だけでの話として、なぜソ連は西欧との国境よりも、あなた方との国境に大きな軍事力を保持しているのかを、自問しなければならない。われわれは日本の将来がどうなるのか、自問しなければならない。日本が中立になり、完全無防備になることが良いのか、はたまた、日本が米国と一定の関係を当面保つことが良いことなのか――この点に関して、われわれに意見の不一致があることは承知している――。問題は、中華人民共和国がどの危険に直面しているか、すなわちそれは米国の攻撃による危険なのか、ソ連の攻撃による危険なのかである。[22]

毛沢東は誘い話には乗らなかった。「こうした面倒な問題すべてについて、私は深入りしたくない」。彼はこれらは首相と話し合うべきだと示唆した。

それでは毛沢東は、とりとめなく見える対話を通じて何を伝えたかったのか。おそらく最も重要なメッセージは、発言しなかった事柄だった。第一は、米中は台湾をめぐり何十年にもわたって相互に非難を繰り返していたが、今回はこの問題は事実上、浮上しなかったことだ。それに割かれた議論の要旨は次の通りである。

毛　われわれの共通の古き友人である蔣介石総統はこれを認めないだろう。彼はわれわれを共産主義の無法者と呼んでいる。彼は最近、演説を行った。あなたはそれを見ましたか。

ニクソン　蔣介石は主席を無法者と呼んでいる。主席は蔣介石をどう呼んでいますか。

周　一般的に言えば、われわれは彼らを蔣介石一派と呼んでいる。新聞紙上では、われわれは時折、無法者と呼ぶ。われわれもやはり無法者と呼ばれている。とにかく、われわれは互いに罵り合っている。

毛　実際は、彼とわれわれとの関係の歴史は、彼とあなた方の友好関係の歴史よりも長い。[23]

過去の膠着状態について、いかなる脅しも、いかなる要求も、いかなる期限も、いかなる言及もなかった。一度の戦争、二度の軍事対決、そして一三六回の膠着した大使級会談の後、台湾問題には緊急性がなくなった。それは、周恩来が秘密会談の中で最初に示唆したように、少なくともしばらくの間は脇に追いやられることになった。

第二は、毛沢東はニクソン訪問を歓迎していることを伝えたかった点だ。あの写真がそれを示していた。第三に、毛は米国に対する中国からのどんな脅威も取り除きたかった。

現時点では、米国からの攻撃、ないしは中国からの攻撃という問題は比較的小さい。すなわち、これが主要問題ではないと言える。なぜなら現状では、われわれ両国間に戦争状態は存在しないからだ。あなた方は自らの部隊の一部を本国に撤退させたいし、われわれの部隊は外国には行かない。[24]

中国軍は自国にとどまるという、もって回った言い方によって、ベトナム［戦争］が大規模な中国の介入を伴った朝鮮のような形で終結するかもしれないという懸念が取り除かれた。

第四に、毛沢東は彼が米国との関係改善を進める際に一つの難題に遭遇したものの、それを克服したことを伝えたかった。彼は、林彪に対しあざけるような碑銘を奉った。林は軍用機で一九七一年九月、首都［正確には河北省北戴河山海関］を脱出し、モンゴルで墜落した。それはクーデター未遂と報じられた。

わが国にも、あなた方とわれわれが接触することに反対する反動的グループが存在する。その結果、彼らは飛行機に乗り外国に逃げた。……ソ連はどうかというと、彼らは最終的に死体を掘り返しに行ったものの、それについては口を閉ざしている[25]。

第五に、毛沢東は米中関係の促進を望み、その問題について技術的な話し合いを促した。

わが方も物事を処理するうえで官僚的である。例えば、あなた方は個人レベルでの人的交流のようなものを求めている。貿易もそうだ。しかしわれわれは、それを決めるよりも、むしろ主要問題を解決しなければ小さい問題に一切手をつけない、という立場に固執してきた。私自身もその立場に固執してきた。後になってあなた方が正しかったことが分かったので、われわれは卓球をやった[26]。

第六に、毛沢東は、ニクソンに個人的な好意を示した。毛が言ったように、右派政府がより信頼できるとして右派政府との交渉を好んだことからも、ニクソン個人に対しても好意的だった。「大躍進」「反右派闘争」を発動した毛は、ニクソンに「投票」した（少なくとも西側では）「右派の人々が政権に就くことを比較的うれしく思う」という驚くべき発言をした。

ニクソン　主席が私に投票したと言われるならば、主席は二匹の悪魔のうちの小さい方に投票したのです。

毛　私は右派が好きだ。あなたは右翼だと言われているし、共和党は右派であり、ヒース首相[27]もまた右寄りだ。

ニクソン　そしてドゴール将軍[28]も。

毛　ドゴールは違う。西ドイツのキリスト教民主同盟も右寄りだ。私はこれら右派の人々が政権に就くことを比較的うれしく思っている[29]。

とは言いながらも毛沢東は、もし民主党が米国で権力を握れば、中国は彼らとも接触すると通告した。

ニクソン訪問の当初、これから始まる具体的な交渉の詳細までは詰められていなかった。毛沢東としては、訪問が指し示す方向に向けて進むつもりだった。台湾に関する打開策が見つかるかどうかは不明だった(その他のすべての問題は実質上解決されていた)。毛は、ニクソンと周との間で予定されていた一五時間の対話で話し合われる、協力に関する議題の大部分を承認するつもりだった。基本的な方向が決まり、毛は忍耐するよう助言し、われわれがコミュニケで合意できなくても、困らないようにした。毛は、むしろその挫折を失敗とは見なさず、挫折することで新たな取り組みに拍車がかかると主張した。戦略的構想が急浮上してきたことが、台湾に関する行き詰まりも含め、すべての懸念に優先した。毛は双方に、一回だけの交渉に多くを賭け過ぎないように忠告した。

十分話し合うことは構わないし、また合意ができなくても構わない。というのは、膠着状態になったら、何か有益なことはあるだろうか。どうして、われわれが結論に到達することができなければならないのだろう。……もしわれわれが第一回目に失敗したら、みんなは、どうして一回目で成功できないのだと言うだろう。成功しなかった唯一の理由は、われわれが間違った道を選んだからである。われわれが二回目に成功すれば、どう言うだろうか。[30]

言い換えれば、いくつかの不測の理由で、まもなく始まる会談が暗礁に乗り上げても、中国は将来における米国との戦略的協力という、中国が望んだ結果を達成するまでやり続けるということだった。

会談が終わりかけた時、継続革命の提唱者である毛沢東は、これまで中傷してきた資本主義・帝国主義社会の大統領に対し、イデオロギーがもはや両国の関係にとって無関係であることを強調した。

毛　(キッシンジャーを指差して)「この時間、この日を生きよ」。思うに、一般的に言って、私のような人間は多くの大砲を鳴り響かせる(周が笑う)。すなわち、「全世界は団結し、帝国主義、修正主義、そしてすべての反動派を打倒し、社会主義を樹立すべきである」というように。(31)

毛はどっと笑いだし、数十年にわたり中国全土の公の場に書き殴られてきたスローガンを、誰も真剣には受け取っていないことを示唆した。彼は独特の皮肉まじりで、冷笑的ではあるが、安心させるようなコメントで会話を締めくくった。

しかし、おそらくあなた個人は、失脚させられるたぐいの人物ではないだろう。彼(キッシンジャー博士)も個人的には、失脚させられない方の人物だろう。でも、あなた方がみんな失脚すれば、われわれにはもはや友人がなくなってしまうことになる。(32)

このようにして、失脚とイデオロギーの問題の最高権威から、われわれの長期にわたる個人的な安全が保証され、中国との関係が非イデオロギーに基づくことを保証されたことで、双方は、遊覧が組み入れられた、五日間にわたる対話と晩餐会を開始した。

ニクソンと周恩来の対話

重要な問題は三つのカテゴリーに分かれていた。第一は両国の長期目標と、覇権国家に対抗する両国間の協力であった。覇権国家とはソ連を意味し、名指しによる不愉快さをなくした簡潔表現だった。この協議は周恩来とニクソンが行い、私を含め限られたスタッフが同席した。われわれは毎日午後に少なくとも三時間会った。

第二の経済協力・科学技術交流の話し合いは、両国の外相が代表して進められた。最後に、最終コミュニケの草案作りグループがあった。これは喬冠華外務次官と私が代表した。草案作りの会議は晩餐会の後の夜遅くに行われた。

ニクソンと周恩来の会談は政府首班同士の会談としては珍しいものだった(ニクソンは当然ながら国家元首でもあった)。会談で双方は、今日的な問題を一切取り扱わなかった。そうした問題はコミュニケ草案作成者と外相会談に委ねられた。ニクソンは会談相手に対し、米政策の概念的なロードマップを提示することに専念した。双方の出発点として、中国側の交渉相手が米国の目標について、権威があり信頼できる指針を聞くことは重要だった。

ニクソンはこの役割について周到な準備ができていた。交渉者としてのニクソンは、顔を突き合わせた対決を嫌い——実際、彼は対決を回避してきた——曖昧で不正確になる傾向があった。しかし彼は、概要を説明するのは非常にうまかった。私が知る一〇人の米大統領の中で、彼には長期にわたる国際潮流を把握する独特の能力があった。彼は周恩来との一五時間にわたる会談を使って、米中関係のビジョンとそれが及ぼす世界情勢への影響について彼の考えを示した。

私が中国に向かった際、ニクソンは台北の米大使に彼自身の考えの概略を説明していた。大使は、米国が向こう数年で中国政策の重心を台北から北京に移すことを、自分の駐在国に対して説明するという、骨の折れる役割を担った。

中国本土という、もう一方の側とのより正常な関係に、一歩一歩、近づき続けているという事実を、われわれは心にとめておかねばならないし、彼ら(台北)はそれに対応する準備をしているに違いない。なぜなら、われわれ[米国]の利害がそれを必要としているからだ。われわれが中国本土を愛しているからではなく、中国本土がそこにあるからであり……そして世界情勢があまりにも劇的に変化してきたからだ(33)。

ニクソンは、中国は混乱し困窮してはいるが、中国人の卓越した能力はやがて中国を第一級の世界の大国に押し上げるだろうと予測していた。

では、もし優れた統治システムを持つ誰かが中国本土を支配したら何が起きるかを、ちょっと考えてみればよい。なんてことだ。……そんな国と互角にやれる国は、世界のどこにもない。つまり……八億人の中国人を優れた体制の下で働かせたらということだ。……そうなったら、彼らは世界のリーダーになるだろう[34]。

ニクソンは今、北京にいて、彼の本領を発揮していた。統治システムとしての共産主義に対して、彼が長年考えてきた否定的な見方がどうであれ、彼は民主主義や自由企業体制といった米国の原則に、中国指導者を改宗させるために中国に来たのではなかったし、そんなことは無益だと承知していた。ニクソンが冷戦を通じて探求してきたことは、核兵器が多数存在する世界にとっての安定した国際秩序であった。だから、ニクソンは以前に中国の革命家の成功は米政策の著しい失敗であると非難したが、彼が最初に周恩来と会談した際には、成功を収めた革命家の誠実さに賛辞を贈ったのだった。「われわれはあなた方が自らの理念を深く信じていることを承知しているし、われわれは自らの理念を深く信じている。われわれはあなた方に自らの理念で譲歩するよう求めないし、あなた方もわれわれに対し自らの理念について譲歩するよう求めることはないだろう[35]」。

ニクソンは、多くの米国人と同様に自らの理念に基づいて、中国の目標に反する政策をこれまでに主張したことを認めた。しかし、世界は変化し、今やワシントンがこうした変化を受け入れることは米国の国益に必要となった。

私の見解は、アイゼンハワー政権にいたので、その時点ではダレス氏の見解とほぼ同じだった。しかしその後、世界は変化し、中華人民共和国と米国との関係も変わらなければならなくなった。首相がキッシンジャー博士との会談で言及したように、操舵手は波に乗らなければ、流れにのみ込まれてしまうだろう。[36]

ニクソンは外交政策の基礎を国益の調整に置くことを提案した。国益が明確に存在し、国益が安定ないしは少なくとも破局の回避につながる相互利益を考慮に入れたものならば、米中関係は予測可能なものとなる。

この場で話をして、首相も承知し、私も承知していることだが、友好は――われわれには個人ベースでは友好があると、私は感じているが――既存の関係が依存すべき基盤とはなり得ない。友好だけでは……。友人として、われわれがいくつかの素晴らしい言葉に同意できようとも、もしそうした言葉で示された合意を実行することによって両国の国益が合致しない限り、それはほとんど意味がない。[37]

そうした取り組みにとっては、率直さが真の協力にとっての前提であった。ニクソンは周恩来にこう述べた。「われわれが本当の意味で率直さを育み、われわれのどちらもが、自分たちの国益にかなうことしかしない、ということを認識することが重要である」[38]。ニクソンを批判する人はしばしば、一種の身勝手さを示す考えであるとして、こうした発言を非難した。しかし中国の指導者は、こうした発言が米国の信頼性を保証するものだとして、しばしばそこに立ち返るのだった。なぜなら、発言は正確で信頼でき、かつ互恵であったからだ。

これに基づき、ニクソンは、米軍の大部分がベトナムから撤退した後に、米国がアジアで揺るぎない役割を果たす理論的根拠を提示した。独特だったのは、ニクソンがそれを相互の利害にかなったものであるとして提示したことだった。何十年にもわたって中国のプロパガンダは、この地域における米国のプレゼンスを植民地主義の抑圧として非難し、それに対抗して「人々」に立ち上がるように呼び掛けてきた。しかし、ニクソンは北京で、地政学的に緊急を要する事態はイデオロギーを超越しており、彼が北京にいることはそれを証明するものだと主張した。中国の北部国境に一〇〇万のソ連兵が駐留し、北京はもはや自らの外交政策の基礎を「米帝国主義」の打倒を呼び掛けるスローガンに置くことは不可能になっていた。彼は今回の訪問の前に、私に対して米国の本質的な世界的役割について強調した。

われわれは米国の世界的役割について、あまりにも弁解がましくあってはならない。過去、現在、未来についても、そうである。われわれは米国がやろうとしていることに、率直すぎてもいけない。言い換えればすなわち、胸をたたき、苦悩を示しながら、撤退し、あれをやり、これをやる、ということだ。なぜなら、「米国が誰を脅していると いうのか。あなた方はむしろ誰にこの役割を演じてもらいたいというのか」とわれわれは主張しなければならない、と私は考えているからだ(39)。

ニクソンが提示したような、絶対的な形での国益の発動を、国際秩序を形成する唯一の概念として適用することは困難である。国益を定義する条件は多種多様であり、解釈にばらつきが生じる可能性も非常に大きく、信頼できる単一の行動指針をつくることは不可能だ。自制という要素を導き出すには通常、ある程度の価値観の一致が必要だ。

中国と米国が二〇年間の空白の後、初めて互いに交渉を開始した際、双方の価値観は対立はしていないとしても、異なってはいた。大きな困難にもかかわらず国益に関するコンセンサスを得たことは、節度を示すという点で最も意義深いものだった。このコンセンサスの周辺で、イデオロギーが両者を対立に向かわせようと、手ぐすねを引いていた。

現実主義で十分だろうか。現実主義は、利害の衝突を簡単に先鋭化させるが、解決するのも容易である。双方とも、自らの目標を相手方の目標よりよく知ることになる。自らの国内的な立場の堅固さ次第では、現実主義の観点から必要とされる譲歩をすると、国内の反対派から弱さの現れとして利用される可能性がある。それゆえ、常に交渉での自らの主張を強めようということになる。中国との初めての交渉で、問題は利害の定義をどのように一致させるか、ないしは一致できるかであった。ニクソンと周の会話は一致への枠組みを提供し、上海コミュニケと、コミュニケの中の台湾の将来に関する大いに議論された文言が、一致への橋渡し役となった。

上海コミュニケ

通常は、コミュニケの有効期間は短いものである。コミュニケは方向性というよりも雰囲気を規定するものだ。ニクソンの北京訪問を締めくくったコミュニケのケースはこれと違っていた。

指導者たちは、コミュニケが彼らの考えと相手との協議から完璧な形で生まれたとの印象を作り上げたがるものである。コミュニケは指導者が書き下ろし、句読点の一つ一つにまで合意したものと、一般には考えられているが、指導者はこうした思い込みに水を差すことはしない。経験豊富で賢明な指導者は十分わきまえているものだ。ニクソンと周恩来は、首脳会談にはつきものの短い期間での草案作成協議に、指導者を引き込むことの危険性を理解していた。意志強固な人々——そうでなければ彼らはこの場にいないだろうが——は一般的に、時間がなく、メディアもしつこい場合には、行き詰まりを打開できないことがある。その結果、外交官たちがすでに大半が完成したコミュニケを持って主要会議の場に足しげく通うことになる。

私は一九七一年一〇月、コミュニケ作成のためにニクソンによって北京に派遣された。二回目の訪問だった。その後のやりとりで、この訪問の暗号名をポロⅡとすることが決まった。最初の秘密訪問をポロⅠと名付けたことで、われわれは発想力を使い果たしていた。ポロⅡの主目的は、四カ月後のニクソン大統領訪問終了に当たって、中国指導部と大統領がともに承認できるコミュニケで合意することであった。

われわれは中国政府の体制が大混乱に陥っている時に北京に到着した。数週間前、毛沢東の後継者とされていた林彪が、陰謀を起こしたとして非難されていた。陰謀の全容は公式には決して明らかにされなかったが、それについてはさまざまな解釈があった。当時の一般的な見方は、毛沢東の言葉を収録した「毛沢東語録」の編纂者である林彪が、中国の安全保障は米国と画策するよりも文化大革命の原則に立ち戻ることによって、より確実に保証されると結論付けたことのようだった。また、その時点までに、林彪は実際には、周恩来と鄧小平の現実主義の立場に近い観点から毛沢東と敵対しており、表向きのイデオロギー狂信的行為はある種の防衛戦術だったとも言われていた(40)。

この危機の痕跡は、私の同僚と私自身が一〇月二〇日に到着した際、依然としてわれわれの周囲の至るところで散見された。空港からの道筋で、われわれは、おなじみのスローガン「米帝資本主義とその手先を打倒しよう」の書かれたポスターの前を通り過ぎた。ポスターのいくつかは英語で書かれていた。同じ内容のチラシが迎賓館のわれわれの部屋にも置いてあった。私はスタッフに対し、これらを集めて、チラシは以前いた人が残していったものだとして中国の儀典官に渡すように指示した。

次の日、人民大会堂での周恩来との会談に私を案内した外相代理は、われわれを当惑させたものに気付いていた。彼は、われわれに掲示ポスターを見るようにと注意喚起した。われわれを不快にさせたポスターを取り替えたものだった。それには「アフリカ・アジア卓球選手権大会へようこそ」と英語で書いてあった。われわれが通りがかりに目にした他のポスターはすべて塗りつぶされていた。周はあたかもついでのような口調で、われわれに中国側の措置を見ておくべきであり、それは口先だけの「空の大砲」ではないと言った。毛沢東が数カ月後にニクソンに対して言ったことの前触れだった。

コミュニケについての議論は慣習に沿って始まった。私は、スタッフと私が準備し、ニクソンが承認したコミュニケ草案を提示した。その中では、双方は平和への貢献を確認し、未解決問題での協力を誓う、としていた。台湾に関する部分は空白のままだった。周恩来は会談の基礎としてこの草案を受諾し、翌朝には中国側の修正した代替案を提示することを約束した。これはすべてコミュニケ作成の慣習的なやり方だった。

次に起きるはずのことが、起きなかった。毛沢東が介入した。彼は「くだらないコミュニケ」と呼び、草案作りを止めるよう周恩来に言った。彼は正統共産主義の説教を「空の大砲」と呼んだかもしれないが、共産主義幹部の指針としてそれを放棄するつもりはなかった。彼は周に対し、正統共産主義を中国の立場としてあらためて主張したコミュニケの作成を指示した。米国は自らの選択で、自国の見解を述べることができた。毛は、平和は闘争によってのみ生まれるのであって、放っておいては平和は生まれないとの考えを人生の基盤としてきた。中国は米国との食い違いを率直に認めることを恐れなかった。周の示した草案(私のではなく)は、ソ連なら署名するような、重要性と実効性に欠けた陳腐なものだった。[41]

周恩来の提示したコミュニケ草案は、毛沢東の指示に従ったものだった。彼が示した草案には、まったく妥協のない言葉で中国の立場が述べられていた。草案には、われわれの立場を書くために空白のページがあり、そこには逆の内容が同様に強い言葉で記される見通しだった。最後に共通の立場について記す部分があった。

まず、私は驚いた。しかし、熟考するにつれ、この異例の形式が双方の問題を解決するように思えた。双方がそれぞれの基本的な信念を再確認し、それによって国内の人々と不安げな同盟国とを安心させることになる。双方の食い違いは、この二〇年間に知れわたっていた。両国の主張のコントラストが達成された合意を際立たせ、建設的な結論はよりいっそう信頼できるものになる。外交代表がおらず、適切で安全な通信手段がないため、ワシントンと連絡をとることができなかったが、私は、ニクソンがこのままで行こうと考えるということに、十分な自信があった。

このようにして、中国で発表され、中国メディアで報道されたコミュニケによって、米国は「世界中の人々のための個人の自由と社会の進歩」へのコミットメントを確約するとともに、韓国と日本という同盟国との緊密な関係を宣言し、さらに、いかなる国家の無謬性をも否定し、それぞれの国家が外国の干渉を受けずに発展することを可能にする国際秩序に関する見解を、明言することができた[42]。コミュニケの中国側草案は当然ながら、自国の見解を同様に表現していた。これが中国国民に驚きとして受け取られるはずはなかった。彼らはそれを毎日、自国のメディアで耳にし、目にしていた。しかし、双方の見解を含む文書に調印することによって、両国はイデオロギー休戦を効果的に呼び掛けるとともに、われわれの見解がどこで収斂したかを強調していた。両国の見解が収斂した条項の中で、間違いなく最も意義深いのは、覇権に関する条項だった。それはこうなっている。

——いずれの側も、アジア・太平洋地域における覇権を求めるべきではなく、他のいかなる国家ないしは国家集団によるこのような覇権樹立の試みにも反対する[43]。

さまざまな同盟関係が、これよりももっと薄弱なものを基礎に形成されていた。衒学的な言い回しにもかかわらず、それは驚くべき結論だった。六カ月あまり前までの敵同士が、ソ連圏のこれ以上のいかなる拡大にも共同して反対を表明していた。それは紛れもなく外交的な革命であった。なぜなら、次の段階としては、ソ連の野望に対抗する戦略を論議することが不可避となるからだ。

こうした戦略が持続するかどうかは、台湾問題で進展できるかどうかにかかっていた。ニクソン訪問中に論議される前に、当事者はすでに七カ月前の秘密訪問の時から台湾問題で探りを入れていた。

交渉はこの時点で、外交官が選択するところまで到達していた。一つの戦術、すなわち従来の取り組みは、一方が最大限の立場を説明し、徐々に到達可能な立場に後退するやり方だ。国内での立場を守りたい交渉担当者は、こうした戦術を大いに好む。しかし、一連の極端な要求から始めるのが「厳しい」と思われる場合、最初の動きを封じられることで、結局、交渉プロセスは漸進的な後退に陥る。相手側は次の修正でどうなるのかを見定めるために、段階ごとに防御姿勢を固めがちになり、交渉プロセスは我慢比べになってしまう。

好ましい交渉の進め方は、実質よりもプロセスを優先するのではなく、最も持続可能な成果と判断される内容に近い提案を、最初に行うことである。「持続可能」の定義は理論的には、双方が堅持することに利益を見いだすこと、である。これは、双方が譲歩できる余裕が限られていた台湾問題に関しては、格別の難題であった。そのためわれわれは最初から、台湾に関し建設的な展開に不可欠と判断する見解を提示した。ニクソンは二月二二日に、私の七月と一〇月の会談でのやりとりから精選した五原則として、これらの提案を示した。これは包括的であり、同時に米側の譲歩の限界でもあった。交渉の行方は、この枠組みの中で協議されなければならなかった。五原則とは、「一つの中国」政策を確認すること、米国が台湾内部の独立運動を支持しないこと、米国が台湾に対する日本のいかなる動きも阻止すること(歴史的経緯から、中国にとって特別の懸念事項だった)、北京と台北間のあらゆる平和的解決を支持すること、さらに正常化を続けることへのコミットメント——であった[44]。ニクソンは二月二四日、米国がこれらの原則を遂行すれば、米国内で台湾問題がどう展開していくかについて説明した。ニクソンが確認したところによると、彼の意図は大統領第二期目で正常化プロセスを完了し、その時間枠の中で台湾から米軍を撤退させることだった。これについて彼は、どんな公式の確約をする立場にもないと述べた。周恩来は、双方が「困難」を抱えており、「制限時間」はないと応じた。

原則と現実主義とが、このようにして曖昧な均衡の中に存在する中で、喬冠華と私は最後に残された上海コミュニケの最終セクションの草案を作った。重要な一節は一つのパラグラフだけだが、二人は完成するまでにほぼ一晩かかった。それは次のようになっている。

米国側は表明した。米国は、台湾海峡の両側のすべての中国人が、中国はただ一つであり、台湾は中国の一部であると主張していることを認める。米国政府はその立場に異議を唱えない。米国政府は中国人自身による台湾問題の平和的解決についての米国政府の関心を再確認する。かかる展望を念頭に置き、米国政府は台湾からすべての米軍と軍事施設を撤退するという最終目標を確認する。当面、米国政府はこの地域の緊張が緩和するのに従い、台湾の米軍と軍事施設を漸次減少させるであろう。[45]

このパラグラフは、数十年に及ぶ内戦と敵対意識を、北京、台北、ワシントンのいずれもが同意できる、肯定的な一般原則の中に織り込んだ。米国は、中国の境界線のどちらの側の中国人もが持つ信念を認めることによって、「一つの中国」政策に対応した。この形式が持つ柔軟性によって、米国は数十年来の立場を「承認」から「支援」へと進めることが可能となった。台湾には経済的かつ国際的に発展する機会が与えられた。中国は、台湾と中国本土の政治的つながりにおける、中国の「核心的利益」を承認させた。米国は平和的解決への関心を確認した。

時折、緊張した関係が生じたものの、上海コミュニケはその目的を果たしてきた。コミュニケが調印されてから四〇年間にわたり、中国も米国も両国関係発展の弾みを中断させるような問題を起こさせたことはなかった。それは、デリケートで、時には緊張したプロセスであった。全体を通じて、米国は平和的解決を重視する見解を確認し、中国は究極的な統一の必要性を確信することを確認した。それぞれは自制をもって行動し、意思ないしは強さを試さなければならない状況にまで相手を追いやることは、回避しようとしてきた。中国は「台湾に関する」核心的原則を引き出したものの、その実施時期については柔軟な姿勢をとってきた。米国は現実的で、時には米国内の圧力に大きく影響されたものの、個別の案件ごとに対応してきた。全体では北京とワシントンは、中米関係の決定的重要性を最優先してきた。

しかし、暫定協定と恒久的事態とを混同してはならない。中国の指導者の誰もが、究極的な統一を主張することを放棄していないし、放棄するつもりもない。米国の指導者が近い将来に、このプロセスが平和的であるべきとの信念を放棄したり、この問題に関する米国の見解を変更したりすることはない。必要とされているのは、双方が、互いの信念の堅固さと本質を試さなければならないと思う方向に向かわないようにする政治的手腕である。

余波

読者は、ここで述べた外交儀礼や歓待が、その後の数十年間に大幅に変化したことに留意すべきである。皮肉なことだが、初期の中国指導者が実践した歓待のスタイルは、現在の慣行に比べて中国の皇帝時代の慣習に近いものがあった。現在は、あまり手をかけず、乾杯も少なくなり、政府側が感情を表に出さない傾向になっている。大きく変わらないのは、細部に至る準備、議論の複雑性、長期計画を立てる能力、無形なものに対する鋭敏な感覚である。

ニクソンの中国訪問は、公式訪問が国際問題に大きな変化をもたらした数少ない機会の一つである。中国が世界の外交ゲームに再び参入し、米国の戦略的な選択肢が増えたことで、国際体制に新たな活力と柔軟性がもたらされた。ニクソンの訪問に続いて、他の西側民主国家と日本の指導者が中国を公式訪問した。上海コミュニケに反覇権条項を取り入れたことは、事実上の同盟関係への移行を意味した。当初はアジアに限定されていたが、その取り組みは一年後には拡大して、残りの世界も包含された。中国と米国との協議は、正式な同盟国の間でもまれな濃密なレベルに達した。

数週間は高揚感があった。多くの米国人は、中国はもともと属していた(事実そうだった)国際社会に復帰できるとして、中国のイニシアチブを称賛し、国際政治の永続的な特徴(事実ではなかった)として、この新たな事態を受け止めた。生まれつき懐疑的なニクソンや私は、前の方の章で記した中国の政策が、現在の政策と同じ信念で実行されてきたことや、愛嬌たっぷりで優雅にわれわれを出迎えた指導者たちが、それほど以前でもない時期に、正反対の路線をくどくどと、まことしやかに語っていたことを忘れはしなかった。毛沢東や彼の後継者が、生涯を通じて抱いてきた信念を放棄するとも考えられないのである。

将来の中国の政策の方向は、イデオロギーと国益から成る複合体であろう。中国との関係改善で達成されたのは、利害が一致するところでの協力を増大させ、食い違いがあるところではそれを減少させる機会が生まれたことである。国交回復の際には、ソ連の脅威が弾みとなったが、今後のより大きな課題は数十年かけて協力への信念を育て上げることであり、そうなれば新しい世代の指導者が同様の使命感を持って事に当たることができるようになる。そして米側にも同種の展開が育まれることになる。米中国交回復がもたらした恩恵とは、永遠に友好であるという状態でも価値観の調和でもなく、常に手をかける必要がある世界の均衡が回復されたことであり、さらには、時間が経てばおそらく価値観のより大きな調和が生み出されることである。

そのプロセスでは、お互いが自らの利害の守護者になる。そして双方は、モスクワとの関係における影響力行使の源として、相手方を利用しようとするだろう。毛沢東が絶えず強調したように、世界は静止したままではなく、矛盾と不均衡は一つの自然法則である。この見方を反映して、中国共産党中央委員会はニクソンの訪問を、中国が「矛盾を利用し、敵を分断し、自らを強化」した例証として表現した文書を出した[46]。

双方の利害は本当に一致するのだろうか。双方はこの利害を、広く行きわたったイデオロギーと十分に区別して、対立感情が沸き起こるのを回避できるだろうか。ニクソンの中国訪問はこれらの課題に対処するためのドアを開けたが、これは依然としてわれわれの課題なのである。

1972年2月，北京空港に到着したニクソン大統領(米議会図書館，ヘンリー・キッシンジャー・アーカイブ)

毛沢東とニクソン，1972年(米議会図書館，ヘンリー・キッシンジャー・アーカイブ)

ヘンリー・A. キッシンジャー(Henry A. Kissinger)

1923年ドイツでユダヤ系市民として生まれる．1938年にナチスの迫害をさけて米国に移住，帰化．ハーバード大学教授を経て，1969年のニクソン政権発足とともに米政権入りし，国家安全保障問題担当の大統領補佐官に就任．1973年から77年まで第56代国務長官も務める．1973年にベトナム暫定和平協定締結でノーベル平和賞を受賞．著書に『キッシンジャー秘録』全5巻(斎藤彌三郎ほか訳，小学館，1979-80年)，『外交』上・下(岡崎久彦監訳，日本経済新聞社，1996年)，『キッシンジャー 回復された世界平和』(伊藤幸雄監訳，原書房，2009年)など多数．

キッシンジャー回想録 中国(上)
ヘンリー・A. キッシンジャー

2012年3月28日 第1刷発行
2013年9月13日 第5刷発行

訳 者 塚越《つかごし》敏彦《としひこ》・松下《まつした》文男《ふみお》・横《よこ》山《やま》 司《つかさ》
岩《いわ》瀬《せ》 彰《あきら》・中《なか》川《がわ》 潔《きよし》

発行者 岡本 厚

発行所 株式会社 岩波書店
〒101-8002 東京都千代田区一ツ橋2-5-5
電話案内 03-5210-4000
http://www.iwanami.co.jp/

印刷・三陽社 カバー・半七印刷 製本・松岳社

ISBN 978-4-00-023874-8 Printed in Japan

塚越敏彦

1947年生まれ．共同通信社上海支局長，北京支局長，編集局次長を経て社団アジア地区総代表，KK国際情報センター長．共訳書に『東と西』(クリス・パッテン著，共同通信社，1998年)，『台湾の四十年――国家経済建設のグランドデザイン』上・下(高希均・李誠編，連合出版，1993年)，編著に『最新中日外来語辞典』(日中通信社，1999年)．

松下文男

1947年生まれ．共同通信社ニューデリー支局長，ワシントン支局員，ロンドン支局員，国際局，システム局を経てKK共同ジャパン・ビジネス・センター編集長．共訳書に『チリ33人――生存と救出，知られざる記録』(ジョナサン・フランクリン著，共同通信社，2011年)．

横山　司

1949年生まれ．共同通信社ナイロビ支局長，ロンドン支局員，香港支局長，外信部長，編集委員を経て退社後，翻訳家．共訳書に『チリ33人』．

岩瀬　彰

1955年生まれ．共同通信社本社経済部，香港支局，KK共同情報編集部長，中国総局次長，編集局ニュースセンター副センター長，熊本支局長を経て社団アジア室編集長．著書に『「月給百円」サラリーマン――戦前日本の「平和」な生活』(講談社現代新書，2006年)，共訳書に『東と西』．

中川　潔

1957年生まれ．共同通信社上海支局長，中国総局長，外信部長を経て社団アジア室長．

原　注

序章

1. John W. Garver, "China's Decision for War with India in 1962," in Alastair Iaian Johnston and Robert S. Ross, eds., *New Directions in the Study of China's Foreign Policy* (Stanford: Stanford University Press, 2006), 116，孫暁，陳志誠『ヒマラヤ山の雪——中印戦争実録』(太原，北岳文芸出版社，1991 年)95 頁を引用．王宏緯『ヒマラヤ山のわだかまり——中印関係研究』(北京，中国蔵学出版社，1998 年) 228-230 頁．
2. 中国を示す「華夏」「中華」などの名称には，英語での正確な訳語はないが，いずれも偉大で中央にある文明という含意を持つ．

第 1 章

1. "Ssuma Ch'ien's Historical Records—Introductory Chapter," trans. Herbert J. Allen, *The Journal of the Royal Asiatic Society of Great Britain and Ireland* (London: Royal Asiatic Society, 1894), 278-280 ("Chapter I: Original Records of the Five Gods").
2. Abbe Regis-Evariste Huc, *The Chinese Empire* (London: Longman, Brown, Green & Longmans, 1855), as excerpted in Franz Schurmann and Orville Schell, eds., *Imperial China: The Decline of the Last Dynasty and the Origins of Modern China—The 18th and 19th Centuries* (New York: Vintage, 1967), 31.
3. Luo Guanzhong, *The Romance of the Three Kingdoms*, trans. Moss Roberts (Beijing: Foreign Languages Press, 1995), 1.
4. 毛沢東は，中国は核戦争にも生き残れる，ということを示す際に，この例を使った．Ross Terrill, *Mao: A Biography* (Stanford: Stanford University Press, 2000), 268.
5. John King Fairbank and Merle Goldman, *China: A New History*, 2nd enlarged ed. (Cambridge: Belknap Press, 2006), 93.
6. F. W. Mote, *Imperial China: 900-1800* (Cambridge: Harvard University Press, 1999), 614-615.
7. Ibid., 615.
8. Thomas Meadows, *Desultory Notes on the Government and People of China* (London: W. H. Allen & Co., 1847), as excerpted in Schurmann and Schell, eds., *Imperial China*, 150.

9. Lucian Pye, "Social Science Theories in Search of Chinese Realities," *China Quarterly* 132 (1992), 1162.
10. 中国側の普遍的支配権の主張に，ワシントンの同僚が異議を唱えることを予測して，北京にいた米国使節団は，地元在住の中国通の英国人に，別の訳と注釈を作ってもらっていた．後者は，問題になりそうな表現，直訳では「世界を平定し，制御する」となる部分は，よくある決まり文句で，リンカーン大統領への書簡は実は(中国の朝廷の基準では)，その表現から真の友好の意志がうかがえる，非常に穏健な文書であると説明した．*Papers Relating to Foreign Affairs Accompanying the Annual Message of the President to the First Session of the Thirty-eighth Congress*, vol. 2 (Washington, D.C.: U.S. Government Printing Office, 1864), Document No. 33 ("Mr. Burlingame to Mr. Seward, Peking, January 29, 1863"), 846-848.
11. 中国が挙げたこれらの業績についての素晴らしい記述としては，中国に深く(あまりにも深く)魅せられた西洋の学者，ジョゼフ・ニーダムの何巻にも上る百科全書的な以下を参照．*Science and Civilization in China* (Cambridge: Cambridge University Press, 1954).
12. Fairbank and Goldman, *China*, 89.
13. Angus Maddison, *The World Economy: A Millennial Perspective* (Paris: Organisation for Economic Co-operation and Development, 2006), Appendix B, 261-263. 産業革命までは，GDP は人口規模と密接な関係があったと言っても許されるだろう．ゆえに，中国とインドは，部分的には膨大な人口のおかげで西欧を凌駕したのだ．この数字を見つけてくれたマイケル・センバレストに感謝したい．
14. Jean-Baptiste Du Halde, *Description geographique, historique, chronologique, politique, et physique de l'empire de la Chine et de la Tartarie chinoise* (La Haye: H. Scheurleer, 1736), as translated and excerpted in Schurmann and Schell, eds., *Imperial China*, 71.
15. François Quesnay, *Le despotisme de la Chine*, as translated and excerpted in Schurmann and Schell, eds., *Imperial China*, 115.
16. 中国古代の証言をまとめた，孔子の政治的経歴の探求物語としては以下を参照．Annping Chin, *The Authentic Confucius: A Life of Thought and Politics* (New York: Scribner, 2007).
17. Benjamin I. Schwartz, *The World of Thought in Ancient China* (Cambridge: Belknap Press, 1985), 63-66 参照．
18. Confucius, *The Analects*, trans. William Edward Soothill (New York: Dover, 1995), 107.
19. Mark Mancall, "The Ch'ing Tribute System: An Interpretive Essay," in John King Fairbank, ed., *The Chinese World Order* (Cambridge: Harvard University Press, 1968), 63-65; Mark Mancall, *China at the Center: 300 Years of Foreign Policy* (New York: Free Press, 1984), 22 参照．
20. Ross Terrill, *The New Chinese Empire* (New York: Basic Books, 2003), 46.

21. Fairbank and Goldman, *China*, 28, 68–69.
22. Masataka Banno (坂野正高), *China and the West, 1858–1861: The Origins of the Tsungli Yamen* (Cambridge: Harvard University Press, 1964), 224–225; Mancall, *China at the Center*, 16–17.
23. Banno, *China and the West*, 224–228; Jonathan Spence, *The Search for Modern China* (New York: W. W. Norton, 1999), 197.
24. Owen Lattimore, "China and the Barbarians," in Joseph Barnes, ed., *Empire in the East* (New York: Doubleday, 1934), 22.
25. Lien-sheng Yang, "Historical Notes on the Chinese World Order," in Fairbank, ed., *The Chinese World Order*, 33.
26. As excerpted in G. V. Melikhov, "Ming Policy Toward the Nuzhen (1402–1413)," in S. L. Tikhvinsky, ed., *China and Her Neighbors: From Ancient Times to the Middle Ages* (Moscow: Progress Publishers, 1981), 209.
27. Ying-shih Yu, *Trade and Expansion in Han China: A Study in the Structure of Sino-Barbarian Economic Relations* (Berkeley: University of California Press, 1967), 37.
28. Immanuel C. Y. Hsu, *China's Entrance into the Family of Nations: The Diplomatic Phase, 1858–1880* (Cambridge: Harvard University Press, 1960), 9.
29. こうして中国は，元朝と清朝を築いた外国の征服者たちの聖なる出身地であったモンゴル(「内」モンゴル，および中国史のさまざまな時点においては「外」モンゴル)と満洲に主権を拡大した．
30. このテーマに関する理解を深め，もっと詳しく囲碁のルールを知るためには以下を参照．David Lai, "Learning from the Stones: A *Go* Approach to Mastering China's Strategic Concept, *Shi*" (Carlisle, Pa.: United States Army War College Strategic Studies Institute, 2004); David Lai and Gary W. Hamby, "East Meets West: An Ancient Game Sheds New Light on U.S.-Asian Strategic Relations," *Korean Journal of Defense Analysis* 14, no. 1 (Spring 2002).
31. 「孫子の兵法」は，より後代の戦国時代(といっても，これもかなり古い時代だが)の人物が書いたものであり，自分の思想にハクをつけるために，作品を孔子の時代にまで遡らせたという指摘は，信頼できそうだ．この議論については，以下を参照．Sun Tzu, *The Art of War*, trans. Samuel B. Griffith (Oxford: Oxford University Press, 1971), Introduction, 1–12; Andrew Meyer and Andrew Wilson, "*Sunzi Bingfa* as History and Theory," in Bradford A. Lee and Karl F. Walling, eds., *Strategic Logic and Political Rationality: Essays in Honor of Michael Handel* (London: Frank Cass, 2003).
32. Sun Tzu, *The Art of War*, trans. John Minford (New York: Viking, 2002), 3.
33. Ibid., 87–88.
34. Ibid., 14–16.
35. Ibid., 23.

36. Ibid., 6.
37. 標準中国語では「勢(*shi*)」は，英語の「sir」とほぼ同様の音を「sh」を伴って発音する．漢字は「耕す」という意味と「力」という意味の部分で構成されている．
38. Kidder Smith, "The Military Texts: The *Sunzi*," in Wm. Theodore de Bary and Irene Bloom, eds., *Sources of Chinese Tradition*, vol. 1, *From Earliest Times to 1600*, 2nd ed. (New York: Columbia University Press, 1999), 215. 中国の作家，林語堂は「勢」について，状況が「どうなるのか……風や雨，洪水，戦闘などが将来どうなるのか，その力が強くなっていくのか，衰えていくのか，まもなくやむのか，ずっと続くのか，勝つのか，負けるのか，またそれはどの方向に，どのような力を伴っているのか」といったことを示す美的，哲学的概念だとしている．
39. Joseph Needham and Robin D. S. Yates, *Science and Civilisation in China*, vol. 5, part 6: "Military Technology Missiles and Sieges" (Cambridge: Cambridge University Press, 1994), 33-35, 67-79 参照.
40. Lai and Hamby, "East Meets West," 275 参照.
41. Georg Wilhelm Friedrich Hegel, *The Philosophy of History*, trans. E. S. Haldane and Frances Simon, as quoted in Spence, *The Search for Modern China*, 135-136.

第2章

1. 特別に英明な皇帝たちの指揮下で行われた「中央アジア」での清朝の領土拡大については以下に詳しい．Peter Perdue, *China Marches West: The Qing Conquest of Central Eurasia* (Cambridge: Belknap Press, 2005).
2. J. L. Cranmer-Byng, ed., *An Embassy to China: Being the journal kept by Lord Macartney during his embassy to the Emperor Ch'ien-lung, 1793-1794* (London: Longmans, Green, 1962), Introduction, 7-9 (citing the *Collected Statutes* of the Qing dynasty)参照.
3. "Lord Macartney's Commission from Henry Dundas" (September 8, 1792), in Pei-kai Cheng, Michael Lestz, and Jonathan Spence, eds., *The Search for Modern China: A Documentary Collection* (New York: W. W. Norton, 1999), 93-96.
4. Ibid., 95.
5. Macartney's Journal, in Cranmer-Byng, ed., *An Embassy to China*, 87-88.
6. Ibid., 84-85.
7. Alain Peyrefitte, *The Immobile Empire* (New York: Alfred A. Knopf, 1992), 508.
8. Macartney's Journal, in Cranmer-Byng, ed., *An Embassy to China*, 105.
9. Ibid., 90.
10. Ibid., 123.

11. Ibid.
12. 第 1 章「中国の特異性」22 頁参照.
13. Macartney's Journal, in Cranmer-Byng, ed., *An Embassy to China*, 137.
14. "Qianlong's First Edict to King George III" (September 1793), in Cheng, Lestz, and Spence, eds., *The Search for Modern China*, 104-106.
15. "Qianlong's Second Edict to King George III" (September 1793), in Cheng, Lestz, and Spence, eds., *The Search for Modern China*, 109.
16. Macartney's Journal, in Cranmer-Byng, ed., *An Embassy to China*, 170.
17. Angus Maddison, *The World Economy: A Millennial Perspective* (Paris: Organisation for Economic Co-operation and Development, 2006), Appendix B, 261, Table B-18, "World GDP, 20 Countries and Regional Totals, 0-1998 A.D."
18. Jonathan Spence, *The Search for Modern China* (New York: W. W. Norton, 1999), 149-150; Peyrefitte, *The Immobile Empire*, 509-511; Dennis Bloodworth and Ching Ping Bloodworth, *The Chinese Machiavelli: 3000 Years of Chinese Statecraft* (New York: Farrar, Straus & Giroux, 1976), 280 参照.
19. Peter Ward Fay, *The Opium War, 1840-1842* (Chapel Hill: University of North Carolina Press, 1975), 68.
20. Peyrefitte, *The Immobile Empire*, xxii.
21. "Lin Tse-hsu's Moral Advice to Queen Victoria, 1839," in Ssu-yu Teng and John K. Fairbank, eds., *China's Response to the West: A Documentary Survey, 1839-1923* (Cambridge: Harvard University Press, 1979), 26.
22. Ibid., 26-27.
23. Ibid., 25-26.
24. "Lord Palmerston to the Minister of the Emperor of China" (London, February 20, 1840), as reprinted in Hosea Ballou Morse, *The International Relations of the Chinese Empire*, vol. 1, *The Period of Conflict, 1834-1860*, part 2 (London: Longmans, Green, 1910), 621-624.
25. Ibid., 625.
26. "Memorial to the Emperor", as translated and excerpted in Franz Schurmann and Orville Schell, eds., *Imperial China: The Decline of the Last Dynasty and the Origins of Modern China—the 18th and 19th Centuries* (New York: Vintage, 1967), 146-147.
27. E. Backhouse and J. O. P. Bland, *Annals and Memoirs of the Court of Peking* (Boston: Houghton Mifflin, 1914), 396.
28. 蔣廷黻『中国近代史』(Hong Kong: Li-ta Publishers, 1955), as translated and excerpted in Schurmann and Schell, eds., *Imperial China*, 139.
29. Ibid., 139-140.
30. Maurice Collis, *Foreign Mud: Being an Account of the Opium Imbroglio at Canton in the 1830s and the Anglo-Chinese War That Followed* (New York: New Directions, 1946), 297.

31. Teng and Fairbank, eds., *China's Response to the West*, 27-29 参照.
32. Immanuel C. Y. Hsu, *The Rise of Modern China*, 6th ed. (Oxford: Oxford University Press, 2000), 187-188.
33. Spence, *The Search for Modern China*, 158.
34. John King Fairbank, *Trade and Diplomacy on the China Coast: The Opening of the Treaty Ports, 1842-1854* (Stanford: Stanford University Press, 1969), 109-112.
35. "Ch'i-ying's Method for Handling the Barbarians, 1844," as translated in Teng and Fairbank, eds., *China's Response to the West*, 38-39.
36. Ibid., 38. Hsu, *The Rise of Modern China*, 208-209 も参照. この耆英の陳情書の写しは後年，英国が広州のある官舎に入居した際に発見した．1858年の英国代表との交渉のさなかに，この書簡の内容が露見したことを恥じて，耆英は逃亡した．許可なく公式交渉から逃亡したことで，耆英は死罪を賜ったが，その身分の高さを考慮して，絹で織られた弓の弦で自ら首をくくることを「許された」．
37. Meadows, *Desultory Notes on the Government and People of China*, in Schurmann and Schell, eds., *Imperial China*, 148-149.
38. Morse, *The International Relations of the Chinese Empire*, vol. 1, part 2, 632-636 参照.
39. Ibid., part 1, 309-310; "Qianlong's Second Edict to King George III", in Cheng, Lestz, and Spence, eds., *The Search for Modern China*, 109 も参照.

第3章

1. "Wei Yuan's Statement of a Policy for Maritime Defense, 1842," in Ssu-yu Teng and John K. Fairbank, eds., *China's Response to the West: A Documentary Survey, 1839-1923* (Cambridge: Harvard University Press, 1979), 30.
2. Ibid., 31-34.
3. Ibid., 34.
4. これら初期の条約に最恵国待遇が盛り込まれたことが，中国側の意図的な戦略だったのか，戦術のミスだったのかについては，意見が分かれている．ある専門家によれば，最恵国待遇によって，どの西欧諸国も，そのライバルに認められた特権を確実に手中に収めることができたので，それはある意味で，その後の対外交渉での清朝の行動の自由を束縛した．しかし一方では，特定の国が経済面での支配的な地位を獲得することを阻止するという実際の効果もあった．これは，この時期に周辺各国で起きたことと対照的だ．Immanuel C. Y. Hsu, *The Rise of Modern China*, 6th ed. (Oxford: Oxford University Press, 2000), 190-192 を参照.
5. "Wei Yuan's Statement of a Policy for Maritime Defense," in Teng and Fairbank, eds., *China's Response to the West*, 34.

6. Prince Gong (Yixin), "The New Foreign Policy of January 1861," in Teng and Fairbank, eds., *China's Response to the West*, 48.
7. Macartney's Journal, in J. L. Cranmer-Byng, ed., *An Embassy to China: Being the journal kept by Lord Macartney during his embassy to the Emperor Ch'ien-lung, 1793–1794* (London: Longmans, Green, 1962), 191, 239.
8. John King Fairbank and Merle Goldman, *China: A New History*, 2nd enlarged ed. (Cambridge: Belknap Press, 2006), 216. 太平天国の乱および，そのカリスマ的リーダー，洪秀全の経歴については，Jonathan Spence, *God's Chinese Son* (New York: W. W. Norton, 1996)を参照．
9. Hsu, *The Rise of Modern China*, 209.
10. Ibid., 209–211.
11. Bruce Elleman, *Modern Chinese Warfare, 1795–1989* (New York: Routledge, 2001), 48–50; Hsu, *The Rise of Modern China*, 212–215.
12. Mary C. Wright, *The Last Stand of Chinese Conservatism: The T'ung-Chih Restoration, 1862–1874*, 2nd ed. (Stanford: Stanford University Press, 1962), 233–236.
13. Hsu, *The Rise of Modern China*, 215–218.
14. 鄧小平は，ウラジオストクを失ったこと(そして，フォード米大統領とブレジネフ・ソ連書記長がそこで会談したこと)について，115年後に苦い口調で話しながら，中国人とロシア人が同じ都市につけた異なった名前には，それぞれに意味がある，と私に語ったことがある．中国名[海参崴]はおおよそ「海の怠け者」という意味，ロシア名は「東方の支配」という意味で「文字通りの意味以外に，別の意味があるとは思わないね」と彼は語った．
15. "The New Foreign Policy of January 1861," in Teng and Fairbank, eds., *China's Response to the West*, 48.
16. Ibid.
17. Ibid.
18. Ibid.
19. Christopher A. Ford, *The Mind of Empire: China's History and Modern Foreign Relations* (Lexington: University of Kentucky Press, 2010), 142–143.
20. この言語学的な問題について注意喚起してくれた同僚であるステープルトン・ロイ大使に感謝したい．
21. 李鴻章の経歴に関するこの記述は以下の書物の記述をもとにしている．William J. Hail, "Li Hung-Chang," in Arthur W. Hummel, ed., *Eminent Chinese of the Ch'ing Period* (Washington, D.C.: U.S. Government Printing Office, 1943), 464–471; J. O. P. Bland, *Li Hung-chang* (New York: Henry Holt, 1917); Edgar Sanderson, ed., *Six Thousand Years of World History*, vol. 7, *Foreign Statesmen* (Philadelphia: E. R. DuMont, 1900), 425–444.
22. Hail, "Li Hung-Chang," in Hummel, ed., *Eminent Chinese of the Ch'ing Period*, 466.
23. "Excerpts from Tseng's Letters, 1862," as translated and excerpted in Teng

and Fairbank, eds., *China's Response to the West*, 62.

24. Li Hung-chang, "Problems of Industrialization," in Franz Schurmann and Orville Schell, eds., *Imperial China: The Decline of the Last Dynasty and the Origins of Modern China—the 18th and 19th Centuries* (New York: Vintage, 1967), 238.
25. Teng and Fairbank, eds., *China's Response to the West*, 87.
26. "Letter to Tsungli Yamen Urging Study of Western Arms," in ibid., 70-72.
27. "Li Hung-chang's Support of Western Studies," in ibid., 75.
28. Ibid.
29. Ibid.
30. As cited in Wright, *The Last Stand of Chinese Conservatism*, 222.
31. As cited in Jerome Ch'en, *China and the West: Society and Culture, 1815-1937* (Bloomington: Indiana University Press, 1979), 429.
32. 14 世紀の「神皇正統記」(1930 年代に当時の文部省が編纂した「国体の本義」で，その一節が広く宣伝された)によると，「大日本は神国なり．天祖はじめて基を開き，日神ながく統を伝え給ふ．我が国のみ此の事あり．異朝には其のたぐいなし．此の故に神国というなり」．John W. Dower, *War Without Mercy: Race and Power in the Pacific War* (New York: Pantheon, 1986), 222.
33. Kenneth B. Pyle, *Japan Rising* (New York: PublicAffairs, 2007), 37-38 参照．
34. Karel van Wolferen, *The Enigma of Japanese Power: People and Politics in a Stateless Nation* (London: Macmillan, 1989), 13 参照．
35. 日本を中心とする朝貢関係の古典的な概念については以下を参照．Michael R. Auslin, *Negotiating with Imperialism: The Unequal Treaties and the Culture of Japanese Diplomacy* (Cambridge: Harvard University Press, 2004), 14; Marius B. Jansen, *The Making of Modern Japan* (Cambridge: Belknap Press, 2000), 69.
36. Jansen, *The Making of Modern Japan*, 87.
37. As cited in Ch'en, *China and the West*, 431.
38. Masakazu Iwata, *Okubo Toshimichi: The Bismarck of Japan* (Berkeley: University of California Press, 1964), citing Wang Yusheng, *China and Japan in the Last Sixty Years* (Tientsin: Ta Kung Pao, 1932-34).
39. 1874 年の危機とは，琉球の船が台湾南東部沿岸で座礁し，原住民によって乗組員が殺された事件．日本側が厳しい賠償を要求したのに対し，北京政府は当初，中国化されていない原住民に対しては責任を負わないとの態度だった．伝統的な中国の観点からすれば，「野蛮人」は中国政府の責任ではないとする論理には一理があったが，現代の国際法的，国際政治的な観点からすれば，中国は台湾に主権を持っていないと言ったことと同じで，誤算であることは明らかだ．日本は台湾に懲罰的な遠征隊を送り込み，清朝はそれを止めるすべもなかった．日本政府はその後，中国政府に対して賠償金の支払いを要求したが，当時のある専門家は「払う金はあるが，戦う気はない裕福

な帝国だと，世界に向かって宣言してしまったという意味で，中国の運命を本当に確定してしまった取引だった」としている（Alexander Michie, *An Englishman in China During the Victorian Era*, vol. 2 [London: William Blackwood & Sons, 1900], 256）．この後，さらに中国に打撃となったのは，その当時まで中国と日本がともに属国と主張していた琉球諸島が，この危機以降は日本の支配下に入ったことだった．Hsu, *The Rise of Modern China*, 315–317 を参照．

40．Teng and Fairbank, eds., *China's Response to the West*, 71.

41．As quoted in Bland, *Li Hung-chang*, 160.

42．Ibid., 160–161.

43．"Text of the Sino-Russian Secret Treaty of 1896," in Teng and Fairbank, eds., *China's Response to the West*, 131.

44．Bland, *Li Hung-chang*, 306.

45．これらの出来事と，それに関する中国の宮廷の当初の論議については，以下を参照．Hsu, *The Rise of Modern China*, 390–398.

46．以前の賠償金と異なって，諸外国は，義和団事件での賠償金のほとんどを放棄するか，中国国内での慈善事業に使った．米国は賠償金の一部を，北京の清華大学の建設費用に充てた．

47．この戦略については以下に詳しい．Scott A. Boorman, *The Protracted Game: A Wei-ch'i Interpretation of Maoist Revolutionary Strategy* (New York: Oxford University Press, 1969).

48．Jonathan Spence, *The Search for Modern China* (New York: W. W. Norton, 1999), 485.

第 4 章

1．毛沢東の始皇帝論については，例えば以下を参照．"Talks at the Beidaihe Conference: August 19, 1958," in Roderick MacFarquhar, Timothy Cheek, and Eugene Wu, eds., *The Secret Speeches of Chairman Mao: From the Hundred Flowers to the Great Leap Forward* (Cambridge: Harvard University Press, 1989), 405; "Talks at the First Zhengzhou Conference: November 10, 1958," in MacFarquhar, Cheek, and Wu, eds., *The Secret Speeches of Chairman Mao*, 476; Tim Adams, "Behold the Mighty Qin," *The Observer* (August 19, 2007); Li Zhisui (李志綏), *The Private Life of Chairman Mao*, trans. Tai Hung-chao (New York: Random House, 1994), 122.

2．André Malraux, *Anti-Memoirs*, trans. Terence Kilmartin (New York: Henry Holt, 1967), 373–374.

3．"Speech at the Supreme State Conference: Excerpts, 28 January 1958," in Stuart Schram, ed., *Mao Tse-tung Unrehearsed: Talks and Letters: 1956–71* (Harmondsworth: Penguin, 1975), 92–93.

4．「人民民主独裁を論じる　中国共産党二八周年記念（1949 年 6 月 30 日）」

『毛沢東選集』第4巻(北京，外文出版，1969年)．

5. “Sixty Points on Working Methods—A Draft Resolution from the Office of the Centre of the CPC: 19.2.1958,” in Jerome Ch'en, ed., *Mao Papers: Anthology and Bibliography* (London: Oxford University Press, 1970), 63.
6. Ibid., 66.
7. “The Chinese People Have Stood Up: September 1949,” in Timothy Cheek, ed., *Mao Zedong and China's Revolutions: A Brief History with Documents* (New York: Palgrave, 2002), 126.
8. 以下を参照．M. Taylor Fravel, “Regime Insecurity and International Cooperation: Explaining China's Compromises in Territorial Disputes,” *International Security* 30, no. 2 (Fall 2005), 56-57; “A Himalayan Rivalry: India and China,” *The Economist* 396, no. 8696 (August 21, 2010), 17-20.
9. Zhang Baijia (章百家), “Zhou Enlai—The Shaper and Founder of China's Diplomacy,” in Michael H. Hunt and Niu Jun, eds., *Toward a History of Chinese Communist Foreign Relations, 1920s-1960s: Personalities and Interpretive Approaches* (Washington, D.C.: Woodrow Wilson International Center for Scholars, Asia Program, 1992), 77.
10. Charles Hill, *Grand Strategies: Literature, Statecraft, and World Order* (New Haven: Yale University Press, 2010), 2.
11. “Memorandum of Conversation: Beijing, July 10, 1971, 12:10-6 p.m.,” in Steven E. Phillips, ed., *Foreign Relations of the United States (FRUS), 1969-1976*, vol. 17, *China 1969-1972*, (Washington, D.C.: U.S. Government Printing Office, 2006), 404. 周恩来は1971年7月に北京で行われたわれわれの最初の会合の際に，この詩を朗唱してみせた．
12. John W. Garver, “China's Decision for War with India in 1962,” in Alastair Iain Johnston and Robert S. Ross, eds., *New Directions in the Study of China's Foreign Policy* (Stanford: Stanford University Press, 2006), 107.
13. Li Zhisui (李志綏), *The Private Life of Chairman Mao.*
14. 「人民内部の矛盾を正しく処理する問題について(1957年2月27日)」『毛沢東選集』第5巻(北京，外文出版，1977年)．
15. Edgar Snow, *The Long Revolution* (New York: Random House, 1972), 217.
16. 林彪『人民戦争勝利万歳！』(北京，外文出版，1967年)38頁．(当初は1965年9月3日付，人民日報の掲載)．
17. Kuisong Yang (楊奎松) and Yafeng Xia (夏亜峰), “Vacillating Between Revolution and Détente: Mao's Changing Psyche and Policy Toward the United States, 1969-1976,” *Diplomatic History* 34, no. 2 (April 2010).
18. Chen Jian (陳兼) and David L. Wilson, eds., “All Under the Heaven Is Great Chaos: Beijing, the Sino-Soviet Border Clashes, and the Turn Toward Sino-American Rapprochement, 1968-69,” *Cold War International History Project Bulletin* 11 (Washington, D.C.: Woodrow Wilson International Center for Scholars, Winter 1998), 161.

19. Michel Oksenberg, "The Political Leader," in Dick Wilson, ed., *Mao Tse-tung in the Scales of History* (Cambridge: Cambridge University Press, 1978), 90.
20. Stuart Schram, *The Thought of Mao Tse-Tung* (Cambridge: Cambridge University Press, 1989), 23.
21. 「中国革命と中国共産党(1939年12月)」『毛沢東選集』第2巻.
22. John King Fairbank and Merle Goldman, *China: A New History*, 2nd enlarged ed.(Cambridge: Belknap Press, 2006), 395.
23. "Memorandum of Conversation: Beijing, Feb. 21, 1972, 2:50-3:55 p.m.," *FRUS* 17, 678.
24. 「愚公山を移す」『毛沢東選集』第3巻.

第5章

1. "Conversation Between I. V. Stalin and Mao Zedong: Moscow, December 16, 1949," Archive of the President of the Russian Federation (APRF), fond 45, opis 1, delo 329, listy 9-17, trans. Danny Rozas, from *Cold War International History Project: Virtual Archive*, Woodrow Wilson International Center for Scholars, accessed at http://www.cwihp.org.
2. Strobe Talbott, trans. and ed., *Khrushchev Remembers: The Last Testament* (Boston: Little, Brown, 1974), 240.
3. "Conversation Between I. V. Stalin and Mao Zedong," at http://www.cwihp.org.
4. Ibid.
5. Ibid.
6. Ibid.
7. 第6章「中国と両超大国との対立」180-181頁参照.
8. "Appendix D to Part II—China: The Military Situation in China and Proposed Military Aid," in *The China White Paper: August 1949*, vol. 2 (Stanford: Stanford University Press, 1967), 814.
9. "Letter of Transmittal: Washington, July 30, 1949," in *The China White Paper: August 1949*, vol. 1 (Stanford: Stanford University Press, 1967), xvi.
10. Dean Acheson, "Crisis in Asia—An Examination of U.S. Policy," *Department of State Bulletin* (January 23, 1950), 113.
11. Sergei N. Goncharov, John W. Lewis, and Xue Litai, *Uncertain Partners: Stalin, Mao, and the Korean War* (Stanford: Stanford University Press, 1993), 98.
12. Acheson, "Crisis in Asia—An Examination of U.S. Policy," 115.
13. Ibid.
14. Ibid., 118.
15. 戦後の中ソ交渉の結果は，その後40年にわたってわだかまりを残した.

1989年，鄧小平はジョージ・H・W・ブッシュ大統領に対し，次のように語った．「地図を見て，ソ連が中国から外モンゴルを切り離した後，何が起きたか見てほしい．われわれがそこに，どんな戦略状況を見て取っているか，分かるだろうか．50歳以上の中国人は，中国の形がカエデの葉に似ていたことを覚えている．ところが，地図を見れば，北部の巨大な塊が切り離されたことが分かる」. George H. W. Bush and Brent Scowcroft, *A World Transformed* (New York: Alfred A. Knopf, 1998), 95-96. 中国の戦略状況に関する鄧小平の言及は，モンゴルにおけるソ連の顕著な軍事的プレゼンスの観点からも理解される必要がある．それは中ソ対立期に始まり，冷戦期を通じて続いた．

16. Goncharov, Lewis, and Xue, *Uncertain Partners*, 103.
17. Stuart Schram, *The Thought of Mao Tse-Tung* (Cambridge: Cambridge University Press, 1989), 153.
18. "Conversation Between I. V. Stalin and Mao Zedong," at http://www.cwihp.org.
19. ソ連軍は当初，さらに南進して38度線を越えた．しかしワシントンからの，北に戻って半島をほぼ半分に分けよう，との呼び掛けに応じた．
20. Chen Jian (陳兼), *China's Road to the Korean War: The Making of the Sino-American Confrontation* (New York: Columbia University Press, 1994), 87-88 (citing author interview with Shi Zhe).
21. Kathryn Weathersby, "'Should We Fear This?': Stalin and the Danger of War with America," Cold War International History Project Working Paper Series, working paper no. 39 (Washington, D.C.: Woodrow Wilson International Center for Scholars, July 2002), 9-11.
22. "M'Arthur Pledges Defense of Japan," *New York Times* (March 2, 1949), from *New York Times* Historical Archives.
23. Acheson, "Crisis in Asia—An Examination of U.S. Policy," 116.
24. Ibid.
25. Weathersby, "'Should We Fear This?'" 11.
26. Goncharov, Lewis, and Xue, *Uncertain Partners*, 144.
27. Ibid.
28. Ibid., 145.
29. Chen, *China's Road to the Korean War*, 112.
30. Shen Zhihua (沈志華), *Mao Zedong, Stalin, and the Korean War*, trans. Neil Silver (forthcoming), Chapter 6 (当初は『毛沢東，スターリンと朝鮮戦争』のタイトルで中国語で出版[広州，広東人民出版社，2003年]).
31. Ibid.
32. Ibid.
33. Yang Kuisong (楊奎松), Introduction to ibid. (楊奎松「スターリンはなぜ朝鮮戦争を支持したか——沈志華著『毛沢東，スターリンと朝鮮戦争』を読む」[「二一世紀」，2004年2月]による).

34. Harry S. Truman, "Statement by the President on the Situation in Korea, June 27, 1950," no. 173, *Public Papers of the Presidents of the United States* (Washington, D.C.: U.S. Government Printing Office, 1965), 492.
35. Gong Li, "Tension Across the Taiwan Strait in the 1950s: Chinese Strategy and Tactics," in Robert S. Ross and Jiang Changbin, eds., *Re-examining the Cold War: U.S.-China Diplomacy, 1954-1973* (Cambridge: Harvard University Press, 2001), 144.
36. United Nations General Assembly Resolution 376 (V), "The Problem of the Independence of Korea" (October 7, 1950), accessed at http://daccess-dds-ny.un.org/doc/RESOLUTION/GEN/NR0/059/74/IMG/NR005974.pdf?OpenElement.
37. ウスリー川での衝突にこれらの原則が適用されたことに関する素晴らしい議論については以下を参照. Michael S. Gerson, *The Sino-Soviet Border Conflict: Deterrence, Escalation, and the Threat of Nuclear War in 1969* (Alexandria, Va.: Center for Naval Analyses, 2010).
38. 毛沢東の戦争目的に関しては, 例えば以下を参照. Shu Guang Zhang, *Mao's Military Romanticism: China and the Korean War, 1950-1953* (Lawrence: University Press of Kansas, 1995), 101-107, 123-125, 132-133; Chen Jian (陳兼), *Mao's China and the Cold War* (Chapel Hill: University of North Carolina Press, 2001), 91-96.
39. Chen, *China's Road to the Korean War*, 137.
40. Shen, *Mao Zedong, Stalin, and the Korean War*, Chapter 7.
41. Ibid.
42. Chen, *China's Road to the Korean War*, 143.
43. Ibid., 143-144.
44. Ibid., 144.
45. Goncharov, Lewis, and Xue, *Uncertain Partners*, 164-167.
46. Chen, *China's Road to the Korean War*, 149-150.
47. Ibid., 150.
48. Ibid., 164.
49. "Doc. 64: Zhou Enlai Talk with Indian Ambassador K. M. Panikkar, Oct. 3, 1950," in Goncharov, Lewis, and Xue, *Uncertain Partners*, 276.
50. Ibid., 278.
51. Ibid. ジャワハルラル・ネルー首相は朝鮮での紛争を限定的なものにできるかどうかについて, 周恩来首相に, また米英の代表に書簡を送っている.
52. "Letter from Fyn Si [Stalin] to Kim Il Sung (via Shtykov): October 8, 1950," APRF, fond 45, opis 1, delo 347, listy 65-67 (スターリンから毛への電報とされる文書), from *Cold War International History Project: Virtual Archive*, Woodrow Wilson International Center for Scholars, accessed at http://www.cwihp.org.
53. Goncharov, Lewis, and Xue, *Uncertain Partners*, 177.

54. Ibid.
55. Ibid.
56. 沈志華の以下を参照. “The Discrepancy Between the Russian and Chinese Versions of Mao's 2 October 1950 Message to Stalin on Chinese Entry into the Korean War: A Chinese Scholar's Reply,” *Cold War International History Project Bulletin* 8/9 (Washington, D.C.: Woodrow Wilson International Center for Scholars, Winter 1996), 240.
57. Goncharov, Lewis, and Xue, *Uncertain Partners*, 200-201, citing Hong Xuezhi and Hu Qicai, “Mourn Marshal Xu with Boundless Grief,” *People's Daily* (October 16, 1990), and Yao Xu, 『鴨緑江から板門店』[*From the Yalu River to Panmunjom*] (Beijing: People's Press, 1985).
58. Goncharov, Lewis, and Xue, *Uncertain Partners*, 195-196.

第6章

1. “Assistant Secretary Dean Rusk addresses China Institute in America, May 18, 1951,” as reproduced in “Editorial Note,” in Fredrick Aandahl, ed., *Foreign Relations of the United States* (*FRUS*), *1951*, vol. 7, *Korea and China: Part 2* (Washington, D.C.: U.S. Government Printing Office, 1983), 1671-1672.
2. 方言および表記法の違いで「Quemoy(金門)」は「Jinmen」「Kinmen」あるいは「Ch'in-men」として知られ,「Matsu(馬祖)」もまた「Mazu」として知られていた.
3. 厦門は当時, 西側メディアでは「Amoy」, 福州は「Foochow」として知られていた.
4. Dwight D. Eisenhower, “Annual Message to the Congress on the State of the Union: February 2, 1953,” no. 6, *Public Papers of the Presidents of the United States* (Washington, D.C.: U.S. Government Printing Office, 1960), 17.
5. John Lewis Gaddis, *The Cold War: A New History* (New York: Penguin, 2005), 131.
6. Robert L. Suettinger, “U.S. ‘Management’ of Three Taiwan Strait ‘Crises,’” in Michael D. Swaine and Zhang Tuosheng with Danielle F. S. Cohen, eds., *Managing Sino-American Crises: Case Studies and Analysis* (Washington, D.C.: Carnegie Endowment for International Peace, 2006), 254.
7. Ibid., 255.
8. “The Chinese People Cannot Be Cowed by the Atom Bomb: January 28th, 1955”. (初代の中国駐在フィンランド大使カール・ヨハン・サンドストロムが北京で信任状を奉呈した際に行った会話の主要ポイント)『毛沢東選集』第5巻(北京, 外文出版, 1977年).
9. “Text of the Joint Resolution on the Defense of Formosa: February 7, 1955,” *Department of State Bulletin*, vol. 32, no. 815 (Washington, D.C.: U.S. Government Printing Office, 1955), 213.

10. "Editorial Note," in John P. Glennon, ed., *Foreign Relations of the United States* (*FRUS*), vol. 19, *National Security Policy, 1955–1957* (Washington, D.C.: U.S. Government Printing Office, 1990), 61.
11. Suettinger, "U.S. 'Management' of Three Taiwan Strait 'Crises,'" 258.
12. Strobe Talbott, trans. and ed., *Khrushchev Remembers: The Last Testament* (Boston: Little, Brown, 1974), 263.
13. "Memorandum of Conversation of N. S. Khrushchev with Mao Zedong, Beijing: 2 October 1959," *Cold War International History Project Bulletin* 12/13 (Washington, D.C.: Woodrow Wilson International Center for Scholars, Fall/Winter 2001), 264.
14. Jung Chang and Jon Halliday, *Mao: The Unknown Story* (New York: Random House, 2005), 389–390.
15. Zhang Baijia (章百家), and Jia Qingguo (賈慶国), "Steering Wheel, Shock Absorber, and Diplomatic Probe in Confrontation: Sino-American Ambassadorial Talks Seen from the Chinese Perspective," in Robert S. Ross and Jiang Changbin, eds., *Re-examining the Cold War: U.S.-China Diplomacy, 1954–1973* (Cambridge: Harvard University Press, 2001), 185.
16. Steven Goldstein, "Dialogue of the Deaf? The Sino-American Ambassadorial-Level Talks, 1955–1970," in Ross and Jiang, eds., *Re-examining the Cold War*, 200. 米中大使級会談の信じるに足る歴史については，米中の情報源を使った以下を参照．Yafeng Xia (夏亜峰), *Negotiating with the Enemy U.S.-China Talks During the Cold War, 1949–1972* (Bloomington: Indiana University Press, 2006).
17. "Text of Rusk's Statement to House Panel on U.S. Policy Toward Communist China," *New York Times* (April 17, 1966), accessed at ProQuest Historical Newspapers (1851–2007).
18. Ibid.
19. Talbott, trans. and ed., *Khrushchev Remembers*, 249.
20. Lorenz M. Lüthi, *The Sino-Soviet Split: Cold War in the Communist World* (Princeton: Princeton University Press, 2008), 38.
21. 10月革命とは[ユリウス暦の]1917年10月にボルシェビキが権力を握ったことを指す．
22. Stuart Schram, *The Thought of Mao Tse-Tung* (Cambridge: Cambridge University Press, 1989), 113.
23. Ibid., 149.
24. Lüthi, *The Sino-Soviet Split*, 50, citing author examination of 1956 Chinese "Internal Reference Reports" and Wu Lengxi, 『十年の論戦，1956–1966年――中ソ関係回想録』[*Ten Years of Debate, 1956–1966: Recollections of Sino-Soviet Relations*] (Beijing: Zhongyang wenxian, 1999), (memoirs of the former head of China's official Xinhua news agency).
25. Ibid., 62–63.

26. Li Zhisui (李志綏), *The Private Life of Chairman Mao*, trans. Tai Hung-chao (New York: Random House, 1994), 261-262.
27. Talbott, trans. and ed., *Khrushchev Remembers*, 255.
28. Ibid.
29. Ibid., 260.
30. "Playing for High Stakes: Khrushchev speaks out on Mao, Kennedy, Nixon and the Cuban Missile Crisis," *LIFE* 69, no. 25 (December 18, 1970), 25.
31. 国民党は「Kuomintang」としても知られている.
32. "First conversation between N. S. Khrushchev and Mao Zedong: 7/31/1958," *Cold War International History Project: Virtual Archive*, Woodrow Wilson International Center for Scholars, accessed at http://www.cwihp.org.
33. Ibid.
34. Ibid.
35. William Taubman, *Khrushchev: The Man and His Era* (New York: W. W. Norton, 2003), 392.
36. "Discussion Between N. S. Khrushchev and Mao Zedong: October 03, 1959," Archive of the President of the Russian Federation (APRF), fond 52, opis 1, delo 499, listy 1-33, trans. Vladislav M. Zubok, from *Cold War International History Project: Virtual Archive*, Woodrow Wilson International Center for Scholars, accessed at http://www.cwihp.org.
37. Ibid.
38. Lüthi, *The Sino-Soviet Split*, 101; Wu Lengxi (呉冷西), "Inside Story of the Decision Making During the Shelling of Jinmen" (「伝記文学」, 北京, no. 1, 1994年), as translated and reproduced in Li Xiaobing, Chen Jian (陳兼), and David L. Wilson, eds., "Mao Zedong's Handling of the Taiwan Straits Crisis of 1958: Chinese Recollections and Documents," *Cold War International History Project Bulletin* 6/7 (Washington, D.C.: Woodrow Wilson International Center for Scholars, Winter 1995), 213-214.
39. Wu, "Inside Story of the Decision Making During the Shelling of Jinmen," 208.
40. Ibid., 209-210.
41. Gong Li, "Tension Across the Taiwan Strait in the 1950s: Chinese Strategy and Tactics," in Ross and Jiang, eds., *Re-examining the Cold War*, 157-158; Chen Jian (陳兼), *Mao's China and the Cold War* (Chapel Hill: University of North Carolina Press, 2001), 184.
42. Chen, *Mao's China and the Cold War*, 184-185.
43. "Statement by the Secretary of State, September 4, 1958," in Harriet Dashiell Schwar, ed., *Foreign Relations of the United States (FRUS), 1958-1960*, vol. 19, *China* (Washington, D.C.: U.S. Government Printing Office, 1996), 135.
44. "Telegram from the Embassy in the Soviet Union to the Department of

State, Moscow, September 7, 1958, 9 p.m.," *FRUS* 19, 151.

45. Dwight D. Eisenhower, "Letter to Nikita Khrushchev, Chairman, Council of Ministers, U.S.S.R., on the Formosa Situation: September 13, 1958," no. 263, *Public Papers of the Presidents of the United States* (Washington, D.C.: U.S. Government Printing Office, 1960), 702.
46. Andrei Gromyko, *Memoirs* (New York: Doubleday, 1990), 251–252.
47. Lüthi, *The Sino-Soviet Split*, 102.
48. Ibid., 102–103.
49. "Telegram from the Embassy in the Soviet Union to the Department of State, September 19, 1958, 8 p.m.," *FRUS* 19, 236.
50. "Discussion Between N. S. Khrushchev and Mao Zedong: October 03, 1959."
51. Xia, *Negotiating with the Enemy*, 98–99.
52. 1958年9月30日，第二次台湾海峡危機が起きてから6週間の時点で，ダレス国務長官は記者会見を開いた．席上，長官は金門島，馬祖島にあれほど多くの国民党部隊が駐留していることの効用について疑問を呈し，米国は「沖合の島々の防衛については法的な責任を負っていない」と言明した．蔣介石は翌日，ダレス発言について，台北には「従う義務のない一方的な声明だ」と反発し，台北は引き続きこれらの島々を防衛し，防備を固めた．Li, "Tension Across the Taiwan Strait in the 1950s," 163.
53. "Memorandum of Conversation, Beijing, February 24, 1972, 5:15–8:05 p.m.," in Steven E. Phillips, ed., *Foreign Relations of the United States* (*FRUS*), *1969–1976*, vol. 17, *China 1969–1972* (Washington, D.C.: U.S. Government Printing Office, 2006), 766.
54. Talbott, trans. and ed., *Khrushchev Remembers*, 265.

第7章

1. Frederick C. Teiwes, "The Establishment and Consolidation of the New Regime, 1949–1957," in Roderick MacFarquhar, ed., *The Politics of China: The Eras of Mao and Deng*, 2nd ed. (Cambridge: Cambridge University Press, 1997), 74.
2. Jonathan Spence, *The Search for Modern China* (New York: W. W. Norton, 1999), 541–542.
3. Lorenz M. Lüthi, *The Sino-Soviet Split: Cold War in the Communist World* (Princeton: Princeton University Press, 2008), 76.
4. Ibid., 84.
5. この点と，毛の外交政策と内政の関連についての詳細は，陳兼の以下を参照．Chen Jian, *Mao's China and the Cold War* (Chapel Hill: University of North Carolina Press, 2001), 6–15.
6. このまれに見る壊滅的な出来事のぞっとするような描写は，以下の著作で読むことができる．Jasper Becker, *Hungry Ghosts: Mao's Secret Famine*

(New York: Henry Holt, 1998); Frederick C. Teiwes, *China's Road to Disaster : Mao, Central Politicians, and Provincial Leaders in the Unfolding of the Great Leap Forward, 1955-1959* (Armonk, N.Y.: East Gate, 1998).
7. Neville Maxwell, *India's China War* (Garden City, NY: Anchor, 1972), 37.
8. John W. Garver, "China's Decision for War with India in 1962," in Alastair Iain Johnston and Robert S. Ross, eds., *New Directions in the Study of China's Foreign Policy* (Stanford: Stanford University Press, 2006), 106.
9. Ibid., 107.
10. Ibid.
11. Ibid., 108.
12. Ibid., 109.
13. Ibid., 110.
14. Ibid., 115.
15. Ibid., 120-121.
16. 「万国の労働者よ団結せよ，共通の敵に反対しよう(1962年12月15日)」(北京，外文出版，1962年)(「人民日報」再版本).
17. Ibid.
18. Hemen Ray, *Sino-Soviet Conflict over India: An Analysis of the Causes of Conflict Between Moscow and Beijing over India Since 1949* (New Delhi: Abhinav Publications, 1986), 106で引用された1964年4月5日付「プラウダ」.
19. John King Fairbank and Merle Goldman, *China: A New History*, 2nd enlarged ed.,(Cambridge: Belknap Press, 2006), 392.
20. Roderick MacFarquhar and Michael Schoenals, *Mao's Last Revolution* (Cambridge: Belknap Press, 2006), 87-91.
21. Mark Gayn, "China Convulsed," *Foreign Affairs* 45, issue 2 (January 1967), 247, 252.
22. 1967年1月31日付「人民日報」. Tao-tai Hsia and Constance A. Johnson, "Legal Developments in China Under Deng's Leadership" (Washington, D.C.: Library of Congress, Far Eastern Law Division, 1984), 9で引用.
23. Anne F. Thurston, *Enemies of the People* (New York: Alfred A. Knopf, 1987), 101-103; MacFarquhar and Schoenals, *Mao's Last Revolution*, 118-120.
24. MacFarquhar and Schoenals, *Mao's Last Revolution*, 224-227.
25. Ibid., 222-223.
26. 第14章「レーガンの登場と正常な関係の到来」436頁参照.
27. 以下を参照. Yafeng Xia (夏亜峰), moderator, *H-Diplo Roundtable Review* 11, no. 43 (胡鞍鋼『毛沢東と文革』) (October 6, 2010), 27-33, accessed at http://www.h-net.org/~diplo/roundtables/PDF/Roundtable-XI-43.pdf.
28. John F. Kennedy, "A Democrat Looks at Foreign Policy," *Foreign Affairs* 36, no. 1 (October 1957), 50.
29. Wu Lengxi (呉冷西), "Inside Story of the Decision Making During the

Shelling of Jinmen,"（「伝記文学」，北京，no. 1, 1994 年）, as translated and reproduced in Li Xiaobing, Chen Jian（陳兼）, and David L. Wilson, eds., "Mao Zedong's Handling of the Taiwan Straits Crisis of 1958: Chinese Recollections and Documents," *Cold War International History Project Bulletin* 6/7 (Washington, D.C.: Woodrow Wilson International Center for Scholars, Winter 1995), 208.

30. Yafeng Xia（夏亜峰）, *Negotiating with the Enemy: U.S.-China Talks During the Cold War, 1949–1972* (Bloomington: Indiana University Press, 2006), 109–114, 234; Noam Kochavi, *A Conflict Perpetuated: China Policy During the Kennedy Years* (Westport, Conn.: Praeger, 2002), 101–114.

31. Lyndon B. Johnson, "Remarks to the American Alumni Council: United States Asian Policy: July 12, 1966," no. 325, *Public Papers of the Presidents of the United States* (Washington, D.C.: U.S. Government Printing Office, 1967), book 2, 719–720.

32. Xia, *Negotiating with the Enemy*, 117–131.

33. 「共産中国：1960 年 12 月 6 日」『国家情報評価』no. 13–60, 2–3.

34. Li Jie, "Changes in China's Domestic Situation in the 1960s and Sino-U.S. Relations," in Robert S. Ross and Jiang Changbin, eds., *Re-examining the Cold War: US-China Diplomacy, 1954–1973* (Cambridge: Harvard University Press, 2001), 302.

35. Ibid., 304.

36. Ibid., 185, 305.

第 8 章

1. Richard M. Nixon, "Asia After Viet Nam," *Foreign Affairs* 46, no. 1 (October 1967), 121.

2. Ibid., 123.

3. Edgar Snow, "Interview with Mao," *The New Republic* 152, no. 9, issue 2623 (February 27, 1965), 21–22.

4. 中国支援の規模は，最近秘密解除された中国とベトナムの指導者との会話記録の中で示されている．編集者のコメント付きの主要な会話部分は以下を参照．Odd Arne Westad, Chen Jian,（陳兼）Stein Tønnesson, Nguyen Vu Tung, and James G. Hershberg, eds., "77 Conversations Between Chinese and Foreign Leaders on the Wars in Indochina, 1964–1977," Cold War International History Project Working Paper Series, working paper no. 22 (Washington, D.C.: Woodrow Wilson International Center for Scholars, May 1998). ベトナムの対フランス，対米戦争に中国がどう関わったかの分析については，以下を参照．Qiang Zhai, *China and the Vietnam Wars, 1950–1975* (Chapel Hill: University of North Carolina Press, 2000).

5. Zhang Baijia（章百家）, "China's Role in the Korean and Vietnam Wars," in

Michael D. Swaine and Zhang Tuosheng with Danielle F. S. Cohen, eds., *Managing Sino-American Crises: Case Studies and Analysis* (Washington, D.C.: Carnegie Endowment for International Peace, 2006), 201.
6. Snow, "Interview with Mao," 22.
7. Ibid., 23.
8. Yawei Liu (劉亜偉), "Mao Zedong and the United States: A Story of Misperceptions," in Hongshan Li and Zhaohui Hong, eds., *Image, Perception, and the Making of U.S.-China Relations* (Lanham: University Press of America, 1998), 202.
9. Lyndon B. Johnson, "Address at Johns Hopkins University: Peace Without Conquest: April 7, 1965," no. 172, *Public Papers of the Presidents of the United States* (Washington, D.C.: U.S. Government Printing Office, 1966), 395.
10. "Text of Rusk's Statement to House Panel on U.S. Policy Toward Communist China," *New York Times* (April 17, 1966), accessed at ProQuest Historical Newspapers (1851-2007).
11. Liu, "Mao Zedong and the United States," 203.
12. Chen Jian (陳兼) and David L. Wilson, eds., "All Under the Heaven Is Great Chaos: Beijing, the Sino-Soviet Border Clashes, and the Turn Toward Sino-American Rapprochement, 1968-69," *Cold War International History Project Bulletin* 11 (Washington, D.C.: Woodrow Wilson International Center for Scholars, Winter 1998), 161.
13. Ibid., 158.
14. Ibid.
15. ドナルド・ザゴリアが1968年に先見の明がある論文で記述したように，鄧小平，劉少奇を含む中国指導部の影響力のある人々がソ連との条件付き和解を望んだ．多くの研究者より優れた結論の中で，ザゴリアは戦略的必然が中国を米国との和解に向かわせたことを示唆した．Donald S. Zagoria, "The Strategic Debate in Peking," in Tang Tsou, ed., *China in Crisis*, vol. 2 (Chicago: University of Chicago Press, 1968).
16. Chen and Wilson, eds., "All Under the Heaven Is Great Chaos," 161.
17. Li Zhisui (李志綏), *The Private Life of Chairman Mao*, trans. Tai Hung-chao (New York: Random House, 1994), 514.
18. Richard Nixon, "Inaugural Address: January 20, 1969," no. 1, *Public Papers of the Presidents of the United States* (Washington, D.C.: U.S. Government Printing Office, 1971), 3.
19. Henry Kissinger, *White House Years* (Boston: Little, Brown, 1979), 168参照．
20. Chen Jian (陳兼), *Mao's China and the Cold War* (Chapel Hill: University of North Carolina Press, 2001), 245-246.
21. Chen and Wilson, eds., "All Under the Heaven Is Great Chaos," 166.
22. Ibid., 167.

23. Ibid., 170.
24. Ibid., 168.
25. Xiong Xianghui, "The Prelude to the Opening of Sino-American Relations," 『中共当代資料』[CCP History Materials], no. 42 (June 1992), 81, as excerpted in William Burr, ed., "New Documentary Reveals Secret U.S., Chinese Diplomacy Behind Nixon's Trip," National Security Archive Electronic Briefing Book, no. 145 (December 21, 2004), http://www.gwu.edu/~nsarchiv/NSAEBB/NSAEBB145/index.htm.
26. Ibid.
27. Chen and Wilson, eds., "All Under the Heaven Is Great Chaos," 170.
28. Ibid., 171.
29. Ibid.
30. 紛争の詳細については，最新の研究結果を総合的に扱っている以下を参照. Michael S. Gerson, *The Sino-Soviet Border Conflict: Deterrence, Escalation, and the Threat of Nuclear War in 1969* (Alexandria, Va.: Center for Naval Analyses, 2010), 23–24.
31. 以下を参照. Kissinger, *White House Years*, 182.
32. "Minutes of the Senior Review Group Meeting, Subject: U.S. Policy on Current Sino-Soviet Differences (NSSM 63)," 134–135. 以下も参照. Gerson, *The Sino-Soviet Border Conflict*, 37–38.
33. Elliot L. Richardson, "The Foreign Policy of the Nixon Administration: Address to the American Political Science Association, September 5, 1969," *Department of State Bulletin* 61, no. 1567 (September 22, 1969), 260.
34. Gerson, *The Sino-Soviet Border Conflict*, 49–52.
35. "Jing Zhicheng, Attaché, Chinese Embassy, Warsaw on: The Fashion Show in Yugoslavia," *Nixon's China Game*, pbs.org, September 1999, accessed at http://www.pbs.org/wgbh/amex/china/filmmore/reference/interview/zhicheng01.html.
36. Ibid.
37. "Memorandum from Secretary of State Rogers to President Nixon, March 10, 1970," in Steven E. Phillips, ed., *Foreign Relations of the United States (FRUS), 1969–1976*, vol. 17, *China 1969–1972* (Washington, D.C.: U.S. Government Printing Office, 2006), 188–191.
38. 以下を参照. Kuisong Yang (楊奎松) and Yafeng Xia (夏亜峰), "Vacillating Between Revolution and Détente: Mao's Changing Psyche and Policy Toward the United States, 1969–1976," *Diplomatic History* 34, no. 2 (April 2010).
39. Edgar Snow, "A Conversation with Mao Tse-Tung," *LIFE* 70, no. 16 (April 30, 1971), 47.
40. Ibid., 48.
41. Ibid., 46.

42. Ibid., 48.
43. Ibid., 47.
44. Ibid., 48.
45. Ibid.
46. Ibid.
47. 以下を参照. Zhengyuan Fu, *Autocratic Tradition and Chinese Politics* (New York: Cambridge University Press, 1993), 188: Li, *The Private Life of Chairman Mao*, 120. 毛沢東の医師は，中国文学の素養に欠ける毛の通訳が隠れた意味を見逃し，語句を逐語訳したと推測した．もう一つの可能性として，毛の通訳は表現を正確に理解していたが，毛が単にほのめかした語呂合わせを通訳することを恐れてしなかったのかもしれない．英語から理解しようとすると，その表現は危険なほど無礼だった．毛の妻，江青が 1980 年の彼女の裁判の判決の際に，挑戦的に同じ語句を叫んだ．Ross Terrill, *Madame Mao: The White-Boned Demon* (Stanford: Stanford University Press, 1999), 344.
48. *Oxford Concise English-Chinese/Chinese-English Dictionary*, 2nd ed. (Hong Kong: Oxford University Press, 1999), 474. 私はリサーチアシスタントのシュイラー・シャウテンのおかげで言語分析ができた．
49. "Editorial Note," *FRUS* 17, 239–240.
50. "Tab B.," *FRUS* 17, 250.
51. Ibid.
52. Snow, "A Conversation with Mao Tse-Tung," 47.
53. "Tab A.," *FRUS* 17, 249.
54. "Memorandum from the President's Assistant for National Security Affairs (Kissinger) to President Nixon, Washington, January 12, 1971," *FRUS* 17, 254.
55. Yang and Xia, "Vacillating Between Revolution and Détente," 401–402.
56. Ibid., 405. 林克，徐濤，呉旭君『歴史の真実――毛沢東の身辺工作人員の証言』(香港，1995 年), 308 頁を引用．以下も参照．Yafeng Xia (夏亜峰), "China's Elite Politics and Sino-American Rapprochement, January 1969–February 1972," *Journal of Cold War Studies* 8, no. 4 (Fall 2006), 13–17.
57. 以下を参照．Kissinger, *White House Years*, 710.
58. "Message from the Premier of the People's Republic of China Chou En-lai to President Nixon, Beijing, April 21, 1971," *FRUS* 17, 301.
59. Ibid.
60. 以下を参照．Kissinger, *White House Years*, 720.
61. "Message from the Government of the United States to the Government of the People's Republic of China, Washington, May 10, 1971," *FRUS* 17, 318.
62. "Message from the Premier of the People's Republic of China Chou En-lai to President Nixon, Beijing, May 29, 1971," *FRUS* 17, 332.

第9章

1. Gao Wenqian (高文謙), *Zhou Enlai: The Last Perfect Revolutionary*, trans. Peter Rand and Lawrence R. Sullivan (New York: PublicAffairs, 2007), 162.
2. 「イタリア人記者オリアナ・ファラチの問いに答える――1980年4月21, 23日」『鄧小平文選』第2巻.
3. Gao, *Zhou Enlai*. 本書は周恩来についての複雑多岐にわたり，かつ多くの点で称賛すべき人物像を提供している．同書は最終的には，周が毛沢東の国内動乱に参加したことについて，鄧とは異なった結論を採用している．胡鞍鋼の『毛沢東と文革』(香港，大風出版社，2008年)はこの時期の周に対していくぶん手厳しい判断を下している．英語での考察は Yafeng Xia (夏亜峰), moderator, *H-Diplo Roundtable Review* 11, no. 43 (October 6, 2010), http://www.h-net.org/~diplo/roundtables/PDF/Roundtable-XI-43. pdf. を参照．
4. "Memorandum of Conversation: Beijing, July 9, 1971, 4:35–11:20 p.m.," in Steven E. Phillips, ed., *Foreign Relations of the United States (FRUS), 1969–1976*, vol. 17, *China 1969–1972* (Washington, D.C.: U.S. Government Printing Office, 2006), 363.
5. "Memorandum of Conversation: Beijing, October 21, 1971, 10:30 a.m.–1:45 p.m.," *FRUS* 17, 504. これらの会話の米国側の記録は，「Zhou」の名前を当時一般的だったウェード式表記を使って「Chou」と表記している。本書の本文と，米国側の記録から抜粋した会話の引用文中のアルファベットのつづりが頻繁に変化することを避けるため，中国側の対話者の名前や，中国側の対話者が語った中国語の表記については，ピンインつづりを採用した．
6. "Memorandum of Conversation: Beijing, February 17–18, 1973, 11: 30 p.m.–1: 20 a.m.," in David P. Nickles, ed., *Foreign Relations of the United States (FRUS), 1969–1976*, vol. 18, *China 1973–1976* (Washington, D.C.: U.S. Government Printing Office, 2007), 124.
7. "Memorandum of Conversation: Beijing, July 9, 1971, 4:35–11:20 p.m.," *FRUS* 17, 367.
8. Ibid., 390.
9. "Memorandum of Conversation: Beijing, July 10, 1971, 12:10–6:00 p.m.," *FRUS* 17, 400.
10. 1971年7月の私の訪問直後，周恩来は中国の新しい外交姿勢について北ベトナム指導者に詳細に説明するためにハノイに飛んだ．大方の推測では，この会談だけでなく，それに続く南ベトナムにおけるハノイ側最前線の「暫定革命政府」で手ごわい影の外相だったグエン・チ・ビンとの会談も順調には運ばれなかった．以下を参照．Chen Jian (陳兼), "China, Vietnam and Sino-American Rapprochement," in Odd Arne Westad and Sophie Quinn-Judge, eds., *The Third Indochina War: Conflict Between China, Vietnam and Cambodia, 1972–1979* (London: Routledge, 2006), 53–54; Qiang Zhai, *China and the Vietnam Wars, 1950–1975* (Chapel Hill: University of North

Carolina Press, 2000), 196-197.
11. "Memorandum of Conversation: Beijing, July 9, 1971, 4:35-11:20 p.m.," *FRUS* 17, 367-368.
12. Ibid., 367.
13. Ibid.
14. Ibid., 369.
15. "Memorandum of Conversation: Shanghai, February 28, 1972, 8:30-9:30 a.m.," *FRUS* 17, 823.
16. この昼食時の会話の記録の一部は *FRUS* 17, 416 で閲覧できる.
17. その後何年かして,福建は金門島,馬祖島を含む海峡両岸の貿易と観光の中心となった.
18. "Memorandum of Conversation: Beijing, July 10, 1971, 12:10-6:00 p.m.," *FRUS* 17, 403-404.
19. Chen Jian (陳兼), *Mao's China and the Cold War* (Chapel Hill: University of North Carolina Press, 2001), 267.
20. "Memorandum of Conversation: Beijing, July 10, 1971, 12:10-6:00 p.m.," *FRUS* 17, 430-431.
21. Margaret MacMillan, *Nixon and Mao: The Week That Changed the World* (New York: Random House, 2007), 22.
22. "Memorandum of Conversation: Beijing, February 21, 1972, 2:50-3:55 p.m.," *FRUS* 17, 681.
23. Ibid., 678-679.
24. Ibid., 681.
25. Ibid., 680.
26. Ibid., 681-682.
27. 1970年から74年まで英国首相を務めたエドワード・ヒース.ヒースはその後,1974年と75年に北京を訪れ,毛沢東と会った.
28. フランスのレジスタンス運動の指導者で,1959年から69年まで大統領を務めたシャルル・ドゴール.フランスは1964年に中華人民共和国を承認.
29. "Memorandum of Conversation: Beijing, February 21, 1972, 2:50-3:55 p.m.," *FRUS* 17, 679-680.
30. Ibid., 684.
31. Ibid., 683.
32. Ibid.
33. "Conversation Between President Nixon and the Ambassador to the Republic of China (McConaughy): Washington, June 30, 1971, 12:18-12:35 p.m.," *FRUS* 17, 349.
34. Ibid., 351-352.
35. "Memorandum of Conversation: Beijing, February 21, 1972, 5:58-6:55 p.m.," *FRUS* 17, 688.
36. Ibid., 689.

37. "Memorandum of Conversation: Beijing, February 22, 1972, 2:10–6:00 p.m.," *FRUS* 17, 700.
38. "Memorandum of Conversation: Beijing, February 24, 1972, 5:15–8:05 p.m.," *FRUS* 17, 770.
39. "Memorandum of Conversation: Washington, February 14, 1972, 4:09–6:19 p.m.," *FRUS* 17, 666.
40. 例として以下を参照. Gao Wenqian (高文謙), *Zhou Enlai*, 151–153, 194–200.
41. 以下を参照. Kuisong Yang (楊奎松) and Yafeng Xia (夏亜峰), "Vacillating Between Revolution and Détente: Mao's Changing Psyche and Policy Toward the United States, 1969–1976," *Diplomatic History* 34, no. 2 (April 2010), 407.
42. "Joint Statement Following Discussions with Leaders of the People's Republic of China: Shanghai, February 27, 1972," *FRUS* 17, 812–816.
43. Ibid., 814.
44. "Memorandum of Conversation: Beijing, February 22, 1972, 2:10–6:00 p.m.," *FRUS* 17, 697.
45. "Joint Statement Following Discussions with Leaders of the People's Republic of China: Shanghai, February 27, 1972," *FRUS* 17, 815.
46. CCP Central Committee, "Notice on the Joint Sino-American Communiqué, March 7, 1972," as translated and quoted in Yang and Xia, "Vacillating Between Revolution and Détente," 395.